Franco Giampiccoli

HENRY DUNANT

Gründer des Roten Kreuzes

mit Geleitworten von Massimo Barra
und Rudolf Seiters

aus dem Italienischen übersetzt
von Elena Ascheri-Dechering

aussaat

Franco Giampiccoli,
Pastor der Waldenserkirche im Ruhestand, ehemaliger Leiter des ökumenischen Zentrums Agape und Moderator der Tavola Valdese (Leitung der Waldenserkirche), ist derzeit Vorsitzender des Verlagshauses Claudiana, in dem er unter anderem die Werke *Una chiesa senza papa* (*Eine Kirche ohne Papst*, 2003) und *Dag Hammarskjöld. Un credente alla guida dell'ONU* (*Dag Hammarskjöld. Ein Gläubiger an der Führung der UNO*, 2005) veröffentlicht hat. Als Mitglied des wissenschaftlichen Beirats der Reihe «Calvin – ausgewählte Werke» (Claudiana) hat er in Kooperation den ersten Band *Dispute con Roma* (*Auseinandersetzung mit Rom,* 2004) übersetzt.

Die italienische Originalausgabe ist unter dem Titel „Henry Dunant – Il fondatore della Croce Rossa" erschienen.

Via San Pio V, 15 – 10125 Torino

Neukirchener Verlagsgesellschaft mbH, Neukirchen-Vluyn
www.nvg-medien.de
Umschlaggestaltung: Andreas Sonnhüter, Düsseldorf, unter Verwendung eines Fotos von © Otto Rietmann
Satz: Breklumer Print-Service, Breklum
Druck: CPI-Ebner & Spiegel, Ulm
Printed in Germany
ISBN 978-3-7615-5722-8

Für Margot, die zuletzt Geborene

GELEITWORTE

Die Geschichte des Roten Kreuzes ohne Henry Dunant – für die Rotkreuz- und Rothalbmondbewegung heute unvorstellbar. Das war nicht immer so. Einige Jahre nach der Gründung des Roten Kreuzes war Dunant als Bankrotteur in Ungnade gefallen und musste seine Heimatstadt Genf verlassen. Zwanzig Jahre irrte er als Vagabund durch Europa. Schließlich zog er sich in das kleine Dorf Heiden am Bodensee zurück. Nur aus der Ferne konnte er beobachten, wie sich seine Idee entwickelte und weiter ausbreitete, ohne dass die breite Öffentlichkeit dies mit ihm in Verbindung brachte. Doch auf den tiefen Fall folgte am Ende die Rehabilitation: In den letzten Jahren seines Lebens wird Dunant mit Ehrungen überschüttet, erhält sogar den ersten Friedensnobelpreis. Dunant wird als Gründer des Roten Kreuzes gefeiert.

Der 100. Todestag von Dunant, den wir am 30. Oktober 2010 begehen, ist für uns ein besonderer Anlass, sich dieses wechselvollen Lebens und Wirkens zu erinnern. Es ist für mich als Präsident des Deutschen Roten Kreuzes wichtig, dass die Kenntnisse über den Gründer des Roten Kreuzes verbreitet werden. Ich freue mich daher, ein Geleitwort zu der hier vorliegenden Biografie von Franco Giampiccoli zu verfassen.

Giampiccoli, Pastor der Waldenserkirche im Ruhestand, hat sich Dunant – wie er selbst schreibt – langsam angenähert. Auf die erste „Begegnung“ folgte eine immer intensivere Beschäftigung mit Dunant. Dabei wuchsen sein Interesse und seine Neugier für diesen Mann, der das Rote Kreuz schuf. Angenehm ist, dass Giampiccoli Dunant bei aller Bewunderung nicht verklärt und sich kritisch mit ihm und seinen Widersprüchen auseinandersetzt. Anschaulich beschreibt er die gegensätzlichen Lebensstationen Dunants. Neu ist, dass er dabei die „Wesenszüge seines Glaubens“ untersuchen will. Die Darstellung gewinnt durch den Wechsel von Erzählung und Zitaten aus den Schriften Dunants. Durch Exkurse wird der Text in den allgemeinen historischen Zusammenhang eingebettet und einzelne Aspekte der Rotkreuz-Geschichte werden hier vertieft. Lebensläufe zu wichtigen Persönlichkeiten oder auch der Abdruck der Genfer Konvention ergänzen die Beschreibung. So wird die Biografie auch zu einem wichtigen Nachschlagewerk zur Geschichte des Roten Kreuzes. Kurzum: Ich habe die rund 240 Seiten mit großem Interesse und viel Vergnügen gelesen.

Für mich ist erneut deutlich geworden, dass die Arbeit des Roten Kreuzes im 21. Jahrhundert nur verstanden werden kann, wenn wir die Ursprünge des Roten Kreuzes und Dunant kennen. Genau diesen Punkt macht der Autor sehr gut deutlich. Für unsere Arbeit gilt die neutrale und unparteiische Hilfe allein nach dem Maß der Not. Es ist ein Grundsatz, der das Rote Kreuz von anderen Organisationen unterscheidet und der nicht immer populär ist. Viele können nicht verstehen, dass wir zu Konflikten keine Stellung beziehen und als Rotkreuz-Helfer alle gleich behandeln, die Not leiden – egal, ob sie auf der Seite der Angreifer oder der Angegriffenen stehen.

Warum machen wir das? Als Dunant das Rote Kreuz „erfand“, wurden verletzte und verwundete Soldaten mehr oder weniger sich selbst überlassen. Dunant war zutiefst darüber erschüttert, was er nach der Schlacht von Solferino sah. Als er die Verwundeten notdürftig versorgte, machte er keinen Unterschied zwischen den Verletzten, egal ob Österreicher oder Franzose. Er fragte nicht nach Opfer oder Täter. Mit großer Hartnäckigkeit setzte er die Idee durch, das Sanitätspersonal und die verwundeten Soldaten als neutral einzustufen und damit unter Schutz zu stellen, sodass sie nicht bzw. nicht mehr Teil des Krieges und der Kampfhandlungen sind.

Die Ideen Dunants sind stärker denn je - nach rund 150 Jahren. Neutralität und Unparteilichkeit ermöglichen es dem Roten Kreuz überall hinzukommen und dort zu helfen, wo sonst niemand ist.

Ich wünsche dieser Biografie, die diese Zusammenhänge deutlich macht, viele Leser – Rotkreuzler und andere. Es ist ein gelungenes Buch über einen bemerkenswerten Mann.

Dr. rer. pol. h.c. Rudolf Seiters

Ich freue mich sehr, diese schöne und gehaltvolle in italienischer Sprache verfasste Biografie über den Rotkreuz-Begründer Henry Dunant einleiten zu dürfen. Schon als Präsident des Italienischen Roten Kreuzes hatte ich die wissenschaftliche Forschung zur Geschichte des Roten Kreuzes angespornt – nicht nur zur italienischen Nationalgesellschaft. Ich denke, dass in den über 150 Jahren Geschichte viele Werte und Persönlichkeiten versammelt sind, die dieser grandiosen Idee Ehre gemacht haben. Mit Paolo Vanni habe ich meinen „Mentor“ gefunden, der hier in Italien die ersten ernsthaften Forschungen zum Ursprung des Roten Kreuzes und gerade zu seinem wahren Gründer, Henry Dunant, angestellt hat. Ich weiß genau, dass der nationale Delegierte und die Geschichtsstellen des Italienischen Roten Kreuzes, die von mir ins Leben gerufen und gesponsert wurden, zurzeit an unterschiedlichen Themenkomplexen arbeiten. Dazu zählen die *Mémoires* von Henry Dunant, seine gesamten Werke und die Schriften der ersten Mitglieder des Internationalen Komitees.

Nun erscheint diese Biografie, die aus einer ganz anderen Richtung kommt und einen wertvollen Beitrag sowohl aus historischer Sicht als auch als gemeinverständliche Darstellung des tragischen Abenteuers unseres großen Henrys leistet. Über die bekannten Tatsachen hinaus ist das vorliegende Werk durch seine tiefschürfende Rekonstruktion der historischen Zusammenhänge, in denen sich das dramatische Leben Henry Dunants abspielte und die große Institution aufgebaut wurde, außerordentlich interessant. Sehr beeindruckend sind die weniger bekannten Passagen über die zwanzig Jahre Elend und Verzweiflung nach dem Bankrott von 1867! Sie nehmen Bezug auf Quellen für Fachleute wie z. B. die *Mémoires*, die deutschsprachige *Entstehungsgeschichte des Roten Kreuzes* von Rudolf Müller und die Schriften der *Société Henry Dunant*, die in der Regel nur dem kleinen Publikum der Gesellschaftsmitglieder vorbehalten sind. Auch der Teil zur Würdigung und Versöhnung der „beiden Rivalen“ Moynier und Dunant, die von Ador vorgenommen wurde, ist in vielerlei Hinsicht ergreifend. Insgesamt liegt hier ein Werk wahrer Erinnerung und Ehrung für „unsere“ große Einrichtung vor, das die Italiener lesen sollten.

Insbesondere wünsche ich mir, dass dieses Buch von allen

haupt- und ehrenamtlichen Mitarbeitern des Italienischen Roten Kreuzes gelesen wird, damit sie verstehen können, dass einige noch ungelöste Konflikte ihren Ursprung in weit zurückliegender Vergangenheit haben und damit quasi Wesenszüge der Bewegung sind.

Auf der einen Seite stehen die visionären und wahnwitzigen Ideen derjenigen, deren Herz jedes Hindernis überspringt – manchmal ohne große Überlegung. Auf der anderen Seite findet man die Menschen der Ordnung, die für die Systematisierung des Werkes notwendig sind.

Der Konflikt Dunant-Moynier ist im „Volk" des Italienischen Roten Kreuzes noch immer gegenwärtig, das manchmal unbewusst den unterschiedlichen Perspektiven der beiden großen Vorgänger folgt.

Mit anderen und klareren Worten: Nach 150 Jahren bestehen noch immer die idealistische und die bürokratische Prägung nebeneinander – sowohl unter den Befürwortern des Roten Kreuzes als Freiwilligengesellschaft als auch unter denen, die darin vorwiegend eine öffentliche Einrichtung sehen. Auf einer Seite steht gütiges Handeln und auf der anderen bürokratischer Wille.

Dass der legendäre Begründer nie zum IKRK-Vorsitzenden gewählt wurde, besagt einiges darüber, zu welcher Seite das Pendel der Geschichte meist ausschlug.

Und das ist wirklich schade.

Massimo Barra
Stellvertretender Vorsitzender
des Internationalen Roten Kreuzes
Ständige Kommission

Henry Dunant um 1864

EINLEITUNG

«Die Sonne des 25. Juni beleuchtet eines der schrecklichsten Schauspiele, das sich denken lässt». Die Szenerie des Tages nach der Schlacht von Solferino, die am 24. Juni 1859 stattfand, wurde von Henry Dunant in einem 120 Seiten starken Werk unter dem Titel *Un Souvenir de Solferino* verewigt. Diese Veröffentlichung bildete den Ausgangspunkt für ein einmaliges Unterfangen unter der Führung von fünf Männern: die Gründung des Roten Kreuzes. Nach dem Gemetzel blieben Tote und Verletzte auf dem Schlachtfeld zurück: insgesamt 40.000 Soldaten. Viele starben später an Infektionen, Wundbränden, Typhus und weiteren Folgen ihrer Verwundungen. Der erschütternde Anblick stellte eine entscheidende Wende im Leben Henry Dunants dar: In den folgenden Tagen hatte er nichts anderes im Sinn, als inmitten der desaströsen Unzulänglichkeiten der völlig unangemessenen Rettungsmaßnahmen selbst Hilfe zu organisieren.

Von dieser ihn für immer prägenden Erfahrung an werden wir das Leben eines faszinierenden Mannes begleiten, der in einer Person schärfste Gegensätze vereinigte: die Gipfel des Ruhms und den Abgrund der Schande, eine quälerische Selbstbezüglichkeit und utopische Anwandlungen eines nie gestillten Durstes nach Universalität. Als Quelle werden uns einerseits die Schriften aus Henry Dunants Feder dienen. Diese, wie im Fall der *Mémoires*, wurden häufig erst mit großem Zeitabstand verfasst und bergen dadurch das Risiko der ungenauen Erinnerung, aber auch der apologetischen Umdeutung. Andererseits werden wir auch eine Sammlung historischer Studien über die ersten Jahre des Roten Kreuzes und zugleich die bis in den tiefsten Winkel erforschte Biographie seines Gründers miteinbeziehen.

Der inzwischen legendär gewordene Henry Dunant ist in Italien eher unbekannt und doch einer der Nationalhelden der Schweiz, insbesondere der Stadt Genf, die ihn neben Johannes

Calvin und Jean-Jacques Rousseau als einen ihrer prominenten Söhne feiert.

Mein Interesse für diese zerrissene Person entstand in den Vorlesungen zur Kirchengeschichte an der Theologischen Hochschule der Waldenserkirche. Obwohl hier Henry Dunant im Vordergrund stand, schob sich das Bild eines weiteren Mitbegründers des Roten Kreuzes darüber und verwischte die Konturen. Dabei handelte es sich um den Arzt Louis Appia, Mitglied einer der wichtigsten Waldenser Familien des 19. Jahrhunderts.

Mein Interesse steigerte und fokussierte sich von dem Moment an, als ich anlässlich der Hochzeit meiner Nichte erstmalig das Museum des Roten Kreuzes in Castiglione delle Stiviere besuchte. An der Museumskasse erwarb ich *Un Souvenir de Solferino*, das ich in einem Zuge las. Aus einer anfänglichen Neugierde erwuchs Forschungsinteresse. Zwei Persönlichkeiten, die ich in Genf traf und die meine Lektüren lenkten, berieten mich nachhaltig bei meinen Recherchen: Bernard Dunant, der bewundernd das Andenken an seinen Vorfahren aufrecht erhält, und Roger Durand, gegenwärtig der führende Genfer Historiker und zudem seit über 30 Jahren Vorsitzender der *Société Henry Dunant*.

Obwohl ich meine Lektüren längst nicht abgeschlossen habe, wage ich es nun, ein Portrait des «Samariters von Solferino» zu zeichnen, das den Jugendlichen der Erweckungsbewegung, den bankrotten Geschäftsmann, den unermüdlichen Idealisten und den alten, kranken Einsiedler von Heiden vereinen soll. Dabei soll nach den durchweg geltenden Wesenszügen seines Glaubens gesucht werden, der den Fahnenträger der Universalität auch in den bittersten und widrigsten Situationen nicht verlassen hat.

Um Henry Dunant in einen Gesamtkontext einzubetten, ohne dadurch die Abhandlung zu beschweren, habe ich jeweils einen *Exkurs* zur Vertiefung spezieller Themen ans Ende der einzelnen Kapitel verlagert. Zur Erleichterung der Lektüre verweise ich im Text lediglich auf *Un Souvenir de Solferino* (*USS*)[1] und auf die

1 Für die Originalversion dieser Biografie hat sich der Autor der offiziellen vom Italienischen Roten Kreuz herausgegebenen Ausgabe von *Un Souvenir de Solferino* in italienischer Sprache bedient. Die hier verwandten Zitate stammen hingegen aus der aktuellsten Übersetzung dieses Werkes im deutschsprachigen Raum, die von Richard Tüngel 1997 für die vom Österreichischen Roten Kreuz herausgegebene Version vorgenommen wurde (Anmerkung der Übersetzerin).

Mémoires (*Mém.*)[2]. Die Bibliographie und die Liste der weiteren verwendeten Quellen werden hingegen am Ende des Buches nach verschiedenen Schwerpunkten und kapitelweise vorgestellt.

Auf dieser Wegstrecke habe ich neue und alte Freunde getroffen, die mir mit wertvollen Empfehlungen, Auskünften und Verbesserungsvorschlägen zur Seite gestanden haben. Aus diesem Grund möchte ich mich bei Lucia Allegra, Massimo Barra und Paolo Vanni vom Italienischen Roten Kreuz bedanken, weiterhin im freimaurerischen Umfeld bei Fulgida Barattoni und Cristiano Franceschini und in der Redaktion des Verlags Claudiana bei Massimiliano Cambellotti, Laura Pellegrin und Sergio Ronchi.

2 Die Seitenangaben zu diesem nicht übersetzten Werk stammen aus der originalen französischen Version: DUNANT, HENRY: *Mémoires*. Lausanne: Institut Henry-Dunant et L'age d'Homme, 1971 (Anmerkung der Übersetzerin).

1

EIN ERSCHÜTTERNDES GEMETZEL

Richtung Castiglione

Die Feldintendantur ist unermüdlich bemüht, Verwundete zu bergen; teils verbunden, teils noch ohne Pflege, werden sie auf Mauleseln, die Bahren oder Körbe tragen, nach den Verbandplätzen gebracht. Von dort verteilt man sie auf Dörfer oder Flecken, welche dem Ort, wo sie gefallen sind oder wo sie aufgefunden wurden, am nächsten liegen. In diesen Ortschaften sind überall, in Kirchen und Klöstern, in Privathäusern, auf öffentlichen Plätzen, in Höfen, Straßen und Promenaden behelfsmäßig Ambulanzen[1] eingerichtet worden. In Carpenedolo, Castel Goffredo, Medole, Guidizzolo, Volta und in allen umliegenden Ortschaften ist eine beträchtliche Zahl von Verwundeten untergebracht, die meisten aber liegen in Castiglione, wohin sich die minder schwer Verletzten bereits zu Fuß geschleppt haben.

Lange Züge von Bagagewagen bedecken die Straßen, beladen mit Soldaten, Unteroffizieren und Offizieren jeden Grades, Reitern, Fußsoldaten, Kanonieren bunt durcheinander, alle blutend, erschöpft, in zerrissenen Uniformen und mit Staub bedeckt. Maulesel kommen im Trabe an, die Verwundeten, die sie tragen, schreien infolge der Schmerzen, welche diese Gangart ihnen verursacht. Da ist einer, dem das Bein zerschmettert wurde, es scheint nahezu vom Körper losgetrennt zu sein; jede leichte Erschütterung des Wagens, auf dem er liegt, verursacht ihm neue Schmerzen. Einem anderen ist der Arm gebrochen, er versucht ihn mit der gesunden Hand zu halten und zu schützen. Einem Korporal hat der Stock einer Brandrakete den linken Arm durchbohrt. Er zieht ihn selber heraus, be-

1 Mit dem Begriff «Ambulanz» meinte man damals jede Art an provisorischen, mobilen oder transportablen Feldlazaretten.

nutzt ihn dann als Stütze, um sich mit seiner Hilfe nach Castiglione zu schleppen. Viele der Verwundeten sterben auf dem Transport, ihre Leichen werden an den Wegrand gelegt; später wird man sie begraben. (*USS* 36 f.)

Diese Flut von Verwundeten und Sterbenden, die sich auf die Dörfer um Solferino und insbesondere nach Castiglione ergießt[2], recht und schlecht eingedämmt und gelenkt von Kräften, die den Anforderungen nicht genügen, sieht auch ein bestürzter Zuschauer, dessen eleganter und schneeweißer Kolonialanzug in Widerspruch zu dem alles beherrschenden grauen Schmutz steht.

Als er die blutigste Schlacht seit den Napoleonischen Kriegen verfolgt, ist Henry Dunant Anfang Dreißig. Er ist groß gewachsen und hat eine entschlossene Haltung, eine Frisur à la mode, dichte Koteletten, die sich mit seinem Schnurrbart verbinden und das Kinn frei lassen, und eine breite Stirn über einem durchdringenden Blick. Einige Tage zuvor ist er mit einer Kutsche in Pontremoli angekommen, wo er General Charles de Beaufort d'Hautpoul, Befehlshaber des 5. französischen Armeekorps, getroffen hat. Den ihm lange bekannten General, der gerade mit Zwangsetappen den Hauptteil der Armee in der Lombardei zu erreichen versucht, bittet er um ein an den Oberbefehlshaber des 2. Armeekorps, General Mac Mahon, adressiertes Empfehlungsschreiben. Von General Beaufort bekommt er darüber hinaus einen konkreten Hinweis: «Überqueren Sie sofort den Apennin! Verlieren Sie keine Zeit, wenn Sie einer großen Schlacht beiwohnen möchten» (*Mém.* 33). Diesem Wink folgend begibt sich Dunant nach Brescia. Die Route wird von der Eisenbahn nicht bedient und die Strecke ist durch kurz zuvor aufgetretene Überschwemmungen blockiert. So nutzt er jedes gerade verfügbare Transportmittel – Kut-

2 In den ersten Tagen nach der Schlacht kommen ständig weitere Verwundete, die den Platz der Toten und weiteren Raum einnehmen. Castiglione gleicht einem Trichter: Bei ihrem Rückzug haben die Österreicher alle Beförderungsmittel mit sich genommen und es fehlt an den notwendigen Wagen und Ambulanzen, um die Verwundeten nach Brescia zu evakuieren. Nach Castiglione kommen am Abend des 24. Juni 1735 Verwundete, am 25. Juni 1308, am 26. Juni 2700; erst am 27. und 28. Juni sinkt die Anzahl auf jeweils 668 und 158 Verletzte.

sche, Postkutsche und Karren. In Brescia mietet er eine offene Kalesche mit einem Kutscher aus Mantua, der sich dem österreichischen Kriegsdienst entzogen hat, und erreicht Castiglione, wo er wahrscheinlich am Abend der Schlacht eintrifft. Warum aber diese zermürbende, kostspielige und gefährliche Reise, bei der er nicht der Schlacht nachjagt, sondern einem ihrer Herren – Kaiser Napoleon III.? Wir lassen vorerst die Motive beiseite und folgen eher den Aktionen Henry Dunants.

Der Anblick unsagbarer Qualen lässt ihm keinen anderen Gedanken, als sich mit vollem Einsatz in eine verzweifelte Hilfsaktion zu stürzen. Auch wenn er sich bewusst ist, dabei nicht mehr Chancen zu haben als jemand, der mit einem Eimer voller Löcher das ganze Meer ausschöpfen möchte, muss er trotzdem alles in seiner Macht Stehende unternehmen, damit dieses Leiden zumindest ein Stück weit gelindert wird.

Während die Chirurgen in der Kaserne San Luigi operieren, betritt Dunant die Kirche Chiesa Maggiore: Hier sind mehr als 500 Verwundete auf Strohlagern auf dem Boden zusammengepfercht und weitere 200 liegen auf dem Kirchplatz unter Tüchern, die sie vor der sengenden Sommersonne der Poebene schützen sollen.

In der Kirche Chiesa Maggiore von Castiglione delle Stiviere

Sie haben schwere Mühen ausgestanden, sie haben Nächte ohne Schlaf verbracht, dennoch können sie keine Ruhe finden. Verzweifelt flehen sie nach einem Arzt, sie werfen sich in Zuckungen hin und her, bis schließlich der Starrkrampf eintritt, oder der Tod sie erlöst. [...] Dort liegt ein völlig entstellter Soldat, dessen Zunge übermäßig lang aus dem zerrissenen und zerschmetterten Kiefer heraushängt. Er macht alle Anstrengungen, sich zu erheben. Ich benetze seine vertrockneten Lippen und seine verdorrte Zunge. Dann nehme ich eine Handvoll Scharpie[3], tauche sie in einen Kübel, den man mir nachträgt, und drücke das Wasser aus diesem Schwamm in die unförmige Öffnung, die die Stelle seines Mundes vertritt. Ei-

3 Scharpie (aus dem Frz. «charpie») war früher ein sehr gebräuchliches Wundverbandsmaterial, das schließlich von der Verbandwatte verdrängt wurde. Scharpie bestand aus Fäden von zerzupfter Leinwand und wurde auf Wunden und Geschwüre gelegt. (Anmerkung der Übersetzerin)

nem anderen Unglücklichen ist durch einen Säbelhieb ein Teil des Gesichts fortgerissen worden. Nase, Lippen und Kinn sind von dem übrigen Teil des Kopfes getrennt. Unfähig zu sprechen und halbblind, macht er Zeichen mit der Hand. Durch diese erschütternde Gebärde, die von unartikulierten Tönen begleitet ist, lenkt er die Aufmerksamkeit auf sich. Ich gebe ihm zu trinken und lasse auf sein blutendes Antlitz einige Tropfen klares Wasser träufeln. Ein Dritter, dessen Hirnschale weit offen klafft, liegt in den letzten Zügen. Sein Gehirn fließt auf die Steinfliesen der Kirche. Seine Unglücksgefährten versetzen ihm Fußtritte, weil er den Durchgang hindert. Ich schütze ihn in seinem Todeskampf und bedecke seinen armen Kopf, der sich noch schwach bewegt, mit meinem Taschentuch. (*USS* 41 f.)

Henry Dunant, hier im Film *Von Mensch zu Mensch* (1948) von Jean-Louis Barrault dargestellt, zwischen den Verwundeten in der Chiesa Maggiore

Gewiss ist Henry Dunant nicht der Einzige, der Erste Hilfe leistet. So berichtet er, seit dem Sonntagvormittag des 26. Juni sei ihm gelungen, «eine Anzahl Frauen aus dem Volke zusammenzubringen, die ihr Möglichstes tun, den Verwundeten behilflich zu sein». So organisiert Dunant einen Erste-Hilfe-Dienst. «Man muss vielmehr Leuten, die vor Hunger und Durst vergehen, zu essen und vor allem zu trinken geben. Man muss ihre Wunden verbinden, ihre blutigen, verschmutzten und von Ungeziefer bedeckten Körper waschen, und dies alles muss geschehen inmitten von stinkenden und ekelerregenden Ausdünstungen unter dem Klagegeschrei und dem Stöhnen der Verwundeten und in einer erstickend heißen und verdorbenen Luft» (*USS* 42). Der Gruppe schließen sich Kinder des Ortes an, die mit Eimern, Krügen und allen sonst verfügbaren Gefäßen zwischen Brunnen und Kirche hin und her laufen. Kraftbrühe und Suppe werden nun von der Intendantur in großer Menge bereitgestellt. Trotzdem herrscht gravierender Mangel an Material und am darauf folgenden Morgen schickt Dunant seinen Kutscher nach Brescia, um Vorräte zu besorgen. So erreichen ihn wenige Stunden später Hemden, Schwämme, Leinenbinden und Stecknadeln, womit Wunden behandelt und neue Verbände angelegt werden können. Es gibt auch Orangen, Zitronen und Zucker für erfrischende Getränke. Bemerkenswert ist, dass Zigarren und Tabak geliefert werden: Zigarrenrauch scheint das einzige in diesem Moment verfügbare Gegenmittel, um den unerträglichen Modergeruch, in dem man Hilfe leistet, erträglicher zu machen.

Weitere Personen schließen sich an: zuerst zwei englische Touristen, dann weitere zwei, dazu ein italienischer Abbé und ein Journalist aus Paris. Manche halten durch, andere geben bald auf.

Im Übrigen ist die Gruppe um Dunant nicht die einzige, die irgendwie versucht, die Mängel des militärischen Sanitätsdienstes wettzumachen. Dunant selbst erinnert sich unter anderem an den Schokoladenfabrikant Suchard: «Ein Kaufmann aus Neuchâtel widmet sich hingebend zwei Tage lang der Aufgabe, Wunden zu verbinden und für Sterbende Abschiedsbriefe an ihre Familien zu schreiben.»

Dazu nennt Dunant auch «einen alten Seeoffizier». Wie Historiker herausfinden konnten, handelt es sich hierbei um den Hydrographen der Marine Levret, einen weiteren Zeugen der Gräuel von Solferino. Diesem verzieh die Intendantur den Brief an Napoleon III. nicht, in dem er die völlig unzureichenden Mittel anzeigte.

Viel breiter angelegt und besser organisiert ist die Hilfeleistung einer aus Zivilisten zusammengesetzten Kommission, die von der französischen Intendantur damit beauftragt wird, Betten für die Verwundeten in den Häusern Castigliones zu organisieren. An die Spitze dieser Kommission wird der Priester Don Lorenzo Barzizza berufen, der schon im Jahr 1848 Kranke und Verwundete nach der Schlacht von Goito[4] behandelt hatte. In kurzer Zeit und mit unermüdlichem Einsatz lässt Don Barzizza zwölf Notlazarette errichten, organisiert die ärztliche Betreuung, steht den Sterbenden bei und ist überall, wo er gebraucht wird. Im darauf folgenden Jahr wird er der einzige Einwohner Castigliones sein, der «für die Organisation der Notlazarette» mit dem Orden der Ehrenlegion ausgezeichnet wird.

Don Lorenzo Barzizza

An dieser Stelle verdient auch Louis Appia genannt zu werden. Er wurde später Mitglied im Komitee der Fünf, aus dem das Rote Kreuz hervorging. Schon seit Mitte Mai in Turin tätig, arbeitet der Mediziner Appia insbesondere in den Krankenhäusern Brescias, wo er den italienischen Kollegen hilft, Patienten untersucht, assistiert und das von ihm entwickelte Gerät zur Ruhigstellung gebrochener Arme oder Beine während des Transports von Verwundeten testet.

Henry Dunant ist also nicht der einzige Freiwillige, der unermüdlich seine Energien in Hilfeleistung steckt. Er ist jedoch der Einzige, der nach der schockierenden Erfahrung des Notstandes die Sache nicht auf sich beruhen lässt, sondern das Problem der Hilfeleistung für Kriegsverwundete, die mangels adäquater Versorgung wie die Fliegen sterben, an der Wurzel zu packen sucht.

Einer der Grundsätze des zukünftigen Programms nimmt zwischen diesen Notfällen Gestalt an. Fast spontan macht Dunant in seiner Hilfeleistung keinerlei Unterschied zwischen Franzosen und Österreichern, Italienern und Ungarn. Dieses Verhalten ist für die lokale Bevölkerung durchaus nicht selbstverständlich, da

4 Die Schlacht von Goito zwischen dem Königreich Sardinien-Piemont und Österreich war Teil des sogenannten Ersten Italienischen Unabhängigkeitskrieges. (Anmerkung der Übersetzerin)

sie gerade erst von der Herrschaft der Donaumonarchie befreit wurde. Wer jedoch mit ihm zusammenarbeitet, versteht und lernt, keine Unterschiede mehr zu machen. Der verwundete Soldat ist nicht mehr ein Soldat, der eine Uniform trägt, sondern er ist nur noch ein Verwundeter, der versorgt werden muss. Daher muss er einer rechtlich anerkannten Immunität unterstehen, er muss sich unter dem Schutzmantel der Neutralität befinden.

Die Frauen von Castiglione
Die Frauen von Castiglione erkennen bald, dass es für mich keinen Unterschied der Nationalität gibt, und so folgen sie meinem Beispiel und lassen allen Soldaten, die ihnen völlig fremd sind, das gleiche Wohlwollen zuteil werden. «Tutti fratelli», wiederholen sie gerührt immer wieder. Ehre sei diesen mitleidigen Frauen, diesen jungen Mädchen von Castiglione. Es gab nichts, was sie zurückgeschreckt, erschöpft oder entmutigt hätte. Ihre bescheidene Hingebung kannte keine Müdigkeit und keinen Ekel; kein Opfer war ihnen zuviel. (*USS* 48)

Die Hilfeleistungen der Gruppe um Dunant, der sich auch «einige kräftige Gefangene und drei österreichische Ärzte angeschlossen haben», die einem korsischen Militärarzt helfen (*USS* 44 f.), brauchen einen langen Atem. Aber im Moment braucht Henry Dunant selbst eine Pause.

«Am Nachmittag des 27. lasse ich, völlig erschöpft, und da ich dennoch nicht schlafen kann, meinen Wagen anspannen. Gegen sechs Uhr fahre ich fort, um im Freien die Frische des Abends zu genießen, um ein wenig auszuruhen und mich den düsteren Szenen zu entziehen, die man in Castiglione auf Schritt und Tritt vor Augen hat» (*USS* 52 f.). Was hier in seinem Bericht aus Solferino folgt, ist die Schilderung einer merkwürdigen Irrfahrt, die fernab davon ist, frische Luft am Abend zu schnappen. Mit seinem von Furcht ergriffenen Kutscher und einem rekonvaleszenten Korporal, der ihn begleitet, fährt Dunant in der Nacht auf das noch von Versprengten und Plünderern heimgesuchte Schlachtfeld. Dieses durcheilt er kreuz und quer auf der Suche nach dem französischen Hauptquartier. Von Castiglione ganz im Westen des Schlachtfeldes ausgehend, fährt er durch Solferino und erreicht Cavriana in der Mitte dieses Gebiets. Dort erhält er ungenaue Angaben über sein Ziel, den Weiler Borghetto am Fluss Mincio, am östlichen Rand des Schlachtfeldes gelegen. Er macht sich wieder auf den Weg, verfährt sich und gelangt so zum südlichen Rand in die Nähe von Volta. Dann kehrt er um und gelangt zuletzt gegen Mitternacht nach Borghetto. Während seine beiden Begleiter es sich so bequem wie möglich auf dem Wagen machen, wird ihm die Gastfreundschaft eines Offiziers zuteil und um sechs Uhr des nächsten Morgens trifft er General Mac Mahon. Er wird wohlwollend empfangen, ist jedoch noch nicht am Ziel: Um zehn Uhr kommt er wieder nach Cavriana, in das Haus, welches «seitdem historische Berühmtheit erlangt hat, weil es damals zwischen Morgen und Abend des gleichen Tages zwei große, einander feindliche Herrscher beherbergte. Um drei Uhr nachmittags war ich wieder bei den Verwundeten von Castiglione, die mir deutlich zeigten, wie sehr sie sich freuten, mich wiederzusehen» (*USS* 57). Dunant begibt sich dann ins Hauptquartier Napoleons III. Warum er dorthin fährt, sagt er nicht. Wieder lassen wir ein Detail vorerst offen.

Wie vorhin erwähnt, möchte Dunant die Reichweite seiner Hilfsleistungen erhöhen. In diesen Tagen, am 27. oder 28., schreibt er der Gräfin Valérie de Gasparin, einer Dame aus der *Haute Ville* von Genf, einen Brief. Zwar kennt er sie nicht persönlich, weiß aber um ihren philanthropischen Eifer. Fünf Jahre zuvor hatte diese engagierte Frau während des Krimkriegs dem Direktor der Zeitung „Illustration française" geschrieben. Sie wollte eine Sammlung initiieren, bei der Zigarren und Tabak zugunsten der Soldaten an der Front gespendet werden sollten. Diese Initiative hatte erheblichen Erfolg.

Die Zigarren der Gräfin

Zigarren, Pfeifen, Tabak? Los! Was bleibt euch davon? [...] Was bleibt vom Gesang der Nachtigall in unseren Frühlingswäldern? Was bleibt vom intensiven Duft der Rose in unseren Sommergärten? [...] Das betrifft euch, Raucher Frankreichs! Werft ein paar Hundert Zigarren in unseren Korb und die, die euch dann übrig bleiben, werden einen Wert haben, den ihr euch niemals vorgestellt hättet.

Gräfin
Valérie de Gasparin

Der Gräfin schreibt Henry Dunant einen Brief, aus dem Erschöpfung und Not unmittelbar spürbar werden, und bittet um Zigarren und Tabak, aber auch um weitere notwendige Hilfsmittel. So wünscht er auch, dass eine Spendenaktion ins Leben gerufen wird, damit seine Hilfeleistung unterstützt werden.

Der Hilferuf
Madame la Comtesse, gestatten Sie mir, dass ich mich in Rücksicht auf die außergewöhnlichen Umstände, in denen ich mich befinde, an Sie wende. Seit drei Tagen pflege ich die Verwundeten von Solferino und habe für mehr als eintausend Unglückliche Hilfe geleistet. […] Ich kann nicht weitschweifend darüber berichten, was ich gesehen habe. Doch durch die Segenswünsche von Hunderten unglücklicher Sterbender und Verwundeter ermutigt, denen ich Worte des Trostes spenden durfte, wende ich mich Ihnen zu, Madame, um Sie darum zu bitten, die Initiative zu wiederholen, die Sie schon im Krimkrieg gestartet hatten, und unseren Truppen Tabak und Zigarren zu schicken. […] Manche Soldaten hätten lieber nichts zum Essen, wenn sie nur etwas zum Rauchen hätten. Hundert Zigarren in einer Kirche, in der Hunderte Verwundete zusammengedrängt sind, retten vor dem Gestank und mildern die Ausdünstungen. Ich werde für etwa tausend Franken[5] Hemden, Tabak, Zigarren und Hilfsmittel in Brescia kaufen. Wenn irgendein Komitee sich bereit erklärt, mir diese Summe zu erstatten, werde ich dies annehmen, ansonsten wird das auf meine Kosten gehen.

5 Der Schweizer Franken wurde im Jahr 1848 eingeführt und mit dem französischen Franc (bis 1927) gleichgesetzt. In den Originaltexten sind die Währungen kaum zu unterscheiden. Da auch im Italienischen beide Währungen mit dem gleichen Wort bezeichnet werden, übersetzen wir hier die Währungsangaben mit „Franken“, sofern es sich nicht eindeutig um französische Francs handelt. (Anmerkung der Übersetzerin)

Dieser Brief folgt anderen vehementen Appellen, die schon vorher Genf erreicht haben. Mitte Mai lanciert Dr. Appia, der Kontakt zu seinem Bruder Georges – einem Waldenser Priester in der piemontesischen Ortschaft Pinerolo – hält, einen Aufruf im „Journal de Genève". Darin bittet er darum, «alte Laken, neue Tücher in jeder Form und Größe und starke Watte für Verband und Behandlung sowie Scharpie» zu sammeln. Die Spenden sollen dem in Turin entstandenen Komitee geschickt werden. Daraufhin wird intensiv gesammelt, verpackt und versandt – insgesamt kommen zwei Tonnen Hilfsmittel in sechsunddreißig Kisten zusammen.

Ein Appell mit außergewöhnlicher Resonanz ertönt auch auf der Jahresversammlung der *Société évangélique* in Genf. Das Treffen wurde für den 29. und 30. Juni einberufen, um des 300. Jahrestages der Gründung des *Collège* und der *Académie* durch Calvin in Genf zu gedenken. Mit der feierlichen Rede ist der große Kirchenhistoriker der Reformation Professor Jean-Henry Merle d'Aubigné beauftragt. Tief bestürzt von den Nachrichten über die Schlacht von Solferino, die auf dem Feld Gefallenen und die fortwährend wachsende Zahl an Verwundeten und Sterbenden, entscheidet er kurz vor seinem Auftritt im *Oratoire*, seiner Rede eine andere Wendung zu geben. Nur kurz widmet er sich der Genfer Lage des 16. Jahrhunderts, dann richtet sich sein Blick schon auf die Gegenwart. Mit einer für das Réveil typischen Spiritualität mischen sich die Sorgen um die physischen und seelischen Bedürfnisse. Und diese doppelte Sorge mündet in einen begeisternden Aufruf zum Handeln.

Bedürfnisse von Leib und Seele

Da sind sie! Sie liegen – so sagt man uns – einen, manchmal sogar zwei Tage lang auf dem Schlachtfeld oder sind in irgendeinem Bauernhof oder einer Ambulanz aufgestapelt. Da sind sie! Unter der unerbittlichen Sonne, die sie auszehrt, betteln sie: 'was zu trinken! ...'was zu trinken! ...ein Becher Wasser! ...und o weh: Trotz der unsagbaren Bemühungen der Freunde der Menschlichkeit hauchen sie ihr Leben aus, weil die Helfer – trotz allen Eifers – nicht in ausreichender Zahl anwesend sind, um allen einen Becher frischen Wassers zu geben.

Seit Wochen wird in allen unseren Häusern (verzeihen Sie mir diesen undifferenzierten Ausdruck) Scharpie hergestellt. Dazu braucht man aber Hände, die diese auflegen; man braucht beste Scharpie, Herzen, die diese Unglücklichen lieben, und Lippen, die Worte der Sanftheit träufeln können [...].
Es ist keine Proselytenmacherei, es geht nicht darum, Seelen zu erobern, die Teil unserer protestantischen Kirche werden sollen. Ach, vielleicht werden sie schon eine Stunde später in eine unsichtbare Welt eingehen – und es ist vielmehr der Himmel, auf den man sie vorbereiten muss. Beim Behandeln der Wunden des Leibes muss man auch die anderen Wunden behandeln. Ein Wort, ein einziges treffendes Wort, kann eine Seele wieder aufrichten und aufheitern [...]. Jeder arme Verwundete, der auf den gekreuzigten Menschensohn schaut, wird errettet sein und das ewige Leben haben [...].
Man braucht Gebete, man braucht Menschen, man braucht Geld. Um dies alles bitte ich die Versammlung.

Auf diese Atmosphäre trifft Dunants Brief am 4. Juli. Die Gräfin de Gasparin entnimmt sofort einige Passagen aus dem Brief, versieht diese mit einleitenden Worten und lässt sie dem „Journal de Genève“ und gleichzeitig der „Illustration française“ in Frankreich zukommen. Dabei verschweigt sie den Namen des Autors; dies tut sie einerseits aus Respekt seiner Familie gegenüber, andererseits, um das Werk Dunants nicht zu behindern, da dieser Umstände publik macht, die für die Siegerarmeen eine Schande darstellen.

Am nächsten Tag erhält der Direktor der Genfer Zeitung auch einen Hilferuf von Adrien Naville, dem Vorsitzenden der *Alliance évangélique*. Als Ergebnis des Appells von Merle d'Aubigné werden am 5. Juli bereits 2300 Franken gesammelt und es wird ein Komitee gegründet, dessen Zielsetzung ist, «die verwundeten Soldaten in Italien mit geistiger und materieller Hilfe zu versorgen». Dank einer schnellen Übereinkunft zwischen Naville und der Gräfin – die im Übrigen Cousin und Cousine sind – kommt es zum Zusammenschluss ihrer beiden Initiativen mit der Veröffentlichung des Briefes Henry Dunants und dem Aufruf zu einer Spendenaktion. So startete diese Hilfsinitiative, die, obwohl sie durch ihren vorübergehenden Charakter begrenzt ist, schon die Form der zukünftigen Hilfsorganisation des Roten Kreuzes vorwegnimmt.

Auf der einen Seite schickt das Komitee die Spenden sowie vier Freiwillige: drei Theologie-Studenten in Begleitung des Pastors Charpiot aus der Kirche von Sornay, einer aus der Evangelisierungsarbeit durch die *Société évangélique* in der Region Saône-et-Loire entstandenen Gemeinde. Der einberufene Pastor, der um elf Uhr nachts eine Depesche erhält, macht sich um Mitternacht auf den Weg nach Genf.

Auf der anderen Seite beantwortet die Gräfin den Brief Dunants: «An erster Stelle, Monsieur, will ich Ihnen die Hand drücken. Sie sind ein tapferer und anständiger junger Mann.» Dazu unterrichtet sie ihn über die von ihr unternommenen Aktivitäten. Auch Adrien Naville informiert Dunant und fordert ihn auf, die entsandte vierköpfige Gruppe zu leiten. Henry Dunant wird von Amts wegen in das Komitee aufgenommen, dem auch Louis Appia beitritt. Dunant trifft allerdings nicht die Entsandten des Komitees, die ihre Arbeit nur mit Schwierigkeiten durchführen, da ihr christlich motiviertes Tun für Proselytenmacherei gehalten und daher von den örtlichen Behörden behindert wird.

Am 30. Juni ist Dunant in Brescia, wo er drei oder vier Tage verweilt, seine Arbeit in den Hospitälern fortsetzt und Hilfsgüter verteilt. Hier trifft er auch Verwundete wieder, denen er in Castiglione geholfen hatte und die ihn wiedererkennen. Für viele französische Soldaten schreibt er Briefe an die Angehörigen. Auf den Straßen wird er angehalten und in die Häuser hereingebeten, um zwischen den französischen Offizieren und den Familien zu dolmetschen, die sie zwar liebevoll aufnehmen, aber kein einziges Wort von dem verstehen, was diese sagen.

Von Brescia reist Dunant zunächst nach Mailand, wo die Gräfin Giustina Verri Borromeo dem dort gegründeten Zentralen Hilfskomitee vorsteht. Dunant wird in den Salons des Mailänder Adels empfangen. Er wird aufgefordert, über seine erschütternde Erfahrung zu berichten. Diese Kontakte werden ihm im folgenden Jahr die Verleihung des Ordens der Hl. Mauritius und Lazarus einbringen. Dunant verkehrt aber nicht nur in den Salons, sondern besucht auch Häuser und Hospitäler, in denen französische Soldaten und Offiziere beherbergt werden. Diese werden von den

Einheimischen sorgsam gepflegt. Sie wollen ihre Dankbarkeit dafür zum Ausdruck bringen, dass die «Vettern» von jenseits der Alpen ihr Blut für die italienische Sache geopfert haben.

Nach zwei unendlich lang erscheinenden Wochen hat der erschöpfte Dunant nur noch einen einzigen Wunsch: nach Genf zurückzukehren. Hier trifft er am 11. Juli, dem Tag des Waffenstillstandes von Villafranca, ein. Er wird am 16. und 20. Juli noch an zwei Sitzungen des Komitees teilnehmen, dessen Mitglied er ist. Mit Sicherheit wird er nicht aufhören, seine Erlebnisse zu schildern, jedoch muss er sich auch um seine Geschäfte kümmern, die für nicht wenig Beunruhigung sorgen. An dieser Stelle aber lassen wir ihn in den Schatten des Winters 1859-1860 gleiten, den er in Paris verbringen wird, und machen einen großen Schritt zurück, um diesen Mann ein wenig besser kennenzulernen.

EXKURS: DIE SCHLACHT VON SOLFERINO

Dem Zweiten Italienischen Unabhängigkeitskrieg ging ein Geheimvertrag voraus, der von Cavour[6] und Napoleon III. in Plombières am 21. Juli 1858 unterzeichnet wurde. Nach dieser Vereinbarung sollte das Königreich Piemont-Sardinien bis zur Adria erweitert werden, die Österreicher aus ganz Oberitalien vertreibend. Im Falle eines österreichischen Angriffs auf Piemont würde Frankreich für seine Unterstützung im Gegenzug Savoyen und Nizza erhalten. Die franko-piemontesische Allianz trat in Kraft, als Österreich geschickt dazu gebracht wurde, Piemont im April 1859 ein Ultimatum zur Abrüstung zu stellen. Auf Cavours entschiedene Ablehnung übernahm Österreich die Rolle des Angreifers, reagierte mit einer Kriegserklärung und marschierte daraufhin in piemontesisches Gebiet ein.

Nach den ersten für die Österreicher nachteilig verlaufenen Gefechten wurden diese in die Defensive gedrängt. Dem folgte ein schrittweiser Rückzug der über 200.000 Mann starken österreichischen Armee, die von den franko-piemontesischen Truppen-

6 Camillo Benso Conte di Cavour war Ministerpräsident des Königreichs Piemont-Sardinien. (Anmerkung der Übersetzerin)

verbänden bedrängt wurde, die zusammen 152.000 Mann stellten.

Die erste Rückzugslinie wurde von den Österreichern am Fluss Tessin festgelegt. Das Hauptgefecht fand am 4. Juni in Magenta statt, wo in einem wirren und blutigen Kampf beharrliche Angreifer und unermüdliche Verteidiger aufeinandertrafen. Die Schlacht wurde durch einen handstreichartigen Angriff am Ende des Tages entschieden, als General Mac Mahon die ihm zugewiesene Stellung eigenmächtig verließ, die Linien durchbrach und den entscheidenden Ausschlag auf dem Schlachtfeld gab. Das Misslingen dieser Aktion hätte ihn vor das Kriegsgericht und ein Hinrichtungskommando gebracht. Er siegte, wurde zum Marschall befördert und zum Herzog von Magenta ernannt.

Die Österreicher wurden nun zu einem weiteren Rückzug gezwungen und räumten Mailand, wo der italienische König und der französische Kaiser am 8. Juni triumphal einzogen. Die Österreicher zogen sich notgedrungen Stück für Stück zum Fluss Mincio zurück, weiterhin von den alliierten Kräften bedrängt. Kaiser Franz Joseph hatte Preußen zu einem Bündnis aufgefordert, um das Schicksal eines inzwischen mit deutlichem Verlust geführten Feldzuges zum Positiven zu wenden. Preußen hatte eingewilligt, forderte aber ein entschiedeneres militärisches Vorgehen im italienischen Feldzug. Am 22. Juni befahl deshalb der junge österreichische Kaiser den Gegenangriff. Die Truppen, die den Mincio passiert und sich ins uneinnehmbare Festungsviereck Verona-Mantua-Peschiera-Legnago zurückgezogen hatten, erhielten den Befehl, den Fluss wieder zu überqueren. Sie besetzten die Ebene von Medole und Cavriana und das sanft hügelige Gebiet von Pozzolengo, San Martino und Solferino.

Die anrückende Vorhut der Alliierten verwechselte die Besatzer mit einem Nachtrupp der Österreicher auf dem Rückzug. So entschied das Kommando, am frühen Morgen des 24. Juni anzugreifen. Daraus resultierte ein Gefecht gigantischen Ausmaßes – und das ohne ausgearbeiteten Plan von beiden Seiten und mit Truppen, die von den langen Märschen mit schwerer Ausrüstung in der schwülen Hitze erschöpft waren und zum Zeitpunkt des Gefechtes noch nichts gegessen hatten. Die Schlacht tobte den ganzen Tag unter Einsatz aller Kräfte.

Das Schlachtfeld hatte eine Nord-Süd-Front von sechzehn Kilometern Länge. Im Norden standen die sardisch-piemontesischen Truppen in Pozzolengo und San Martino den Truppen des Generals von Benedek – des verdienstvollsten Generals der Österreicher – gegenüber, die sowohl an Männern als auch an Mitteln überlegen waren. Vergebens wiederholten sich den ganzen Tag lang die Angriffe, die von den Österreichern immer erfolgreich zurückgeschlagen wurden. Zuletzt kam der Befehl, San Martino um jeden Preis zu erobern. Nach einem plötzlichen Wolkenbruch Mitte des Nachmittags ergoss sich auf diesen Ort ein wutentbrannter Angriff, der sehr schwere Verluste verursachte. Die Österreicher hielten San Martino bis zum letzten Moment und gaben es erst auf, als es zum allgemeinen Rückzug kam.

In der Mitte des Schlachtfeldes rangen Franzosen und Österreicher um Solferino. Die Eroberung des Turmes von Solferino, eines auf einem Hügel gelegenen Beobachtungspunktes über die ganze Ebene, wurde zum Symbol des Sieges und der Niederlage. Die Österreicher hielten Solferino lange und gaben es erst beim entscheidenden Angriff auf.

Im Süden, in der Ebene von Medole, standen sich die französischen und die österreichischen Truppen gegenüber; an diesem Ort ging es um die Eroberung der Hauptstraße nach Brescia, die zwischen Guidizzolo und Castiglione entlangführte. Hier hielten die Franzosen wichtige Stellungen trotz der österreichischen Gegenangriffe.

Das entscheidende Gefecht wurde in der Mitte, um die Anhöhen Solferinos, ausgetragen. Hier war es, wo Napoleon III. gegen Mittag seine noch ausgeruhte Reserve, die Kaiserliche Garde mit Elite-Korps, unter ihnen sechs Kavallerie-Regimenter, ins Gefecht warf. Das Ergebnis der Aktion folgte nicht unmittelbar, aber dieser taktische Schlag erwies sich als siegreich. Die Schlacht wütete noch stundenlang. Der österreichische Kaiser war jedoch in eine ausweglose Situation geraten, da er über keine Reserve verfügte, die er dem hätte entgegenstellen können, weil die ganze Truppe unter den beiden österreichischen Generalkommandos aufgeteilt worden war. Da Franz Joseph befürchtete, dass sich der Durchbruch der Feinde in eine Umzingelung umwandeln könnte, ließ er zum Rückzug blasen. Das war das Zeichen einer endgültigen Nie-

Napoleon III. betrachtet das Schlachtfeld in einer Zeichnung der Pariser *Illustration journal universel* (9. Juli 1859)

derlage. Im Anschluss an eine grauenhafte Metzelei verließen die Österreicher ein mit Toten und Verwundeten übersätes Schlachtfeld und zogen sich endgültig hinter den Mincio zurück. Zwei Tage später schrieb der Kaiser seiner geliebten Sissi: «Das ist die traurige Geschichte eines entsetzlichen Tages [...]. Ich habe das Gefühl eines geschlagenen Generals kennengelernt.»

Trotz des Sieges stoppte Napoleon III. und brach damit das mit Cavour vereinbarte Abkommen, worauf der wütende Cavour mit seinem Rücktritt protestierte. Napoleon III., der schon von den Preußen bedroht wurde, die sich jenseits des Rheins drängten, konnte sich aber nicht erlauben, dass eine zweite Front eröffnet wurde. Kaiser Franz Joseph hatte seinerseits nicht vor, seine Rettung allzu sehr von der preußischen Intervention abhängig zu machen. Diese Umstände führten dazu, dass der österreichische und der französische Kaiser, beide vom Gemetzel von Solferino stark angeschlagen, sich auf einen Waffenstillstand einigten, der am 11. Juli unterzeichnet wurde. Dem folgte am 10. November 1859 der Frieden von Zürich.

Frankreich erhielt die Lombardei, übergab diese dem Königreich Piemont-Sardinien und verzichtete auf die Ansprüche auf die savoyischen Gebiete jenseits der Alpen. Piemont musste eine erzwungene Pause im langen Werk der Einigung Italiens akzeptieren und sich damit begnügen, die Lombardei bis zum Fluss Mincio befreit zu haben.

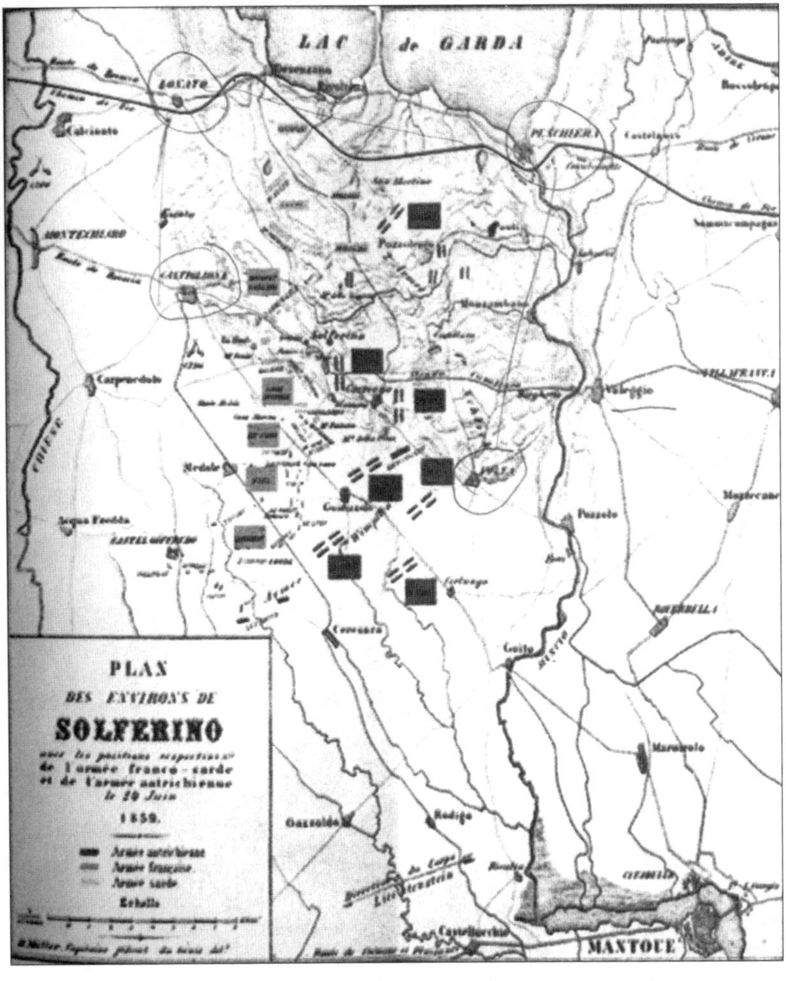

Plan der Schlacht von Solferino aus der ersten Ausgabe
von *Un Souvenir de Solferino*

2.

EIN SOHN DER ERWECKUNGSBEWEGUNG

Vor den revolutionären Erschütterungen und deren Niederschlagung, die Europa in den Jahren 1848-49 erbeben ließen, erlebte die Schweiz ihre eigene stürmische Zeit, wenn auch begrenzt und zum Teil mit einer völlig eigenen und gegenläufigen Stoßrichtung. Die katholischen Kantone hatten sich zu einem *Sonderbund* zusammengeschlossen – dieser stand in Opposition zur Schweizerischen Eidgenossenschaft –, um die Politik der Radikalen zu bekämpfen, die als antiklerikal galt. Dies führte dazu, dass es 1846 in Genf zur radikalen Revolution von James Fazy kam. Dieser eroberte die Macht, die zuvor in der Hand der konservativen Partei lag. Zur Niederschlagung des Aufstandes des Sonderbundes wurde General Henri-Guillaume Dufour gesandt, der mit großem Geschick die Versöhnung der Eidgenossenschaft förderte. Später wurde er zu einer der prägenden Figuren bei der Entstehung des Roten Kreuzes.

In Genf bewegten diese Ereignisse den inzwischen aus der Regierungsverantwortung verdrängten Stadtadel der *Haute Ville* dazu, sein Interesse für Kunst, Wissenschaften, Geschäfte und philanthropische Aktivitäten zu intensivieren.

Von diesen Ereignissen im Hintergrund hob sich die zunehmende Bedeutung des Réveil ab. Als Reaktion auf den Rationalismus des 18. Jahrhunderts, der die Dogmen des christlichen Glaubens ihrer Bedeutung beraubt hatte, stand diese Erweckungsbewegung im Zeichen einer Rückwendung zu den Prinzipien der Reformation des 16. Jahrhunderts. Der Réveil besaß auch eine politische Dimension: Mit seinem restaurativen Programm zugunsten der Reformation sah er sich insbesondere in der Stadt Calvins als letztes Bollwerk gegen die neuen, in Europa grassierenden Ideen. Durch die konservative Ausrichtung dieser Bewegung war das aristokratische und großbürgerliche Milieu der fruchtbare Boden, aus dem eine Anhängerschaft erwuchs. Diese Tendenz verstärkte sich noch nach dem Sieg der Liberalen.

Der am 8. Mai 1828 in Genf geborene Henry Dunant[1] wächst in diesem Umfeld auf. Obwohl sein Geburtshaus in der Rue Verdaine auf halber Höhe zwischen der Unterstadt der Krämer und der Oberstadt der Adligen und der Universität liegt, gehört seine Familie der Genfer *Haute Ville* an. Henrys Vater Jean-Jacques ist Mitglied des *Conseil représentatif* – der damals gesetzgebenden Versammlung der Genfer Stadtrepublik – und Präsident der Vormundschaftskammer, obwohl er aus geschäftlichen Gründen lange Zeit in Marseille wohnt. 1827 hat er Anne-Antoinette Colladon, genannt Nancy, geheiratet, die aus einer berühmten Familie von Professoren, Pastoren, Juristen und Gelehrten stammt. Nach Henrys Geburt gehen vier weitere Kinder aus der Ehe hervor, Sophie-Anne (1829), Daniel (1831), Marie (1833) und Pierre-Louis (1834).

Schon seit seiner Kindheit atmet Henry die Luft der Erweckungsbewegung. Sowohl seine Mutter als auch Sophie, die Schwester seines Vaters, und später auch seine eigene Schwester Marie gehören der *Société evangélique* an, der 1831 von Pastor Louis Gaussen gegründeten abtrünnigen kirchlichen Gemeinschaft. Seit 1833 leitet dieser außerordentliche Pädagoge eine Sonntagsschule mit einer vollständig neuen Methode: Ohne den vorgeschriebenen Katechismus und weitere Hilfstexte zu benutzen, beruft er sich auf die Bibel als einzige Quelle, die er auf faszinierende Art und Weise einem wachsenden Publikum junger Leute deutet. War Henry unter ihnen? Es steht nicht fest, ob er selbst an der Sonntagsschule teilgenommen hat. Sicher ist aber, dass der Kern der Bibelauslegung des Pastors Gaussen tief in die Seele des jungen Henry eindringt. 1837 beginnt Gaussen mit der Auslegung der Prophezeiungen aus dem Buch Daniel; die 48 Vorlesungen wird er in den nächsten Jahren in drei Sammelbänden

1 Henry Dunant wird auf den Namen Jean-Henri getauft. Nachdem er zunächst mit J. Henri unterzeichnet, wird er später immer Henry schreiben. Aus diesem Grund verwenden wir prinzipiell nur diese von ihm selbst genutzte Schreibweise.

veröffentlichen. Das ist die geistige Kost Henrys, aus der er später seine eigene Version entwickelt. Dabei handelt es sich um eine Fortsetzung der Interpretation des letzten der vier Weltreiche (assyrisch-babylonisches, medisch-persisches, griechisch-makedonisches und römisches), die den Elementen des riesigen Standbildes aus dem Traum König Nebukadnezars entsprechen, der vom Propheten Daniel gedeutet wird. Etwa zwanzig Jahre später, als er auf der Suche nach einer Lösung seiner finanziellen Probleme ist, wird Henry ein Bändchen schreiben, das er Napoleon III. widmet. Darin äußert er just diese Fortsetzung der prophetischen Auslegung des Pfarrers Gaussen und führt sie zum französischen Kaiser weiter. Dieser wird dermaßen glorreich gepriesen, dass es an Lobhudelei grenzt. Titel und Untertitel lassen dies eindeutig erkennen: *L'Empire de Charlemagne rétabli ou le Saint-Empire romain reconstitué par sa majesté l'empereur Napoléon III*[2].

Nun aber zurück zu Henrys Kindheit. Der Réveil, in dessen Atmosphäre er aufwächst, verfolgt sowohl die Wiederbesinnung auf die reine Lehre der Reformation als auch die Glaubenserneuerung in der Pflicht zum tätigen Dienst. Wie in jeder Strömung authentischen Christentums findet sich hier die Einheit von Wort und Zeichen, von Verkündung und Diakonie. Die Genfer Erweckung ist Teil einer komplexen Bewegung, welche die Britischen Inseln und Mitteleuropa ergriffen hat. Die industrielle Revolution lässt es zu, dass es zu einer Kapitalakkumulation durch die Ausbeutung eines zum reinen Überleben verurteilten Proletariats kommt. Auf diese Situation reagiert die Erweckungsbewegung mit einem Lösungsansatz, dessen Grenzen im Individualismus des liberalen Jahrhunderts liegen, denn sie lässt den kollektiven und politischen Aspekt der stattfindenden Revolution außer Acht. Nur die methodistische Kirche in England hatte starke Bindungen zur entstehenden Arbeiterbewegung. Abgesehen von diesem Einzelfall liegt die Antwort des erweckten Glaubens im konkreten Engagement der Gläubigen. In unterschiedlichen Organisationsstrukturen unterstützen sie einzelne Personen und Familien, die sich in einer Not-

2 Im Deutschen wäre der Titel: *Das wiederhergestellte Kaiserreich Karls des Großen oder das Heilige Römische Reich, erneuert durch Seine Majestät Kaiser Napoléon III.* (Anmerkung der Übersetzerin).

lage befinden, sei es aus gesundheitlichen Gründen oder weil sie ihre finanzielle Unabhängigkeit eingebüßt haben.

So betreut Nancy Colladon-Dunant, wie es für alle Familien der neuen erweckten Kirche üblich ist, einen Kreis notleidender Familien, denen sie Trostworte und bescheidene finanzielle Hilfe spendet. Bei ihren Besuchen nimmt sie häufig den kleinen Henry mit, der so mit der Tätigkeit seiner Mutter das Wesen der Diakonie aus erster Hand kennenlernt: Nächstenliebe und Selbstlosigkeit. Später wird er notieren: «So lernte ich nach und nach das Unglück und das Elend der dunklen Gassen kennen, wo die Unterkünfte manchmal Ställen ähnelten, und sah Menschen, die nichts Eigenes besaßen und gleichsam an einer Kette unzähliger Leiden angeschweißt waren.»

Der junge Henry ist kein hervorragender Schüler. Mit zehn Jahren am *Collège Calvin* eingeschrieben, wird er zwölfjährig das Schuljahr wiederholen und später das *Collège* vorzeitig verlassen. Das einzige Unterrichtsfach, für das er sich voll einsetzt, ist das, was Familie und Gemeinde ihm beigebracht haben, nämlich Religion. Seine weitere Bildung basiert auf persönlichen Lektüren. Diese autodidaktische Mühe wird es ihm später erlauben, bei unterschiedlichen geographischen Gesellschaften mitzuarbeiten.

Henrys Stärke liegt jedoch im Handeln. Noch vor seinem zwanzigsten Lebensjahr ist er Mitglied der *Société d'aumônes*, einer Almosen-Gesellschaft. Bei seinen Besuchen spürt er die Unzulänglichkeit der Hilfe, die er monatlich den vom übermächtigen Elend in die Hilflosigkeit getriebenen Unglücklichen bringt. Zudem steigt er sonntags zum Gefängnis des *Evêché* in die Genfer Oberstadt hinauf, wo er die in der Kapelle versammelten Gefangenen mit Erörterungen zu wissenschaftlichen Themen, Reise- und Abenteuerberichten und insbesondere mit der Bibel bekannt macht. Er legt Bibelverse aus, erzählt Gleichnisse oder liest Predigten vor. Sein ehrliches und glaubwürdiges Auftreten beruht auf seiner felsenfesten Überzeugung, dass diese auf Abwege geratenen Menschen von Gottes Gnade in Christus gerufen und zur Rettung bestimmt sind. Die Häftlinge ihrerseits lieben diesen jungen Mann, seine herzlichen Umgangsformen und warmherzigen Worte. Später wird Dunant im Hinblick auf diese Zeit seines Lebens schreiben: «Man kann also wohl sehen, dass ich mich um die Verwundeten des Friedens viel früher als um die Verwundeten des Krieges bemüht habe.»

Wir würden aber einen Fehler begehen, wenn wir die Person dieses engagierten jungen Mannes außerhalb seines gemeinschaftlichen Rahmens beurteilen würden – denn die geistige Nahrung empfängt jeder Gläubige aus einer Gemeinschaft. Zusätzlich zu seiner Aktivität im Rahmen der *Société évangélique*, die einen weniger augenfälligen, aber dennoch einflussreichen Hintergrund für ihn bildet, fängt Henry Dunant früh an, seine wichtigste Begabung für die evangelische Berufung umzusetzen: andere Leute dazu zu bewegen, ihm zu folgen, und die Menschen, mit denen er in Kontakt tritt, anzuwerben, einzubeziehen und zu organisieren. Es gibt eine Episode, die einen besonders wichtigen, grundlegenden Moment offenbart. Im Sommer 1847 unternimmt Henry zusammen mit zwei Freunden einen mehrtägigen Ausflug in die Alpen. Tagsüber verbringen sie Zeit mit physischer, aber auch geistiger Erhebung in Betrachtung der wundervollen Werke des Schöpfers und im Gespräch über die wesentlichen Themen von Leben und Tod. Am Abend versenken sich dann die drei Freunde zusammen in die Bibel und sammeln sich im Gebet, gleichsam in einer kultischen Anbetung der Macht und Liebe Gottes. Eine solche Erfahrung zählt zu denen, die das Leben einer Person besonders prägen. Die drei entschließen sich dazu, sich einmal in der Woche zu Hause bei dem einen oder anderen weiter zu treffen, um aus der Bibel zu lesen und zu beten. Das ist der Ausgangspunkt für die sogenannte «Donnerstags-Vereinigung», deren Teilnehmerzahl schon bald zu groß für das Fassungsvermögen eines privaten Hauses wird. So wendet man sich mit einer Bitte um Räumlichkeiten an die *Société évangélique*. Pastor Gaussen, der diese Initiative und seinen jungen Anhänger mit Wohlwollen betrachtet, bietet als Versammlungsraum den Komiteesaal im *Oratoire*, Sitz der *Société évangélique*, an. Im Jahr 1849 werden in den Büchern der *Société* erstmalig diese «jungen Brüder, die sich am Donnerstagabend im Saal des *Oratoire* versammeln» erwähnt. Ebenso ist hier die Teilnehmerliste verzeichnet. Neben den drei Gründern findet man an dieser Stelle die Namen der Sprösslinge altehrwürdiger Familien der Genfer Aristokratie: Henri Lullin und Théodore Cramer, Henry Veyrassat, der zukünftige Vorsitzende der von der *Société évangélique* gegründeten Theologieschule, Joseph Gibert, der nach seinem Umzug nach Paris einer der Gründer der Pariser *Union chrétienne* sein wird, und Adolphe Perrot, Bruder des künftigen Vorsitzenden der Genfer *Union chrétienne* Maximilien Perrot.

In dieser Umgebung findet Henry Dunant Raum für seine Fähigkeit, andere zu animieren. Die Evangelisierung, die Erbauung der Neubekehrten und die Initiativen sozialer Hilfe sind alles Aktivitäten, in die er sich einbringt. Er reißt andere mit und beweist dabei wahres Aposteltum. Max Perrot wird dies mit Bewunderung anerkennen: «Er hatte die Fähigkeit, die zerrissenen Bande neu zu knüpfen, die Abtrünnigen zurückzugewinnen, die Schwachen aufzurichten und die Lauen wieder anzufeuern. Nach Gott ist es ihm zu verdanken, dass es nicht zur Auflösung der Donnerstags-Vereinigung kam.»

In der Tat deutet sich die Gefahr einer Rückentwicklung schon sehr bald an: ein Rückfall in das Kultivieren einer persönlichen Frömmigkeit in einem begrenzten, grundsätzlich selbstständigen und nur der Spontaneität der Teilnehmer überlassenen Bereich.

Dunant verleiht aber der Initiative eine ganz eigene Richtung. Als Pastor Garder aus Nîmes sich im Herbst 1851 auf einer Durchreise in Genf aufhält, nutzt er die Gelegenheit, um ihn zu fragen, ob in seiner Gemeinde auch junge Christen seien – womit er Bekehrte meint – und erhält eine positive Antwort. Von Enthusiasmus erfüllt, schreibt er einen Brief und vertraut diesen dem Pastor an. Sehr bald bekommt er eine Antwort, die unter anderem von Eugène Laget unterzeichnet ist. Mit ihm wird er später einen langjährigen Briefwechsel pflegen. Der Brief aus Nîmes berichtet von einer Gruppe von fünfundzwanzig jungen Menschen, deren geistiger und organisatorischer Zusammenhalt nach und nach verblüht ist; aber der Brief der Brüder aus Genf hat sie wieder neu inspiriert.

Für Dunant ist dies der Anfang einer neuen Aufgabe, der er sich leidenschaftlich widmet. Er weitet die Suche nach anderen Gruppen aus, um ein Netz der Korrespondenz zu knüpfen. Ratschläge, Ermutigungen und Aktionen, die zur Bildung neuer Gruppen beitragen, gehen wiederholt von Genf aus. Das Netz umfasst die Schweiz, Frankreich und Schottland. Der Briefwechsel findet auf Französisch, Deutsch, Englisch und Italienisch statt. Auch wenn er dabei nicht alleine steht, ist Henry Dunant, der als Korrespondenzsekretär wirkt, Dreh- und Angelpunkt dieser Aktivität. Die Verbindungen dieser herzensfrohen Gemeinschaften spornen die Genfer Gruppe an. An einer weiteren neuen Versammlung, die nun jeden Mittwochabend stattfindet, nehmen etwa einhundert Jugendliche teil. Bei ihren Treffen wird nicht nur die Bibel, sondern auch die Korrespondenz mit den Brüdern gelesen. Die am Sonntagnachmittag stattfindende Evangelisierungsversammlung erhält dadurch einen neuen Impuls.

Henry Dunant in der Anfangszeit der Genfer *Union chrétienne*

Kurz darauf kommt es zu einem entscheidenden Wendepunkt. Die Bewegung wird zu einer strukturierten Organisation. Auslöser dieser neuen Ausrichtung ist Adolphe Monod, bedeutendster Prediger des französischsprachigen Réveil. Während eines kurzen Aufenthaltes in Genf wird dieser von der Donnerstags-Vereinigung eingeladen, an die er ganz im calvinistischen Sinne appelliert.

Diszipliniert euer Leben!
Liebe junge Gemeinde, opfert euch ganz für Den, der sich für euch geopfert hat. Habt keine Vorbehalte Dem gegenüber, der ohne Vorbehalt euch gegenüber ist. Versteht die Aufgabe gut, die euch gegeben wurde. […] Wir verlieren beträchtliche Zeit, wenn wir nicht nach einem genauen Plan arbeiten und nur unseren Gefühlen gehorchen, statt uns einer regelmäßigen Aufgabe zu stellen. […] Diszipliniert euer Leben! Teilt euch die Zeit gut ein! Euer Tun soll klug und wohl geordnet sein!

Dieser Aufruf fällt auf fruchtbaren Boden: Der Entscheidung, ein Programm und eine Satzung festzulegen und sich als feste Gesellschaft zu organisieren, stimmen die meisten Teilnehmer zu. In nur wenigen Monaten wird eine Satzung aufgestellt, die einstimmig angenommen und zum Eckstein der *Union chrétienne de Genève* wird. Daraufhin wird ein Vorstand gewählt und die einzelnen Ämter werden verteilt: Max Perrot wird zum Vorsitzenden gewählt, Henri Lullin zu seinem Stellvertreter, der Rechtsanwalt Gustave Pictet zum Sekretär, Henry Dunant zum Schriftführer, Louis Johannot zum Schatzmeister, Louis Rosselet zum Bibliothekar. Jean Billon ist Beisitzer. Dunant erhält bei der Wahl mit einer Ausnahme alle Stimmen ...

Der *Union* wird mit einem Mietangebot für die ersten sechs Monate ein neuer Versammlungsraum in der Rue des Chanoines 115 zugesichert – genau dort, wo einundzwanzig Jahre zuvor die *Société évangélique* gegründet wurde.

Im Kassenbuch des Schatzmeisters sind die Namen der sechsundzwanzig Gründungsmitglieder verzeichnet, die ihren Jahresbeitrag einzahlen.

Die Satzung bestimmt, dass die Vereinigung von jeder Kirche unabhängig ist und nur junge Menschen aufnimmt, die «die Hei-

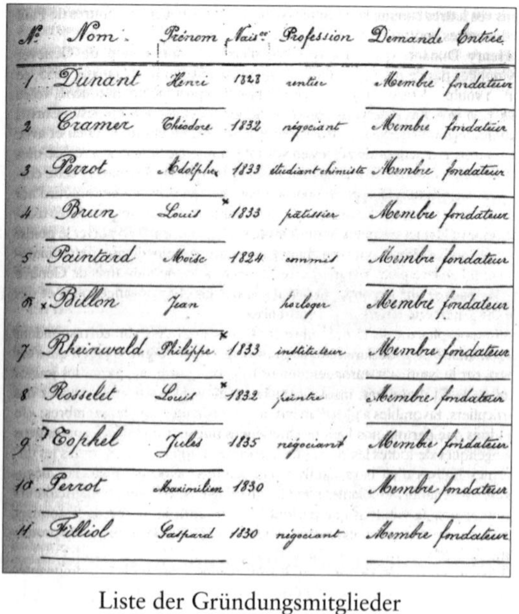

N°	Nom	Prénom	Naiss.ce	Profession	Demande	Entrée
1	Dunant	Henri	1828	rentier	Membre fondateur	
2	Cramer	Théodore	1832	négociant	Membre fondateur	
3	Perrot	Adolphe	1833	étudiant chimiste	Membre fondateur	
4	Brun	Louis	× 1833	pâtissier	Membre fondateur	
5	Paintard	Moïse	1824	commis	Membre fondateur	
6	× Billon	Jean		horloger	Membre fondateur	
7	Rheinwald	Philippe	× 1833	instituteur	Membre fondateur	
8	Rosselet	Louis	× 1832	peintre	Membre fondateur	
9	Tophel	Jules	1835	négociant	Membre fondateur	
10	Perrot	Maximilien	1830		Membre fondateur	
11	Filliol	Gaspard	1830	négociant	Membre fondateur	

Liste der Gründungsmitglieder
der Genfer *Union chrétienne de Jeunes Gens*

lige Schrift als von Gott inspiriert und als einzige Glaubensgrundlage anerkennen und an Jesus Christus, den Heiland, als ihre einzige Hoffnung glauben. Sie sollen den Wunsch haben, sich mit Hilfe des Heiligen Geistes für das Fortschreiten des Reiches Gottes einzusetzen». Die Kandidaten, die dieses kurze, vom Wesen des Genfer Réveil geprägte Glaubensbekenntnis annehmen, müssen von zwei Paten präsentiert werden, die selbst Mitglieder der *Union* sind.

Hier offenbaren sich erneut die Begabungen Dunants. Einerseits ist Henry Dunant in den folgenden zwei Jahren der erste Pate von etwa zwanzig neuen Mitgliedern, was seine außerordentliche Überzeugungskraft in der evangelischen Verkündung bezeugt. Andererseits übt er sehr gewandt sein Amt als Schriftführer aus, das wie auf ihn zugeschnitten ist. Zu den persönlichen Briefen kommen Rundbriefe hinzu, die über 150 Gruppen erreichen.

Für alle jungen Männer

Wir haben einen Lesesaal eröffnet, der allen jungen Männern kostenfrei zugänglich ist. Dort finden sie eine Bibliothek mit lehrreichen Werken, religiösen Zeitschriften und verschiedenen neuen Veröffentlichungen vor.

Donnerstags und sonntags können sie an einem Erbauungstreffen teilnehmen, in dem jeder das Wort frei ergreifen kann.

Zudem werden sie an Unterricht oder Vorträgen über religiöse Themen von größter aktueller Bedeutung teilnehmen können. Hier werden sie Mitglieder des Vereins und weitere junge Männer treffen, die von dem Wunsch beseelt sind, aufrecht vor dem Herrn zu gehen.

Wir hoffen, dass sie in uns wahre Freunde erkennen werden, die bereit sind, mit ihnen für die gute Sache zu kämpfen und ihnen auf jede Art und bei jeder Gelegenheit dienlich zu sein.

Wir haben es in unserem Statut erklärt und wir legen Wert darauf, es zu wiederholen: Man braucht nicht unbedingt unserer Vereinigung beizutreten, um die Vorteile in Anspruch nehmen zu können, die wir anbieten. Dazu reicht es, von einem Mitglied eingeführt zu werden oder an das Komitee heranzutreten.

Die vollständige Unabhängigkeit unserer Vereinigung gewährt jedem uneingeschränkte Freiheit und wir hoffen, bei unseren Versammlungen Angehörige der unterschiedlichen Glaubensrichtungen der Kirche Christi begrüßen zu dürfen. (Aus dem ersten Rundbrief an alle Pastoren, um Ziele und Aktivitäten der *Union chrétienne de Genève* bekannt zu geben)

Die Korrespondenz wird durch Evangelisationsreisen wie jene ergänzt, die Dunant und Max Perrot 1853 in Südfrankreich unternehmen. Henry wiederholt sie im folgenden Jahr. Hinzu kommen Besuche in Paris, Amsterdam und Brüssel.

Die *Union* gedeiht. Die anfänglich sechsundzwanzig Mitglieder wachsen bis 1853 auf fünfzig an. Die lokalen Aktivitäten verflechten sich mit den Kontakten eines internationalen Netzes. 1854 schreibt Dunant an Chauncy Langdon, seinen Briefpartner in den USA, dem er sich sehr verbunden fühlt, obwohl er ihn noch nie getroffen hat: «Mein Herz glüht und ich danke Gott für all das, was er in den letzten drei Jahren sowohl in der neuen als auch in der alten Welt für die „christlichen Vereine junger Männer“ getan hat – die Sache, die Ihnen und mir so sehr am Herzen liegt.»

In der Tat geht es hier um die internationale Bewegung YMCA (*Young Men's Christian Association*), zu der die Genfer Vereinigung einen großen Beitrag geleistet hat, obwohl sie schon einige Jahre zuvor auf Initiative des jungen, engagierten und begeisterten George Williams in England entstanden ist. Die YMCAs entsprechen also den UCJGs (*Unions chrétiennes de Jeunes Gens*). Die Natur dieser breit angelegten Jugendbewegung bringt es zwangsläufig mit sich, dass es zu einem intensiven Austausch kommt. Nach unterschiedlichen Begegnungen auf regionaler Ebene entsteht der Gedanke eines internationalen Treffens und eines Weltbundes, welcher die nationalen Mitgliedsverbände zusammenführen soll.

Die ACDGs in Italien

In Italien haben die ACDGs (*Associazioni cristiane dei giovani*) ihre Wurzeln nicht in den UCJGs der französischsprachigen Länder, sondern in den angelsächsischen YMCAs. Sie waren schon

sehr früh auch in den Waldenser Tälern etabliert und traten der 1855 in Paris gegründeten *Alliance universelle* bei. Mit der für junge Frauen offenen YWCA (*Young Women's Christian Association*) entstand in Italien auch die erste Frauenvereinigung unter weiblicher Führung, die der 1894 in England gegründeten YWCA beitrat.
Sowohl in den Waldenser Tälern als auch später in einigen Großstädten (Mailand, Turin, Rom und Florenz) wahrten die ACDGs einen laizistischen und demokratischen Charakter. Die Leiter waren keine Pastoren und wurden von einer Versammlung gewählt. In den Städten hatten die ACDGs offenen und interkonfessionellen Charakter.
In Rom und Turin entstanden auch zwei YMCA-Sektionen nach US-amerikanischem Vorbild, deren Orientierung eher sportlich als geistlich war. Die ACDGs hatten hingegen eine vorwiegend kulturelle und spirituelle Prägung. Zu ihnen gesellte sich auch die Gruppe der jungen Barth-Anhänger, die sich um Giovanni Miegge und die Zeitschrift „Gioventù Cristiana" gesammelt hatte. Diese Publikation wurde zum Organ der ACDG. Unter Vorsitz Mario Falchis und mit Cesare Gay als Sekretär konnten die ACDGs in den zwanzig Jahren der faschistischen Diktatur in Italien der Schließung entgehen, die von der faschistischen Partei für jede unabhängige Vereinigung junger Menschen beschlossen wurde. Dies verdankten die ACDGs der Nähe zur YMCA, die in den USA eine starke Organisation war, mit der Mussolini keinen Konflikt riskieren wollte. Das drückende Klima der faschistischen Überwachung und die Opposition, die durch den stark konfessionell geprägten Verband der Waldenser Vereinigungen (*Federazione delle unioni valdesi*, FUV) dem Faschismus entgegengebracht wurde, verursachten jedoch ihren Untergang.

Zu dieser Entwicklung trägt die Evangelische Allianz bei, die in England entstand und sich dann in unterschiedliche Länder ausbreitete. Ihre Gründungsversammlung fand 1846 in London statt und ihr auf den Erweckungsbewegungen fußendes Programm umfasste neun Punkte. Erster Sekretär der im Jahre 1852 gegründeten Schweizerischen Evangelischen Allianz wurde Henry Dunant, der dieses Amt bis 1860 innehatte.

Der Gedanke eines Weltbundes der christlichen Jugendvereinigungen verbreitet sich nicht ohne Schwierigkeiten und Konflikte. Es gibt Spannungen zwischen dem französischen Zentralismus der Pariser Vereinigung unter dem Vorsitz von Jean-Paul Cook – Sohn eines methodistischen Pastors – und dem eidgenössischen Föderalismus der Genfer Vereinigung. Nach und nach setzt sich eine Idee Dunants durch, die damit die Organisationsform der nationalen Hilfsgesellschaften des Roten Kreuzes vorwegnimmt. Die Organisation wird biegsam sein, indem sie jeder Gesellschaft volle Unabhängigkeit zuerkennt, aber gleichzeitig starr, indem sie die Basis der Konvention aus dem Jahr 1864 als gemeinsame Referenz anerkennt.

Die Weltausstellung von Paris im Jahre 1855 bietet die Gelegenheit, eine Versammlung der Vereinigungsvertreter einzuberufen. Diese verabschiedet im August des gleichen Jahres die sogenannte «Pariser Basis», den Vorschlag für einen Verband weitgehend unabhängiger Organisationen, der auf der gemeinsamen Programmatik der christlichen Vereine basiert: «Die Christlichen Vereine Junger Männer haben den Zweck, solche jungen Männer miteinander zu verbinden, welche Jesus Christus nach der Heiligen Schrift als ihren Gott und Heiland anerkennen, in ihrem Glauben und Leben seine Jünger sein und gemeinsam danach trachten wollen, das Reich ihres Meisters unter jungen Männern auszubreiten.»[3] Diese «Basis» wird später von 338 Vereinigungen unterzeichnet, unter anderem von der Genfer Union – bereits am 14. September 1855.

Henry Dunant war nicht der einzige, aber vielleicht der aktivste und weitestblickende Mitbegründer dieser internationalen Organisation. Vor der Realisierung des Roten Kreuzes, die ihn weltweit bekannt machte, hat er also an der Einbindung einer weit verbreiteten Jugendbewegung in den Weltbund der UCJGs / YMCAs ausschlaggebend mitgewirkt.

Dunant hat diese immer größer werdende Masse mit dem Salz seines universalistischen Ansatzes gewürzt, der alle seine Initiativen prägen wird. Die Bewegung, die ihm vorschwebt und für deren Entstehung er sich einsetzt, soll universell sein und nicht

3 Die Übersetzung dieses Zitats stammt aus dem offiziellen deutschen Wortlaut, hier aus http://www.cvjm-hochschule.de/Leitlinien.321.0.html, Zugriff vom 21.8.2009. (Anmerkung der Übersetzerin)

durch Länder, Konfessionen, soziale Herkunft oder Stellung begrenzt werden. Sie soll alle Menschen umfassen, die «das Bedürfnis gespürt haben, sich mit allen ähnlichen Vereinigungen des protestantischen Christentums zu verbrüdern». Dieses letztgenannte Merkmal der protestantischen Identität wird bei der Gründung des Roten Kreuzes keine Rolle mehr spielen. Noch aber grenzt die Erweckungsbewegung den assoziativen und ökumenischen Rahmen ein, indem eine klare Trennung zur römisch-katholischen Kirche gesetzt wird. Schon im Jahr 1852 hatte Dunant einem Aufruf der protestantischen Vereinigung junger Menschen aus Edinburgh zugestimmt, für den Untergang des Papsttums zu beten. Mit den Freunden, mit denen er das italienischsprachige Gebiet der Schweiz besucht hatte, gründete er sogar eine Gesellschaft zur Evangelisierung des Tessins und steuerte Geld für das Werk eines in das katholische Gebiet entsandten Missionars bei ...

Aber jetzt, im Jahr 1855, nachdem sein jugendlicher Eifer einen Höhepunkt erreicht hat, scheint sein von der Erweckung geprägter Glaube schwächer zu werden. Vielleicht haben die zwei Geschäftsreisen, die er inzwischen nach Algerien unternommen hatte, seine Hauptinteressen verlagert. Vielleicht hat aber auch der Beifall, den er zusammen mit Williams, Laget, Perrot und Cook für seine Rolle als anerkannter Initiator und Förderer in Paris erhielt, einen zu großen Einfluss auf seinen Charakter, denn er neigt zu einem eitlen Bedürfnis nach Anerkennung. Nach Meinung Max Perrots – des Vorsitzenden der Genfer Vereinigung – hat Henry Dunant, dessen nicht immer einfachen Charakters er schon in der Vergangenheit «mäßigen» musste, einen gefährlichen Rückschritt erlitten. So schreibt Perrot seinem Bruder im Januar 1856 von Schottland aus:

Max Perrot, erster Vorsitzender der Genfer UCJG

Armer Dunant! Man muss viel für ihn beten, weil seine Frömmigkeit oberflächlich ist und der übertriebene Ruhm, der ihm in London zuerkannt wurde, ihm sehr geschadet hat. Ich werde nie vergessen, wie viel Gutes er uns zu Anfang getan hat, aber ich kann die tadelnswerte Wandlung nicht akzeptieren, die sich mit ihm vollzieht. Letztes Jahr habe ich ihm einen sehr ernsten Brief geschrieben, der es nicht vermochte, ihm die Augen zu öffnen. Ich versichere Dir, dass es für mich eine Qual ist, einen solchen Kollegen zu haben. Mit seinen elenden Briefen nach Paris und seinen Dummheiten hat er sein ganzes Ansehen bei den christlichen Vereinigungen in Frankreich verspielt.

Zu Recht kommentiert Alain Perrot, Autor einer gründlichen Studie der Korrespondenz zwischen den Perrot-Brüdern und ihrem Vater, dass er einer dermaßen ernsthaften Kritik nur dann zustimmen könnte, wenn er irgendeinen «elenden Brief» lesen könnte oder wenn ihm die «Dummheiten» Dunants berichtet würden. Statt die harten Anschuldigungen dieser Zeit zu betonen, sollte der Akzent auf die dauernde Dankbarkeit Max Perrots für Dunants vorherige Rolle verlagert werden: Für viele, nicht zuletzt für Max Perrot selbst, war er ein charismatischer Führer und ein unermüdlicher Anreger.

Nun aber spürt man eine gewisse innere Wandlung bei diesem jungen Geschäftsmann. Dies stellt Gabriel Mützenberg, einer der bedeutendsten Biographen Henry Dunants, beim Vergleich einiger Briefe fest. Seinem Freund Edouard Monnier, mit dem er viele Ausflüge und Evangelisierungsinitiativen geteilt hat, gesteht Dunant schon 1853, dass er «bis zum Hals in den Unternehmungen und Geschäften in Algerien steckt». Seinem Freund Langdon schreibt er Anfang 1857 einen ziemlich trockenen Brief, der sich auf die Beschreibung der Reise beschränkt. Hier nennt er Gott nur mit der formelhaften Abkürzung D.V. (für «Deo volente»[4]) und spricht weder gemeinschaftliche Handlungsprojekte noch den geistigen Imperativ des Gebets an. Der Glaube ist nicht verschwunden, aber momentan spricht aus ihm nicht mehr der Prophet und Apostel. Sein Hauptinteresse geht in eine andere Richtung und neigt dazu, alles andere zu überlagern. Um diese Entwicklung besser zu begreifen, müssen wir uns seinem Abenteuer in Algerien zuwenden.

4 Auf Deutsch: «so Gott will». (Anmerkung der Übersetzerin)

Henry Dunants Eltern

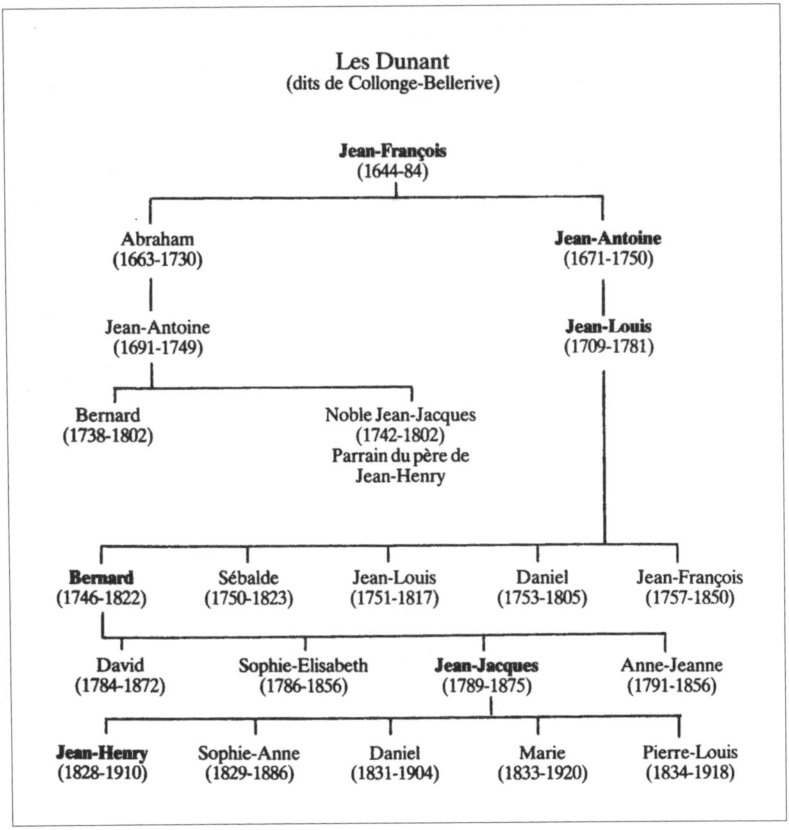

Stammbaum der Familie Dunant

EXKURS: DER GENFER RÉVEIL

Wie der theologische Liberalismus des 18. Jahrhunderts eine Reaktion auf das vergangene Jahrhundert war, das von der unterkühlten lutherischen und calvinistischen Orthodoxie beherrscht wurde, so bildete die vielgestaltige Bewegung des deutschen Pietismus, der angelsächsischen *Revivals* und des *Réveil* in den französischsprachigen Ländern (letzterer insbesondere im 19. Jahrhundert) einen Gegensatz zur liberalen Unbeständigkeit.

Wir beschränken uns hier darauf, auf einige Auswirkungen aufmerksam zu machen, die diese Entwicklung auf die evangelische Kirche von Genf hatte.

Auf der Synode von Dordrecht (1618-1619), die den Sieg der calvinistischen Orthodoxie über die Abweichung der Arminianer besiegelte, wurde die Genfer Kirche von zwei Delegierten vertreten: Giovanni Diodati, Übersetzer der Bibel ins Italienische, und Théodore Tronchin. Beide unterzeichneten die Beschlüsse der Synode und brachten diese nach Genf mit.

Aber die Flut des Liberalismus stieg überall. Auch in der Schweiz versuchte man 1675 auf Initiative des Genfer Theologen François Turrettini, diese einzudämmen, indem man den bedeutenden Schriften der reformierten Kirche (dem Heidelberger Katechismus und dem Zweiten Helvetischen Bekenntnis) und den Dordrechter Beschlüssen einen strengen *Consensus Helveticus* hinzufügte, der von Pastoren und Professoren unterschrieben werden musste. In Genf stieß die Einführung des *Consensus Helveticus* auf Widerstand, sodass die Unterschrift drei Jahre lang hinausgezögert wurde.

Fünfzig Jahre später machte sich die Geschichte einen Spaß daraus, die Überzeugung innerhalb der Familie ins Gegenteil zu verkehren: Gemeinsam mit anderen war es just Jean-Alphonse Turrettini, Sohn des oben erwähnten François Turrettini, der verlangte, dass die neuen Pastoren nicht mehr dazu gezwungen werden sollten, den *Consensus Helveticus* zu unterschreiben. Dies markierte den Beginn des Liberalismus. Die inzwischen von der liberalen Strömung beherrschte Predigergesellschaft *Vénérable Compagnie des Pasteurs* schaffte jegliches Formelbuch ab und ließ den Pastoren die Freiheit, das zu glauben und zu lehren, was sie für richtig hielten. Die aufgeklärte Welt nahm diese Wende mit Beifall auf: Jean D'Alembert lobte unter dem Stichwort «Genf» in der *Encyclopédie* die Toleranz des dortigen Klerus und dessen «perfekten Sozinianismus, der alles ablehnt, was Mysterium genannt wird». Jean-Jacques Rousseau hatte seinerseits schon die erfolgreiche liberale Welle mit einem bissigen Aperçu über die Genfer Pastoren verhöhnt: «Man weiß nicht, woran sie glauben oder nicht glauben, ja man weiß nicht einmal, was sie vorgeben zu glauben.»

Im Prozess eines sich zunehmend entfaltenden Liberalismus in Genf markiert der Beschluss vom 3. Mai 1817 einen Höhepunkt. Als Versuch, die Streitigkeiten zwischen Liberalen und Neu-Erweckten zu besänftigen, und aus Furcht vor möglichen Abspaltungen formulierte die *Vénérable Compagnie* eine Art negatives Glaubensbekenntnis. Pastoren und Theologiestudenten des Kantons hätten sich mit ihrer Unterschrift zu verpflichten, nicht zu predigen 1) über die Art, wie die göttliche Natur mit der Person von Jesus Christus verbunden ist; 2) über die Erbsünde; 3) über die Wirkweise der Gnade oder über die wirksame Gnade; 4) über die Prädestination.

Die Reaktion der Erweckungsbewegung fiel deutlich aus.

DREI PHASEN DES RÉVEIL

Die Reaktionen auf den Aufstieg des theologischen Liberalismus gehen auf frühere Zeit zurück. In Genf entstanden eine Reihe von Initiativen durch einzelne Personen und kleine Gruppen. Es sei hier nur an die dauerhafteste Episode erinnert: die Gründung einer Gemeinschaft von Mährischen Brüdern durch den Grafen Zinzendorf, den Initiator der Herrnhuter Bewegung, der sich 1741 mit einer Gefolgschaft in Genf aufhielt.

Trotzdem sind der Beginn und die Entwicklung des wahren Réveil zu Beginn des 19. Jahrhunderts anzusetzen. Dieser kannte drei wesentliche Phasen.

Der erste Réveil in Genf trat zunächst im universitären Bereich auf. Eine Studentengruppe – darunter Ami Bost, Gaussen, Empaytaz, Gonthier, Pyt und Guers (die beiden Erstgenannten wur-

Ami Bost

den 1814 gemeinsam zu Pastoren ordiniert) fing mit Unterstützung des Académie-Professors Demellayer und der beiden Pastoren Cellérier und Moulinié an, gegen den überwältigenden liberalen Strom zu rudern. Ami Bost beschreibt später ergreifend den Verfall der Calvin-Universität, wo man eine natürliche Religion ohne Offenbarung lehrt; die göttliche Natur Christi leugnet und damit in den Sozinianismus gerät. Hier wird der freie Wille des Menschen der souveränen Gnade Gottes entgegensetzt und damit kehrt man auf die pelagianische Position zurück. Nachdem der Glaube durch die Moral ersetzt wurde, lebte die Kirche ihrerseits in einer fortschreitenden Austrocknung.

Für junge Menschen, die sich in einer Krise befanden, war es nicht leicht, eine Orientierung zu finden. Sie stützten sich auf die Überreste der mährischen Gemeinde aus dem vorhergehenden Jahrhundert und fühlten sich von der katholischen Konfession angezogen, die – obwohl sie offenkundig götzendienerisch war – das Bekenntnis der göttlichen Natur Christi aufrechterhielt. Sogar die Freimaurerloge erschien mit ihrem Ansatz der Dreifaltigkeit attraktiver (für Ami Bost war sie «eine der Lagerstätten, in die Gott das Evangelium in Sicherheit gebracht hat»).

Später wurde die Gruppe durch den positiven Einfluss einiger Vertreter der angelsächsischen Erweckungsbewegung gestärkt, vor allem durch Robert Haldane, dessen Lehre in universitären Kreisen auf breite Zustimmung stieß.

Gerade aufgrund der Predigten über die umstrittenen Themen (durch Cellérier, Malan und Gaussen) des aus dieser Bewegung hervorgegangenen Glaubensbekenntnisses wollte die *Vénérable Compagnie* das Reglement des 3. Mai 1817 durchsetzen. Guers, Pyt und Gonthier, die noch nicht ordiniert waren, weigerten sich zu unterschreiben. Ebenso lehnten die Pastoren Cellérier, Moulinié und Malan dies ab. Ein Bruch wurde unausweichlich.

Nachdem Haldane die Stadt verlassen hatte, kam mit Henry Drummond eine weitere führende englische Persönlichkeit nach

Genf. Während einer Gebetsversammlung in Drummonds Haus wurde die Entscheidung getroffen und am folgenden Tag, dem 23. August 1817, wurde die erste Freikirche gegründet. Die Leitung wurde den Pastoren Méjanel, Pyt und Gonthier übertragen. Der Versammlungssitz, nach dem die Gemeinde später benannt wurde, lag im alten Viertel Bourg-du-Four. Bis zur Mitte des Jahrhunderts wird die Kirche Bourg-du-Four trotz interner Streitigkeiten einen Bezugspunkt für andere freie Kirchen der Schweiz darstellen.

Die zweite Gemeinde-Erfahrung des Genfer Réveil hatte César Malan, Nachkomme einer Familie aus den italienischen Waldensertälern, zum Protagonisten. Kurz vor seiner Ordination wurde er zum Lehrer am *Collège* ernannt und gestaltete den Unterricht seiner Klasse um: Er gab seinen Schülern die Bibel in die Hand und verband die Lehre des Evangeliums mit einer evangelischen Pädagogik, die bloßes Nacheifern durch Brüderlichkeit ersetzte. Schon bald eröffnete er am *Collège* eine Sonntagsschule, die von 250 Schülern besucht wurde. Die *Vénérable Compagnie* wendete sich gegen ihn, weil er den offiziellen, von Rationalismus dominierten Katechismus beiseite gelassen und diesen durch die Bibel ersetzt hatte. Nach einem überhitzten Meinungsaustausch entließ sie ihn. Kraftlos stimmte der Staatsrat seiner Enthebung aus dem Amt des Lehrers zu.

Da ihm kein Versammlungsraum blieb, zog sich Malan auf den Besitz seines Vaters zurück und ließ in dessen Garten eine große Kapelle erbauen – aus Holz, um den vorläufigen Charakter dieses Baus zu unterstreichen. Im Oktober 1820 wurde die *Chapelle du Temoignage* in Anwesenheit von achthundert Personen geweiht. So entstand die zweite Genfer Splittergemeinde.

Die Entwicklung dieser Initiative wurde vom autoritären und vereinnahmenden Charakter ihres Leiters und seinem strengen, unnachgiebigen, neo-calvinistischen Dogmatismus gebremst. Diese Haltung verband sich allerdings bei Malan mit einer warmen evangelischen Frömmigkeit, die in den zahlreichen von ihm komponierten Kirchenliedern wiederzufinden ist.

Die wichtigste Episode des Genfer Réveil überwand die Ansätze eines anarchistischen Individualismus von Bourg-du-Four sowie die autoritäre Tendenz Malans: Diese dritte Phase war viel mehr vom Gemeinschaftssinn geprägt und trug Früchte. Nach Vorbild ähnlicher Erfahrungen in Großbritannien wurde eine Organisation gebildet, die sich *Société évangélique* nannte. Diese wurde im Jahr 1831 von den Pastoren Louis Gaussen und Antoine Galland und sieben Laien aus der bürgerlichen Elite Genfs gegründet – unter ihnen war Oberst Henri Tronchin, Nachfahre des Genfer Delegierten auf der Dordrechter Synode. Die *Société* präsentierte sich nicht wie eine lokale Kirche, besaß allerdings alle Eigenschaften und Aktivitäten einer solchen. Zu ihrem Leiter wurde bald der aus Belgien zurückkehrende Jean-Henri Merle d'Aubigné ernannt.

Der Ursprung dieser Initiative lag in der langen Auseinandersetzung zwischen Gaussen und der *Vénérable Compagnie*. Für die Eskalation sorgten Gaussens Weigerung, das Reglement von 1817 zu unterzeichnen, sowie die Tatsache, dass der Katechismus aus der Sonntagsschule verbannt und die offiziellen Meditationsschriften von Jean-Frédéric Osterwald in den Sonntagnachmittagsandachten in Satigny, wo Gaussen Pastor war, außer Acht gelassen wurden. Obwohl Gaussen sich nicht den Dissidenten anschloss, verhinderte dies nicht, dass ihm für ein Jahr ein Kanzelverbot auferlegt wurde – zu einer Entlassung kam es vorläufig nicht, weil sich der Staatsrat widersetzte. Die Auseinandersetzung eskalierte nach der Gründung der *Société évangélique* zum offenen Bruch. Obwohl diese Gesellschaft keine abspalterischen Ziele verfolgte, beschloss die *Vénérable Compagnie* für die Pastoren Gaussen, Galland und Merle «die Aufhebung der pastoralen Aufgaben auf den Kanzeln in den Kirchen und Kapellen des Kantons», was vom Staatsrat bestätigt wurde.

In der Zwischenzeit hatte sich die *Société* konsolidiert. Nachdem sie ihren ersten Versammlungsort in der Rue des Channoines hatte, erwarb sie ein Grundstück und ließ hier ihren endgültigen Sitz errichten: Dieses stattliche Gebäude, *Oratoire* genannt, wurde am 2. Februar 1834 eingeweiht.

Louis Gaussen war früh verwitwet, seine Frau Caroline Lullin war 1817 bei der Geburt ihrer Tochter gestorben. Er war ein Mann großer Spiritualität mit einem tiefen Sinn für Seelsorge und für den Zusammenhalt einer Gemeinde, die offen für die Anregungen der unterschiedlichen Stimmen des Genfer Réveil war. So war die *Société* von einem versöhnlichen Geist gekennzeichnet und führte damit zu einem Moment der Einheit für den Genfer Réveil. Zwei Entwicklungen der *Société* waren dabei besonders wichtig.

Louis Gaussen und Jean-Henri Merle d'Aubigné,
Professoren an der *École de théologie de l'Oratoire*

Erstens förderten die Pastoren Gaussen und Merle d'Aubigné die Einrichtung einer Theologischen Schule, die im Jahre 1832 mit vier Studenten ihre Tätigkeit im *Oratoire* aufnahm, dem Ort nach dem sie schließlich benannt wurde. Hier lehrte Gaussen systematische Theologie und Merle Kirchengeschichte. 1842 zählte die *École de théologie de l'Oratoire* zweiundvierzig Studenten. Bis zu ihrer Auflösung im Jahre 1922 wird sie über fünfhundert Pastoren, Professoren, Prediger und Missionare ausbilden. Der Ansatz der Schule war nie sektiererisch, sondern er verband zugleich die Prinzipien von Strenge und Toleranz. Gaussen lehrte zwar die Doktrin der göttlichen Inspiration der Heiligen Schrift. Hierüber veröffentlichte er die Abhandlung *Théopneustie*, die mehrere französische und englische Auflagen erlebte. Bei der Lehre benutzte er aber maßvolle Töne: Die Bibel ist das Wort Gottes, doch ist es uns nicht gegeben, festzustellen, wie ihre Inspiration «funktioniert».

Der Geist dieses Réveils steht im Zeichen einer evangelischen

Ökumene, die sich in der *Alliance évangélique* und in der *Alliance universelle des UCJG* – dem Gegenstück für die Jugend – manifestieren wird.

Die zweite bemerkenswerte Entwicklung der *Société évangélique* vollzog sich in einer regen evangelistischen Tätigkeit, die sich nach Frankreich und hier insbesondere in die Region Saône-et-Loire ausweitete. Die Kolporteure[5] begannen ihre Arbeit inmitten von Schwierigkeiten aller Art. Ihre Zahl stieg von anfänglich sieben im Winter 1832 auf siebzig im Jahr 1841. Die *Société évangélique* unterstützte schon 1851 in Zusammenarbeit mit den französischen Freikirchen die Arbeit von elf Pastoren, zehn Lehrern und acht Evangelisten, versorgte zwanzig Stationen und sicherte die Predigtaktivitäten in 137 Ortschaften mit insgesamt etwa 1200 Gemeindemitgliedern.

Die Gesamtheit des Genfer Réveil mit seinen unabhängigen Kirchen und den Entwicklungen, die sich über den städtischen Rahmen hinaus erstreckten, traf auf starken Widerstand, führte aber nie zur Errichtung einer abgespalteten kirchlichen Institution, wie es beispielsweise im benachbarten Kanton Waadt geschah. Im Allgemeinen bevorzugten die Erweckten in diesem Zusammenhang die biblische Lehre, die als Treuezeichen angesehen wurde, während der *Vénérable Compagnie* die religiöse Disziplin am Herzen lag, die als Garantie für die Einheit betrachtet wurde. Der Staatsrat taktierte in dieser Situation und bremste nur hin und wieder die repressiven Neigungen der *Vénérable Compagnie*.

Aus theologischer Perspektive drehte sich die zentrale Frage der Auseinandersetzung um eine der Grundfesten der Reformation, das Prinzip der *Sola Scriptura*. In der folgenden Zeit wurde die Rückbesinnung auf die Bibel durch die Kraft der Lehre der freien Auslegung geschwächt. Die Ursprünge dieser Entwicklung lagen auch in der Zeit der Reformation, entstammten aber dem säkularen Geist des Humanismus. Was die Bibelauslegung betrifft, drehte sich Calvins Lehre tatsächlich um das Kriterium des «inneren Zeugnisses des Heiligen Geistes». Die gemeinsame Auslegung der Heiligen Schrift wird durch das Wirken des Heiligen Geistes ermöglicht, der im einzelnen Gläubigen ebenso wie in der Kirche

5 umherziehende Verkäufer von Bibeln und religiösen Traktaten

agiert. Der Liberalismus hingegen hatte den calvinistischen Ansatz fallen gelassen und behauptet, dass der rationalistische Geist der Aufklärung das vereinheitlichende und leitende Prinzip bei der freien Wahl des Einzelnen aus der Vielfalt der Bibelworte sei. Diese Verschiebung des Schwerpunktes hatte zur allmählichen Entfernung von der Heiligen Schrift geführt. Der Genfer Réveil (Céllerier, Malan und Gaussen) richtete an die Kirche einen eindringlichen, zur Einheit aufrufenden Appell, in dem er die Rückkehr zur Bibel und zur Lehre der Reformation forderte. Insbesondere setzte er aber stärker auf die Lehre der göttlichen Eingebung der Heiligen Schrift, auch wenn – wie wir schon gesehen haben – dies auf behutsame und nicht sektiererische Art und Weise geschah.

Aus historischer Perspektive ließ der unüberbrückbare Gegensatz zwischen Liberalen und Erweckten jedoch Raum für einen Dialog, basierend auf der Freiheit des Gewissens. 1847 wurde die Genfer Kirche nach der Machtübernahme durch die Radikalen mit der Übertragung der Regierungsverantwortung an das *Consistoire* demokratisiert. Dieses bestand aus fünfundzwanzig Laien und sechs Pfarrern und wurde alle vier Jahre von den protestantischen Genfer Bürgern gewählt. Der *Grand Conseil*, der von allen Genfer Bürgern mit allgemeinem Wahlrecht gewählt wurde, legte die Anzahl der Pastoren und ihre Vergütung fest. In diesem Rahmen konnten die beiden Parteien der Liberalen und Orthodoxen im Dialog zusammenleben, sodass der Genfer Protestantismus einigen Nutzen aus den unterschiedlichen Frömmigkeitsbewegungen zog.

Eine weitere Entwicklung vollzog sich im Jahr 1907 mit dem Gesetz zur Trennung von Staat und Kirche. In der Folge konstituierte sich die *Église Nationale Protestante de Genève* in machtteilender Form: Wähler ihrer Organe waren nun nicht mehr die in den Wahllisten eingetragenen Mitglieder, sondern all diejenigen, die den Antrag dazu stellten. Noch heute besteht die protestantische Genfer Kirche ohne Verpflichtung auf ein bestimmtes Glaubensbekenntnis.

3.

DAS ALGERISCHE ABENTEUER

Das 19. Jahrhundert ist als Jahrhundert sowohl des Kolonialismus als auch der Missionierung bekannt. Es steht außer Zweifel, dass zwischen diesen beiden gewaltigen Unterfangen eine das ganze Jahrhundert währende Wechselbeziehung besteht. Inwieweit diese gegenseitige Wechselwirkung damals bewusst war, soll an dieser Stelle nicht untersucht werden. Da wir den Spuren im Leben Henry Dunants folgen, das sich ab 1853 jenseits des Mittelmeers abspielt, beschränken wir uns an dieser Stelle darauf zu zeigen, dass diese beiden Aspekte bereits in Algerien nebeneinander bestehen.

Die Eroberung Algeriens beginnt mit einer von Karl X. angeordneten Expedition, die unter anderem zum Ziel hatte, die Aufmerksamkeit der Franzosen von den gravierenden Problemen im Inneren abzulenken. So fällt 1830 zuerst Algier, dann Oran. Als Reaktion auf die fortschreitende Besetzung entwickelt sich nach und nach der arabische Widerstand, dessen Anführer Emir Abd el-Kader ist. Zuerst scheinen Verhandlungen möglich, dann folgt harte Unterdrückung, die zur Niederlage und zur Kapitulation von Abd el-Kader im Jahr 1847 führt.

Von Anfang an sieht Frankreich Algerien nicht als eine Kolonie, sondern als eine Fortsetzung des eigenen Territorialgebiets. Diese Auffassung resultiert aus dem Willen zur Assimilierung der Lokalbevölkerungen. Dahinter stehen folgende Leitgedanken: Es gibt ein Menschengeschlecht, die französische Zivilisation ist überlegen, eine zentralisierte Verwaltung bietet Sicherheit...

Die praktische Umsetzung dieser Gedanken bedeutet, jeden Widerstand mit Gewalt zu brechen. Die koloniale Realität ist von Idealen weit entfernt: Der Umsturz der Sozialsysteme, der Wirtschaft und der traditionellen Landwirtschaftsmethoden, die Beschlagnahme der profitabelsten Ländereien und die Enteignung der Landbesitzer, denen dann weniger einträglicher Boden zugeteilt wird oder die zu billigen Arbeitskräften im Dienst der Kolonisten werden, sind an der Tagesordnung.

In den Fünfzigerjahren des 19. Jahrhunderts wird der rechtliche Rahmen der Kolonialisierung von einem System unentgeltlicher Konzessionen geprägt. Diese werden mit großer Ermessensfreiheit vom Staat an Privatleute vergeben. Von diesem System profitieren nach Ende des ersten Zustroms französischer Kolonisten vor allem Europäer, die nicht der Besatzungsmacht Frankreich entstammen. 1847 leben in Algerien 110.000 Europäer, darunter 47.000 Franzosen, und 2,5 Millionen Araber und Berber.

DIE MISSIONEN

Abseits der katholischen Missionen, die sich mit der Gründung des Bistums in Algier im Jahr 1838 konsolidieren, folgen wir der Spur der französischen und insbesondere eidgenössischen reformierten Missionen von den Dreißigerjahren des 19. Jahrhunderts an. Für die reformierte Bevölkerung, die sich bald nach Ankunft der ersten Kolonisten im besetzten Land verbreitet, wird die religiöse Betreuung eingeleitet. In einem zweiten Schritt startet das Projekt der Evangelisierung der Region, das nicht ohne die Unterstützung der protestantischen Kolonisten möglich ist. Diesem Vorhaben stellen sich viele Schwierigkeiten und Enttäuschungen in den Weg. Diejenigen unter den Europäern, die einen Ausweg aus ihrer Situation in den Kolonien suchen, sind nicht gerade Missionare. Abgesehen von den «unerwünschten Personen», die von den Behörden abgeschoben werden, sind die meisten Kolonisten arm und haben – wie die Auswanderer zu allen Zeiten – für die Kosten der Ausreise ihr gesamtes Hab und Gut verkauft. Konfrontiert mit Schwierigkeiten aller Art, überwiegt bald bei vielen nicht das Gefühl der Eroberung, sondern des Scheiterns.

Die Diaspora der Enttäuschten
Die Haupttätigkeit eines Pastors ist der Besuch vieler voneinander weit entfernter Orte, die er über unwegsame und häufig unsichere Straßen erreicht. Dort findet er Siedler, die von der Hoffnung auf ein leichteres Leben zur Auswanderung getrieben wurden; der größte Teil sehnt sich danach, nach Europa zurückzukehren, verfügt aber nicht über die dafür notwendigen Mittel. Der Pastor hat große Mühe, diese armen Leute zu trösten und sie zur himmlischen Heimat blicken zu lassen, wo sie eines Tages sein werden, während für sie die irdische Heimat endgültig verloren ist. (Bulletin der *Société évangélique* von Genf, 1860)

Doch es fehlt nicht an ehrgeizigen Projekten und Plänen. Der ausgefeilteste und visionärste Plan ist derjenige Jean-François Sautters, eines französischen Pastors in Marseille, der später in Genf eingebürgert wird. Er ist bis 1847 in Algerien tätig, wo er den Vorsitz des Konsistoriums von Algier innehat. Die Christianisierung der Kolonie kann, laut Sautter, die Wiedergeburt der Kirche des Augustinus und das Sprungbrett für die Evangelisation des gesamten afrikanischen Kontinents bedeuten. Deshalb ist es unabdingbar, eine protestantische Kolonie zu errichten, die zum Modell einer wirklich evangelischen Gesellschaft werden kann. Zu diesem Zweck richtet Sautter einen Appell an die reformierten Kirchen Europas, damit christliche Jugendzentren – Oratorien genannt –, Internate, Schulen und Kindergärten gegründet werden können. Die Verwirklichung dieses ehrgeizigen Planes wird Sautter nicht erleben. Einer seiner Söhne wird aber zehn Jahre später die *Compagnie genevoise* gründen, die versuchen wird, das schwierige Miteinander von religiösen Bestrebungen und finanziellen Interessen dieses Planes zu verwirklichen.

Der Traum eines christlichen Landes auf afrikanischem Boden
Wenn auch dieses Land auf afrikanischem Boden, nachdem es der christlichen Welt einen Tertullian und einen Augustinus schenkte, die Verwüstung der Barbaren hinter sich ließ, um dann unter das Joch des Islams zu fallen, der heute vom Katholizismus zurückge-

drängt wird, so ist dennoch sicher, dass es aus seiner Asche und seinen Ruinen wieder erblühen wird, wenn Gott es will. Dieses Land, das die von Augustinus' Stimme verkündeten Wahrheiten kannte – eine so mächtige Stimme wie die Calvins –, kann zweifelsohne mit Gottes Gnade wieder zu einem christlichen Land werden, aus dem Glaube und Heil strömen werden. Es wird nur noch Brüder zählen, weder Proselytenmacherei noch kämpfende Konfessionen kennen und wird nur noch Menschen haben, die vom gleichen Herrn erlöst werden. (Jean-François Sautter, *Mémoire sur les espérances de l'Église protestante en Algérie et sur les moyens de les réaliser*)

AGENT UND UNTERNEHMER

Zu diesem Geflecht zählen Personen, die gleichzeitig Kapitalgeber und erstrangige Mitglieder des Genfer Réveil sind. Schon seit ihrer Gründung hat die *Société évangélique* in der Kolonisierung Algeriens das ideale Terrain für Missionierung gesehen und hat ihre Kolporteure und Pastoren dorthin gesandt. Daher verwundert es nicht, dass gerade zwei Mitglieder der *Société évangélique* und zugleich Eigentümer der Bank Lullin & Sautter die Hauptförderer der *Compagnie genevoise des Colonies suisses de Sétif* sind. Diese Gesellschaft wird im April 1853 durch ein Dekret Napoleons III. gegründet und erhält 20.000 Hektar Land (500.000 Hektar waren beantragt) in der Umgebung von Sétif in der Provinz Constantine zugeteilt. Dafür verpflichtet sich die Gesellschaft, zehn Dörfer zu errichten und diese zu bevölkern.

Bald darauf erscheint es notwendig, einen Agenten der Gesellschaft vor Ort zu schicken. Für die Besetzung dieses Posten greifen die beiden Haupteigentümer dieser Konzession auf Personal der eigenen Bank zurück. Der Zufall will es, dass Henry Dunant seit 1849 bei der Bank Lullin & Sautter arbeitet und der für diese Aufgabe vorgesehene Mitarbeiter zu diesem Zeitpunkt nicht zur Verfügung steht. So übernimmt Dunant seinen Posten und begibt sich damit auf einen langen, verschlungenen und schließlich ruinösen Weg.

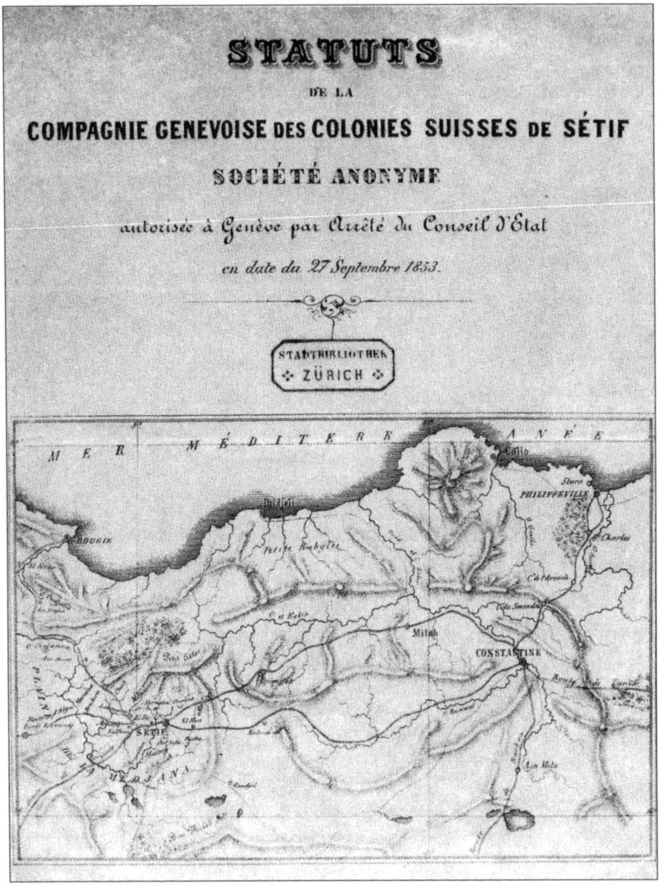
STATUTS

DE LA

COMPAGNIE GENEVOISE DES COLONIES SUISSES DE SÉTIF

SOCIÉTÉ ANONYME

autorisée à Genève par Arrêté du Conseil d'État

en date du 27 Septembre 1853.

Satzung der *Compagnie,* in deren Auftrag Henry Dunant seine ersten Reisen nach Afrika unternahm

In den Jahren 1853, 1854 und 1855 unternimmt Dunant drei Reisen für die *Compagnie genevoise des Colonies suisses de Sétif.* Nur während der ersten, die wenige Monate dauert, ist er von der *Compagnie* völlig abhängig. Schon bei seiner zweiten Reise zieht der unternehmungslustige Agent die Möglichkeit in Betracht, selbst Unternehmer zu werden, und vereinbart deshalb eine Teilzeitanstellung. Bis die *Compagnie* einen anderen festen Angestellten findet, arbeitet er weiter als Buchhalter. So wird ihm die Anreise bezahlt und zugleich genießt er völlige persönliche Handlungsfreiheit.

Im Verlauf dieser zweiten Reise durchquert Dunant die gesamte Provinz von Constantine. Dann wählt er – zusammen mit dem Württemberger Henri Nick, der sein Partner in den nachfolgenden Unternehmungen sein wird – ein Grundstück im Tal von Oued-Deheb und erhält die Konzession für den Bau einer ersten Mühle.

Bei der dritten Reise begleitet ihn sein Bruder Daniel, der an den Geschäften Henrys von Beginn an bis zu seinem späteren Ruin teilhaben wird. Während dieser Reise lockert sich die Beziehung zur *Compagnie* noch weiter und wird 1858 endgültig zu Ende gehen.

Dunant hat inzwischen feststellen können, dass sich die *Compagnie* mehr und mehr von den ursprünglichen Prinzipien entfernt. Nach der ersten Reise engagierte er sich, um das Projekt bekannt zu machen, und suchte in verschiedenen eidgenössischen Kantonen und in Frankreich nach Werbern. Die sehr schwierige Werbearbeit lieferte nur minimale Ergebnisse. Nur ein Dorf wurde erbaut und die eingewanderten Siedler befinden sich nun sowohl organisatorisch als auch gesundheitlich in einer untragbaren Lage, der Gefahr von Cholera- und Typhus-Epidemien ausgesetzt. Auf der anderen Seite entwickelt sich im Dunstkreis der Genfer Organisation ein Netz von Grundstückspekulationen. Zu den Hypothekendarlehen, welche die *Compagnie* den zukünftigen Siedlern zum Kauf der zwanzig Hektar großen Parzellen der Kolonie gewährt hat, kommt jetzt die Spekulation der Grundbesitzer hinzu. Diese kaufen die Parzellen – was nach einem guten Geschäft aussieht – und verpachten sie dann an die Siedler, die kein eigenes Land besitzen. Die *Compagnie* wird später 120 unverkauft gebliebenen Parzellen übernehmen und sie wohlhabenden Besitzern verkaufen, die sie ihrerseits Strohmännern überschreiben, welche die Bedingungen der von der *Compagnie* erhaltenen Konzession erfüllen.

Henry Dunant ist mit besten Absichten dorthin abgereist. Wie seine Berichte für seine Vorgesetzten beweisen, hat er mit der *Compagnie* ernsthaft zusammengearbeitet. Außerdem – er steckt gerade mitten in der Gründung der UCJG – hat er das Missionsprojekt mitgetragen, welches Kolonisierung und Evangelisation verbindet. Er hat einen offenen Kontakt mit Arabern und Berbern erlebt, bei denen er zu Gast war und mit denen er Freundschaft geschlossen hat.

Glaubenserfahrungen in Algerien
In den letzten 15 Monaten bin ich viel durch Europa gereist und habe zweimal Nordafrika besucht. Dort habe ich Bibeln in arabischer Sprache unter den Nachkommen Ismaels verteilt, die diese immer gerne angenommen haben. Ich habe in den Zelten der armen Leute gewohnt, die immer so gastfreundlich sind, aber auch im Heim eines Prinzen, eines typischen Stammesführers. Dort habe ich nach und nach die im Alten Testament beschriebenen Sitten vorgefunden – die Bräuche und Gewohnheiten ebenso wie die Art und Weise, sich zu schmücken und sich anzuziehen, zu wohnen und sich zu ernähren – die für die orientalischen Völker und die Juden typisch sind. Dort habe ich die symbolische Sprache der Propheten besser verstanden und meinen Glauben gefestigt. (Dunants Brief an Chauncy Langdon vom 25. November 1854)

Aber die Interessen des Geschäftsmannes gewinnen schnell an Bedeutung und werden von einer Unvorsichtigkeit begleitet, die sich als Charaktereigenschaft offenbaren wird. Dunant hätte aus der Vergangenheit seiner Familie eine andere Lehre ziehen können, denn sie war nicht besonders geschäftstüchtig. Sein Onkel David Dunant, Verleger und Buchhändler, stand kurz vor dem Bankrott und wurde von seiner eigenen Mutter gerettet, welche die Gläubiger beruhigen konnte. Sein Großvater, Bernard Dunant, kam wegen Schulden ins Gefängnis und lebte danach zwanzig Jahre als Vagabund im Exil. Aber so ist es: So machen es alle. Um zu starten genügt eine Genehmigung, auch wenn man keine Konzession besitzt. So erwirbt Dunant in Frankreich die modernste Technik zur Einrichtung einer Mühle am Wasserfall des Sturzbaches Deheb und gibt einiges Geld für den Bau einer Zufahrtsstraße aus. Und als zwei Jahre später, im Jahr 1856, die Konzession endlich erteilt wird, erweist sich diese als vollkommen unzureichend: Sie umfasst nur 7 Hektar, deren Erzeugnisse niemals ausreichen können, um die Investitionskosten zu amortisieren. Während sein Kompagnon Auswege in ruinösen Spekulationen auf Vieh und Getreide sucht, stürzt sich Henry Dunant kopfüber in einen zermürbenden Kampf um weitere Landkonzessionen.

DAS TUNESISCHE ZWISCHENSPIEL

Ohne Dunant in seinen ermüdenden Versuchen zu begleiten, einer sich taub stellenden Kolonialbürokratie Ergebnisse zu entlocken, werden wir kurz bei einem überraschenden Zwischenspiel verweilen. Obwohl er in den beschriebenen Schwierigkeiten steckt, findet Dunant im Winter des Jahres 1856 und im darauf folgenden Frühling die Zeit für eine Reise und einen Aufenthalt in Tunesien. Für ihn stellt dies eine Gelegenheit dar, sein ganzes Talent zu entfalten, tiefgründige Kontakte sowohl an höchster Stelle als auch auf unterster Ebene zu knüpfen. Weiterhin ist es eine ideale Möglichkeit, um erstens einer tiefen Neugierde und einer umfassenden Menschenliebe Raum zu geben, zweitens eine vollkommen neu zu entdeckende Welt mit offenem Geist zu betrachten und drittens nützliche Nachrichten und Daten für einen ausführlichen Bericht im Stil der Reisenden des 19. Jahrhunderts zu sammeln. Daraus wird das Buch *Notice sur la Régence de Tunis*[1] entstehen, das er 1858 in einer Prachtausgabe bei Jules-Guillaume Fick, dem besten Buchdrucker Genfs, drucken lassen wird. Die breit angelegte Verteilung der Freiexemplare – der Band trägt den stolzen Aufdruck «Ne se vend pas»[2] – wird ihm später den Zugang in wissenschaftliche und mondäne Kreise öffnen und ihm 1860 den Orden *Nichan Iftikhar,* verliehen durch den Bey von Tunis, einbringen.

Der Wert dieser ersten Schrift Dunants liegt nicht so sehr in der gelehrten Sammlung historischer, geographischer, kultureller und ethnographischer Daten, die der Autor zum großen Teil aus zweiter Hand erworben hat. Vielmehr liegt ihr Wert in der Fähigkeit,

1 Im Deutschen wäre der Titel *Bericht über die Regentschaft in Tunis.* (Anmerkung der Übersetzerin)
2 Auf Deutsch: «Nicht für den Handel bestimmt.» (Anmerkung der Übersetzerin)

die Unterschiede zwischen Algerien und Tunesien hervorzuheben: Das erste Land hat einen arabischen Widerstand erlebt (Dunant vergleicht bewundernd Abd-el-Kader mit dem Jugurtha des siebenjährigen Widerstandes gegen Rom), der niedergeschlagen wurde, während das zweite zwar offiziell eine türkische Provinz ist, tatsächlich aber unabhängig und von aufgeklärten Beys in einem geordneten gesellschaftlichen Rahmen regiert wird. Diese Akzentuierung verdient im zeitgenössischen kulturellen Klima Europas, wo ansonsten alles über einen Kamm geschoren und unterschiedslos von aufständischen Barbaren gesprochen wird, besondere Aufmerksamkeit.

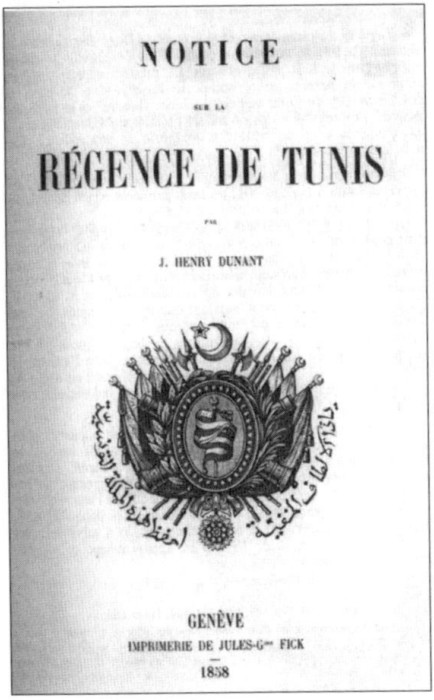

Titelseite der
Notice sur la Régence de Tunis

Die Würde vor Gericht

Der Bey spricht persönlich Recht an jedem Montag, Dienstag, Mittwoch und Samstag [...].

Jeder wendet sich an ihn mit Respekt, jedoch frei und mehr wie an einen verehrten Vater als an einen mächtigen Prinzen, der mit ei-

nem Wink irgendeinem seiner Untertanen den Kopf abschlagen lassen kann.
Bemerkenswert ist die Tatsache, dass der Maure oder der elendste und finsterste Araber, der für die Befürwortung seiner Sache vor seinem Herrscher erscheint, sich mit Ungezwungenheit und Klarheit und gleichzeitig mit Würde, Anstand und manchmal sogar mit echter Wortgewandtheit ausdrückt. Darin sind sie einem europäischen Bauern überlegen, der vor dem Bürgermeister seines Dorfes nicht weiß, wie er sich verhalten soll, unzusammenhängend und grobschlächtig einige Worte nuschelt, dabei seine Mütze in den Händen herumdreht und zerknautscht. (aus *Notice sur la Régence de Tunis)*

In einem eigenständigen Abschnitt des Bandes, der mit Sicherheit aus der Feder des Autors stammt, findet sich ein ausführlicher *Exkurs* zum Thema der Sklaverei. Dunant, der 1854 Harriet Elizabeth Beecher Stowe – Autorin des Romans *Onkel Toms Hütte* – getroffen hat und von ihr fasziniert war, verdammt die in den Vereinigten Staaten noch immer vorhandene Institution der Sklaverei und zieht einen Vergleich mit Tunesien. Hier wurde die Sklaverei von Bey Ahmed zwischen 1841 und 1846 etappenweise behutsam abgeschafft. Dieses Kapitel wird im Jahr 1863 als eigenständige Publikation wieder erscheinen und zu einer weiteren Visitenkarte des Genfer Philanthropen werden.

AUF DER JAGD NACH NEUEN KONZESSIONEN

Nach diesem tunesischen Intermezzo befindet sich Dunant mehr denn je in einer schwierigen Lage. Nicht nur sind keine neue Konzessionen in Sicht, sondern die Verluste sind inzwischen auch erheblich. Es ist also Zeit für einen kühnen Wechsel. Wie in den russischen *Matroschkas* eine größere Puppe eine kleinere enthält, gilt es nun, eine Aktiengesellschaft zu gründen, die das ursprüngliche Unternehmen Henry Dunants aufnehmen und dessen Schulden übernehmen kann. Dunant schafft die erste dieser *Matroschkas*, der weitere folgen werden – wenn nicht in der Realität, zumindest in seiner planenden Phantasie. Die *Société financière et industrielle des Moulins de Mons-Djémila* wird im Januar 1858 in Genf gegründet. Das Startkapital beläuft sich auf 500.000 Franken: Die Hälfte davon ist der Wert der existierenden Mühle, die zusammen mit der Konzession des Wasserfalls und der dazugehörigen Ländereien erworben wird. Jede neue Konzession, um die sich Dunant bemüht, wird auf die neue Gesellschaft überschrieben. Ihre Ziele sind die Getreideproduktion, das industrielle Zermahlen, die Viehzucht, die Errichtung weiterer Mühlen usw. Den Zeichnern wird ein fester Jahreszins von zehn Prozent auf die ausgegebenen Aktien garantiert. Nach Abzug der Verwaltungs- und Buchhaltungskosten (Henri Nick) soll der Ertrag des Unternehmens in drei Teile gesplittet werden: ein Reservefond, die Dividenden für die Aktionäre und der Lohn für Henry Dunant, den Gründer und Vorsitzenden der Gesellschaft.

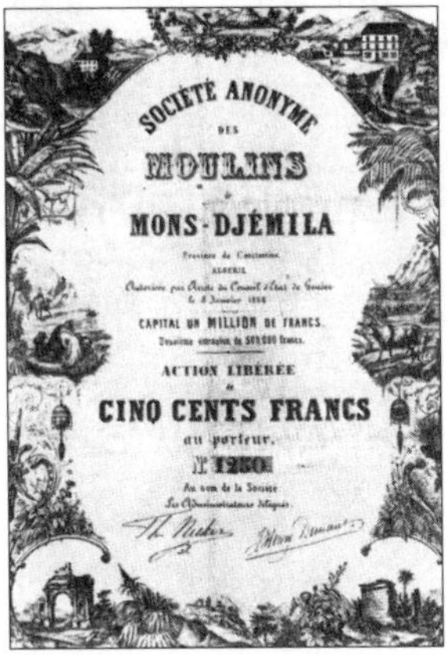

Eine Aktie der Mühlengesellschaft
von Mons-Djémila

Neben Henry und Daniel Dunant zählen zu den weiteren Mitbegründern einige bekannte Finanziers, darunter Théodore Necker, Nachkomme des Finanzministers des französischen Königs Ludwig XVI.

Durch die Mittel der Aktionäre der neuen Gesellschaft kommt es zu einer finanziellen Verschnaufpause, während auf dem Gebiet der Konzessionen nichts Konkretes erreicht wird. Deshalb werden andere Hilfsmittel angewandt. Die Aktionärsversammlung verdoppelt das Kapital und nimmt neue Personen in den Vorstand auf, unter ihnen den bedeutenden General Dufour.

Henry Dunant nutzt seinerseits die Gelegenheit, zusätzlich die französische Staatsangehörigkeit anzunehmen, um mit den französischen Behörden nicht aus der unvorteilhaften Position eines Ausländers verhandeln zu müssen. Da er in Besitz eines kleinen Grundstückes in Culoz ist, das seinerzeit von seinem Großvater Bernard erworben wurde, und da ein Vorfahr mütterlicherseits nach der Aufhebung des Edikts von Nantes aus religiösen Gründen von Frankreich nach Genf geflüchtet war, macht Dunant Gebrauch von einem der ersten Gesetze der französischen Revolution, das Nachkommen dieser Flüchtlinge die französische Staatsbürgerschaft zugesteht. Am 29. April 1859 wird Dunant in einem öffentlichen Akt vom Bürgermeisters von Culoz zum französischen Staatsbürger ernannt. Er schlägt seinen Wohnort an einem für seine Geschäfte strategisch günstigen Ort auf: dem Eisenbahnknoten, der Genf mit Paris, Marseille und Algier verbindet.

Und die Vorteile dieser Aktion? Bestimmt keine unmittelbaren. Am Ende seiner Kraft, entschließt sich Henry Dunant zu einer extremen Maßnahme. Ob es mit der Erinnerung an den einfachen Fellachen zusammenhängt, der sich zwar mit Ehrerbietung, jedoch mit gleichberechtigter Würde direkt an den Bey richtet? Tatsache ist, dass Dunant sich dazu entschließt, sich in Paris direkt an Napoleon III. zu wenden, um die für das Fortbestehen seiner Gesellschaft notwendigen Konzessionen einzufordern. Der Kaiser ist jedoch durch den Sardinisch-Österreichischen Krieg in Anspruch genommen und bereits zum Italienfeldzug aufgebrochen. So wird er ihm in die Schlachten in der Poebene folgen müssen ...

Daher gelangen wir am 28. Juni 1859 wieder zu jener Villa in Cavriana, die als Hauptquartier Napoleons III. dient. Wir wissen, dass Henry Dunant dem Privatsekretär des Kaisers, Charles Robert, seine jüngste Schrift überreicht, die er mitgebracht hat: *L'Empire de Charlemagne rétabli ou le Saint-Empire romain reconstitué par sa majesté l'empereur Napoleon III.* Der Autor stellt sich vor als *J.-Henry Dunant, directeur et président de la Société des Moulins de Mons-Djémila (Algérie), membre de la Société Asiatique de Paris, de la Société Orientale de France, des So-*

ciétés de Géographie de Paris, de Genève, de la Société historique d'Alger ...

Die Antwort, die er am gleichen Vormittag schriftlich erhält, ist eine höfliche, aber bestimmte Absage. Der Kaiser «kann die Widmung der Schrift nicht annehmen und bittet Euch in Anbetracht der derzeitigen politischen Umstände darum, von der Veröffentlichung abzusehen, die ansonsten Unannehmlichkeiten bereiten würde». Die «derzeitigen politischen Umstände», d.h. der knappe Sieg über Österreich und die ernsthafte Bedrohung durch Preußen, bilden eindeutig nicht den geeigneten Rahmen für eine Glorifizierung des französischen Kaisers.

Das, was ihm als Eintrittsbillet für sein Gesuch dienen sollte, ist nun wertlos. Ob er es trotzdem eingereicht hat? Lange Zeit hat man diese Frage positiv beantwortet und behauptet, dass Henry Dunant zusätzlich zum *Empire romain* noch eine weitere Schrift im Gepäck hatte, ein *Mémorandum au sujet de la Société des Moulins de Mons-Djémila, au capital de un million, par J. Henry Dunant, président de cette société. Exposé des démarches qui ont été faites de 1853 à 1859, et sans interruption, pour obtenir plus de sept hectares en Algérie*[3].

Im Archiv Henry Dunant in der Bibliothèque de Genève ist tatsächlich eine Kopie dieses achtseitigen *Mémorandums* zu finden, das auf dem Einband die handgeschriebene Bemerkung trägt: «Dem Kaiser zusammen mit dem *Empire romain* einige Stunden vor der Schlacht von Solferino überreicht. Ältestes Schriftstück in Verbindung mit dem Roten Kreuz.» Diese Notiz ist aber offenkundig eine Fälschung, Teil des „Schmutzes", mit dem Henry Dunant nach seinem desaströsen Konkurs beworfen wurde. So wurde versucht, ihn als reinen Geschäftemacher zu diskreditieren. Das älteste Schriftstück in Verbindung mit dem Roten Kreuz? Hier haben wir es, drückt diese höhnische Notiz aus: die weinerliche Bitte eines verzweifelten Unternehmers. Es ist hingegen erwiesen dass Dunant nicht vor der Schlacht nach Solferino gekommen ist und dass der *Empire romain* nicht vor, sondern vier Tage nach der Schlacht eingereicht wurde. Und auch das Druckdatum

3 Im Deutschen wäre der Titel *Memorandum über die Finanz- und Handelsgesellschaft der Mühlen von Mons-Djémila.* (Anmerkung der Übersetzerin)

des *Mémorandum* steht eindeutig auf der letzten Seite: September 1859.

Mit Sicherheit ist das Bild, das Dunant viele Jahre später von sich gibt, um die ihm entgegengebrachten verleumderischen Angriffe zu entkräften, ebenso verfälscht: «Selbstverständlich war ich ein Tourist, aber ein um die Nöte der Menschheit besorgter Tourist […] Es ist falsch, dass ich – so wie es eine Zeitung behauptet hat – Italien aus geschäftlichen Motiven bereiste» (*Mém.* 33). Wir ziehen eher in Betracht, dass er im Hauptquartier in Cavriana sowohl als Unternehmer auf der Suche nach Unterstützung als auch als Mann, der von der Metzelei von Solferino und von den völlig unangemessenen Rettungsmaßnahmen des Sanitätsdienstes der Armee überwältigt ist, auftritt. Als gesichert gilt, dass Dunant den Privatsekretär darum bittet, dass der Kaiser die Freilassung der in Gefangenschaft geratenen österreichischen Ärzte anordnet, damit diese zur Versorgung aller Verwundeten beitragen können. Dieser Beschluss wird dann tatsächlich am 3. Juli gefasst, obwohl dies nicht nur dem Aufruf Dunants zu verdanken ist.

Solferino hat also die Probleme des Unternehmers nicht aus der Welt geschafft, sondern sie nur in den Hintergrund gedrängt. Als Dunant am 3. Juli an General Beaufort schreibt, der ihn in Pontremoli mit einem Empfehlungsbrief versehen hatte, um ihm zu danken und über sein eigenes Wirken zu berichten, beteuert er: «Ich kam nach Castiglione während der Schlacht von Solferino. Das ließ mich zwei Tage lang sowohl das Buch als auch den Brief vergessen.» Dabei geht es eben um die Schrift *Empire romain* und das Empfehlungsschreiben.

Vielmehr sollte man sagen, dass die Probleme des Geschäftsmannes in einem Meer von Sorgen über das Schicksal der in der Schlacht Verwundeten und Sterbenden untergegangen sind. Reicht dies nicht aus, um Solferino als Damaskuserlebnis Henry Dunants zu betrachten?

Wie erwähnt, ist Dunant im Winter 1859-1860 in Paris, wo er wieder beginnt, in den Ministerien und den Salons für seine Interessen zu werben. Hier führt das von General Dufour in die Wege geleitete Treffen mit Jean-François Mocquard, dem Kabinettschef des Kaisers, – zusammen mit einem Brief mit genauen Anweisungen für den Bittsteller – endlich zum gewünschten Ergebnis. Am

21. Februar 1860 erhält Dunant die Konzession für einen weiteren Wasserfall am gleichen Bach sowie für dazugehörige Ländereien von insgesamt 230 Hektar. Es ist zwar nicht alles, worum Dunant gebeten hatte, allerdings reicht die Erweiterung, um den Mahlbetrieb und die Viehzucht auszuweiten. Mit neuem Schwung greift Dunant wieder zur Feder, um neue Aktionäre zu finden, und beschreibt mit verlockenden Tönen das algerische Projekt, für das er einen garantierten Zins von zehn Prozent verspricht. Der Aufruf ist erfolgreich, aber das Geschäft hat einen Haken: die Garantie eines festen Zinssatzes von zehn Prozent. Dies wird zusammen mit anderen Übeln großen Schaden anrichten...

EXKURS: EINE IDEOLOGIE FÜR DAS ZWEITE KAISERREICH IN FRANKREICH

Der belgische Historiker Jean Joseph Thonissen behauptete in seinem in der zweiten Hälfte des 19. Jahrhunderts verfassten Werk *Le Socialisme et ses promesses*, dass in den Schriften der Saint-Simonisten neun Zehntel der revolutionären Ideen zu finden sind, die Frankreich und Europa erschüttert haben, und dass die Unruhen des Jahres 1848 größtenteils den Keimen zugeschrieben werden sollten, die von den Saint-Simonisten in die Massen gestreut wurden.

Obwohl diese Einschätzung heute übertrieben erscheint, zeigt sie eindeutig die zeitgenössische Wahrnehmung der Denkrichtung, die auf Claude-Henri de Saint-Simon zurückgeht. Dieser hatte eine Brücke zwischen Religion und Soziologie geschlagen und behauptet, dass «die Religion die Gesellschaft zum großen Ziel führen muss, so schnell wie möglich bessere Verhältnisse für den ärmsten Teil der Arbeiterklasse zu schaffen». In seiner *Parabole* von 1819, die als Beitrag im

Claude-Henri
Graf von Saint-Simon

„L'Organisateur" erschien, hatte er von einem europäischen Parlament, dem allgemeinen Wahlrecht, der Gleichheit der Geschlechter, der Verbrüderung der Völker, der Emanzipation des Proletariats und dem Verschwinden des Krieges geträumt.

Nach seinem Tod im Jahr 1825 wurde sein Erbe von einer bunt gemischten Gruppe seiner Anhänger angetreten, die eine sozialwissenschaftliche Denkschule ins Leben riefen. Die kompakteste Formulierung ihrer Gedanken wurde in der *Exposition de la doctrine de Saint-Simon* zusammengefasst, die den Inhalt der Vorlesungen der beiden Hauptvertreter der Schule, Prosper Enfantin und Saint-Amand Bazard, wiedergeben.

Von ihrem Meister erbten die Saint-Simonisten eine Konzeption der Geschichte als fortschreitende Emanzipation der produzierenden Klasse sowie die Überzeugung, dass die wirtschaftliche Entwicklung wichtiger ist als politische Umstürze. Nach dem Schlagwort «Jeder nach seinen Fähigkeiten, jedem nach seinen Werken», das später von Marx geändert wurde, schlugen sie eine gesellschaftliche Veränderung durch die Förderung der individuellen Begabung, die Moralisierung der Gesellschaft und die Bejahung des Ideals der genossenschaftlichen Ordnung vor (letzteres hatten sie mit dem anderen Zweig des utopischen Sozialismus, der auf Charles Fourier zurückgeht, gemeinsam). Zu diesem Zweck sollte das Recht auf Erbfolge abgeschafft werden, das den Reichtum in den Händen von wenigen, häufig unfähigen Personen festhielt. Damit hätten Produktionsmittel, Ländereien und das Kapital dem modernsten und produktivsten Teil der unternehmerischen Klasse übertragen werden können. Eine neue, hierarchische Gesellschaft, von fähigen Menschen geführt und mit der industriellen Entwicklung im Mittelpunkt, hätte so die Armut verdrängt.

Die Denkschule – die ihren Mittelpunkt in der *École Polytéchnique* hatte, aus der die Führungsfiguren des Saint-Simonismus hervorgingen – rief auch eine sozioreligiöse Bewegung ins Leben. Zwischen den Zwanziger- und Dreißigerjahren sammelten sich dank einer intensiven Propaganda, u.a. auch über die Tageszeitung „Le Globe", mehr als 40.000 Anhänger. Das Leben dieser Bewegung war allerdings kurz. Die Schikane durch Behörden, die Prozesse gegen die wichtigsten Vertreter des Saint-Simonismus mit der Anschuldigung, die öffentliche Moral zu verletzen

(Gleichberechtigung zwischen den Geschlechtern, sexuelle Freiheit), und die mystisch-religiöse Wendung, die Enfantin in fanatischer Weise dem Bund aufdrückte und welche die Abkehr vieler Anhänger auslöste, führten zum Stillstand dieser geistigen Strömung.

Das Ende der Bewegung bedeutete allerdings nicht gleichzeitig das Ende der Ideologie. Viele Spuren des Saint-Simonismus finden sich in der Entwicklung wieder, die das Frankreich des Zweiten Kaiserreichs nahm. Während Frankreich in der Zeit nach dem Debakel Napoleons I. eine wirtschaftliche Depression durchmachte, erlebte es in der zweiten Hälfte des Jahrhunderts bis 1870 dank der Expansion der Unternehmen, die durch günstigen Kredite angetrieben wurde, einen Aufschwung, der zur Erhöhung der Preise, Löhne und Profite führte.

Charles-Louis-Napoleon Bonaparte, der stufenweise zur Macht emporgestiegen und mit dem Staatsstreich von 1852 auf den Thron des ersten Bonaparte gelangt war, wurde sicherlich von den Saint-Simonisten beeinflusst. Einmal zur Macht gelangt und begleitet von einer positiven Wirtschaftskonjunktur, unterstützte er die Entwicklung einer durch den emanzipatorischen Drang der Industrie erneuerten Gesellschaft, von der die Saint-Simonisten geträumt hatten.

Als Staatsrat und Nationalökonomen wählte Napoleon III. Michel Chevalier aus, einen Ingenieur der *École Polytéchnique*. Dieser hatte zur Gruppe der Saint-Simonisten gehört und eine Zeit lang das Blatt „Le Globe“ geleitet. Da Chevalier schon 1838 einen umfassenden Infrastrukturplan ausgearbeitet hatte (Eisenbahn-, Straßen-, Kanal- und Hafennetz usw.), bekam er von ihm einen Überblick über notwendige Entwicklungsvorhaben.

George-Eugène Baron Haussmann, von 1853 bis 1870 Präfekt von Paris

Mit der Modernisierung der Hauptstadt beauftragte Napoleon III. den Pariser Präfekten George-Eugène Haussmann. In jener Zeit entstand das Paris der großen *Boulevards*, für die man die halbe Stadt abriss. Dies konnte auch dank des finanziellen Engagements der *Crédit Mobilier* geschehen, jener Bank, die 1852 von den aus den Reihen der Saint-Simonisten kommenden Brüdern Émile und Isaac Pereire gegründet wurde. Die beiden investierten umfassend ins Transportwesen – nicht nur in Frankreich, wo sie an der Finanzierung der Paris-Marseille-Bahnstrecke beteiligt waren, sondern auch im Ausland – mit Eisenbahngesellschaften in Spanien, Österreich und Russland.

Zum Bereich der geplanten großen öffentlichen Arbeiten mit saint-simonistischen Wurzeln zählten auch der Bau des Suez- und des Panamakanals, die von Ferdinand de Lesseps durchgeführt wurden. Hatte Saint-Simon etwa nicht die Durchstechung der Landenge von Suez dargelegt? Und an der Spitze der Kanalgesellschaft finden wir Prosper Enfantin.

Die Entwicklung, die als Anregung des Baus von großen öffentlichen Arbeiten mit gebündelten Kräften und Mitteln aufgegriffen wurde, konnte nicht ohne Folgen für die Kolonialpolitik bleiben. So gab Napoleon III. Marschall Aimable Pélissier mit dem Brief vom 6. Februar 1863 die Anordnung, dass die Lokalregierung in Algerien «die großen europäischen Kapitalgesellschaften [begünstigen soll], um damit zu vermeiden, Auswanderung und Kolonisierung zu fördern, und die mittellosen Leute zu unterstützen, die von den kostenlosen Konzessionen angelockt werden». Wie der Kaiser sich die koloniale Wirtschaftspolitik vorstellte, geht aus seiner Idee eines wechselseitigen Zusammenwirkens der Europäer und der einheimischen Bevölkerung gemäß der ihnen zugedachten Aufgaben hervor. 1865 schrieb er an Marschall Mac Mahon:

> Die Europäer müssen für die Einheimischen als Leiter und Initiatoren wirken, um unter ihnen die Ideen von Moral und Gerechtigkeit zu verbreiten sowie um ihnen beizubringen, Rohstoffe zu verschmelzen oder zu verarbeiten, Kapital zu akkumulieren, den Handel zu entwickeln, Wälder und Bergwerke zu nutzen, Land urbar zu machen, groß angelegte Bewässerungsanlagen einzuführen, den Anbau zu perfektionieren usw. Die Einheimischen müssen die Niederlassung der Europäer unterstützen, um bei ihnen ihre Arbeitskraft anbieten zu können, ihre Ernte und ihr Vieh abzusetzen usw.

An dieser Stelle ist es nicht von Interesse, darzulegen, wie sehr diese Position mit der kolonialen Realität kontrastierte: Ghettoisierung (*cantonnement*) und aufgezwungene Ausbeutung, die der Lokalbevölkerung keine Perspektive für eine eigenständige Entwicklung gab. Vielmehr ist es an dieser Stelle wichtig, zu unterstreichen, dass Dunant als überzeugter Bonapartist nicht anders konnte, als den Ansatz des Kaisers zu bejahen. Um so mehr, weil seine Ideale aus der gleichen Quelle stammten. Denn woher hatte er die Ideen der Verbrüderung der Völker, der Vereinigung des Menschheit, der Zusammenarbeit zwischen Reichen und Armen? Eben aus dem saint-simonistischen Geist und der nicht gerade glücklichen Formulierung Saint-Simons, dass die «produzierenden Individuen aller Klassen und aller Länder Freunde sind». Außerdem hatte Dunant in den Saint-Simonisten Männer gefunden, die seinen Projekten nahestanden. Zu diesen zählen Michel Chevalier, Theoretiker einer Einigung zwischen Orient und Okzident; Henri Fournel, Spezialist im Bergwerkswesen; Prosper Enfantin, Vertreter einer Ideologie der Kolonisation aus dem Geiste des Kapitalismus. Daher kommt es, dass Henry Dunant an die zivilisatorische Funktion des Kolonialismus glaubt. Hier sind auch die Ursprünge der großen Projekte des Vorsitzenden der Mühlengesellschaft von Mons-Djémila auszumachen: so die Nutzung der Wälder und der Bergwerke, die Kapitalkonzentration und die großen Kolonialgesellschaften.

Es ist Ironie des Schicksals, dass Dunant gerade mit der Verwirklichung des Saint-Simonismus am Ende seines algerischen Abenteuers aneinandergeraten wird. Die Vorgaben Napoleons III. werden in die Gründung der *Société Générale Algérienne* einfließen, einem Kraken, der alle kolonialen Bereiche besetzen wird und dessen Verwaltung in der Hand von Saint-Simonisten liegt. Für ein kleines, privates Unternehmen wie das von Dunant, das zudem die Last der Schulden und schlecht gelungener Geschäfte trägt, wird in Algerien kein Platz mehr sein. Aber die Ideale überleben diese Widrigkeiten und der Einfluss des Saint-Simonismus wird in der universalistischen Vision spürbar bleiben, die Dunant sein ganzes Leben lang begleiten wird.

4.

VOM BESTSELLER ZUR GENFER KONVENTION

Die Jahre 1860 und 1861 verbringt Dunant mit hektischen Versuchen, den Verpflichtungen seiner eigenen ungeordneten Geschäfte und insbesondere jenen seines Partners Nick nachzukommen. Aber ein wachsendes, unbezwingbares Bedürfnis regt sich in ihm, sodass er alles auf einmal aufgibt und nach Genf zurückkehrt. Hier zieht er sich auf Monate zurück und verfasst das Büchlein, das zuerst in Europa und dann in der ganzen Welt ein unbeschreiblicher Bestseller wird: *Un Souvenir de Solferino*.

Dunant wird, wenn er sich viele Jahre später wieder dieser Zeit entsinnt, in seiner subjektiven Sicht den inneren Impuls hervorheben, der ihn bewegt hat:

> Als ich in der Stille *Un Souvenir de Solferino* verfasste, fühlte ich mich wie über mich erhoben, wie von einer Macht besessen und von Gottes Hauch inspiriert. [...] Ich hatte den Eindruck einer verworrenen, aber tiefen Eingebung und zugleich, dass meine Arbeit ein Instrument Seines Willens war. [...] Es war *notwendig*, dass die tiefen und schmerzhaften Gefühle aus Solferino in einen kurzen und präzisen Bericht eingehen, um anderen all das zu vermitteln, was ich mit meinen eigenen Augen gesehen hatte. Damit sollte der humanitäre Gedanke, der mich innerlich antrieb, fruchtbar werden und sich aus eigener Kraft entwickeln. (*Mém.* 53)

Objektiv gesehen scheint das Werk etwas anderes als der präzise Bericht eines Augenzeugen zu sein. Von den unterschiedlichen Lesarten dieses Textes überzeugt diejenige François Bugnions am meisten. Nach Bugnion handelt es sich um eine Thesenerzählung, die sich um die Figur des verwundeten Soldaten dreht, der im Zentrum der verzehrenden Sorge des Autors steht. Zunächst Hauptdarsteller von heldenhaften und glorifizierten Taten, wird der verwundete Soldat später ohne jegliche Hilfe auf dem Schlachtfeld im Stich gelassen, vom Durst gequält und den Gefahren von Wundbrand, wilden Tieren und Plünderern, die Tote und Sterbende fleddern, ausgesetzt. Diese These wird in dem kurzen Satz eines Soldaten zusammengefasst, den Dunant in Castiglione trifft: «"Ach, Monsieur, wie leide ich!", sagte einer dieser Unglücklichen zu mir, „man lässt uns im Stich, man lässt uns elend sterben, und doch haben wir uns tapfer geschlagen!"» (*USS* 41).

Der erste Teil des Werkes zeigt das bekannte Gesicht des Krieges. Die Beschreibung der Schlacht, für die Dunant mehrere Fachleute zu Rate zog, wird im streckenweise pathetischen Stil der zeitgenössischen Militärliteratur geschildert. Aber dann wendet sich das Bild und das unbekannte Gesicht des Krieges wird deutlich. So unfassbar wie es sich anhört: Verwundete und Sterbende werden sich selbst überlassen. Dabei wird die skandalöse Unzulänglichkeit der Intendantur nicht direkt angeprangert, sondern sie lässt sich allenfalls erahnen: «„Hätte man mich früher gepflegt, so wäre ich am Leben geblieben. Jetzt werde ich heute Abend sterben!" Und am Abend ist er tot» (*USS* 45). Die beschriebenen Schrecken führen nicht zur moralischen und vehementen Verurteilung des Krieges, sondern zum realistischen Ziel, diesen «Schrecken vorzubeugen oder sie wenigstens etwas zu mildern» (*USS* 89).

Über diesen krassen Gegensatz, der die Heuchelei ans Licht bringt, mit der die Gräuel als Heldentum maskiert werden, kommt man zu den beiden abschließenden Forderungen. Dunant formuliert sie in Form von Fragen. Kein Mensch weiß, wie häufig diese Gedanken den erschütterten Zeugen von Solferino, der auf der Suche nach passenden Formulierungen war, in den zweieinhalb Jahren bedrängt haben. Die nun zu Papier gebrachte Form ist noch unscharf, doch es besteht kein Zweifel: Aus der ersten Frage werden die Hilfsgesellschaften für Verwundete entstehen, aus der zweiten die Genfer Konvention.

> Gibt es während einer Zeit der Ruhe und des Friedens kein Mittel, um Hilfsorganisationen zu gründen, deren Ziel es sein müsste, die Verwundeten in Kriegszeiten durch begeisterte, aufopfernde Freiwillige, die für ein solches Werk besonders geeignet sind, pflegen zu lassen? (*USS* 80)

> Wäre es nicht wünschenswert, dass die hohen Generäle verschiedener Nationen, wenn sie gelegentlich, wie beispielsweise in Köln oder Châlons, zusammentreffen, diese Art von Kongress dazu benutzten, irgendeine internationale rechtsverbindliche und allgemeine hochgehaltene Übereinkunft zu treffen, die, wenn sie erst festgelegt und unterzeichnet ist, als Grundlage dienen könnte zur Gründung von Hilfsgesellschaften für Verwundete in den verschiedenen Ländern Europas? (*USS* 88)

Im Oktober 1862 erscheint *Un Souvenir de Solferino*, das er von der Genfer Buchdruckerei Jules-Guillaume Fick in einer Auflage von 1600 Exemplaren drucken lässt. Wie schon das Werk über Tunesien trägt es das stolze Signum des uneigennützigen Verfassers: «Ne se vend pas.» Dunant erweist sich als Genie der Vermarktung. Gezielt infiziert er mit seinem „Virus“ die sensibelsten Lebensnerven des europäischen Körpers: Königshäuser, Minister, Politiker, Militärs, Philanthropen, Schriftsteller und eigene Freunde. Der Erfolg ist überwältigend. «Es war wie ein Stromstoß für die Philanthropie», schrieb Adolphe Pictet, Mitglied einer Familie der Genfer Oberstadt: «Ganz Europa bebte».

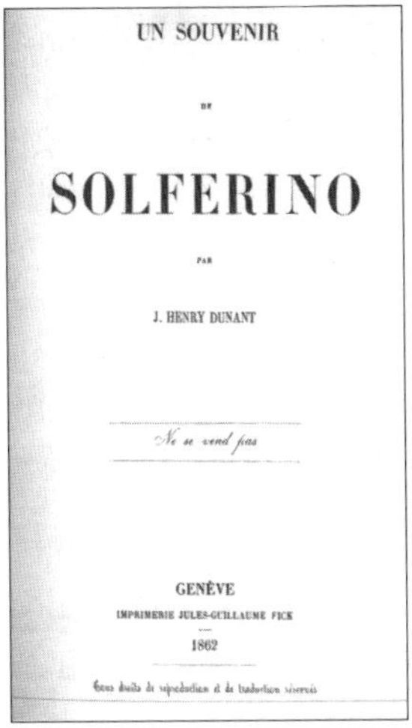
UN SOUVENIR

DE

SOLFERINO

PAR

J. HENRY DUNANT

Ne se vend pas

GENÈVE

IMPRIMERIE JULES-GUILLAUME FICK

1862

Tous droits de reproduction et de traduction réservés

Die Erstausgabe von *Un Souvenir de Solferino,* Oktober1862

Die aus 1000 Exemplaren bestehende zweite Auflage, die doch im Handel erscheint, ist schnell vergriffen und führt zu einer Flut von Rezensionen und Würdigungen, die Dunant akribisch sammelt und in den späteren Auflagen seines Werkes zitiert. Wir nennen hier einige der Lobesworte prominenter Persönlichkeiten:

– die Brüder Goncourt: «Nach der Lektüre dieses Buches verdammt man den Krieg.»

– Victor Hugo: «Sie lieben die Menschheit und dienen der Freiheit.»

– Ernest Renan: «Ihr Unterfangen ist das größte des Jahrhunderts.»

– Charles Dickens macht den Text in England in einer Reihe von Artikeln bekannt, in denen Dunant erstmals öffentlich «The Man in White» («der Mann in Weiß») genannt wird.

Aber auch negative Stimmen bleiben nicht aus. Einige fühlen sich sogar beleidigt, beispielsweise der französische Kriegsminister Marschall Randon, der das Werk als «ein Buch gegen Frankreich» abstempelt. Andere äußern sich skeptisch über die Machbarkeit des Projekts – wie Florence Nightingale, die heldenhafte Organisatorin der Hilfeleistungen in Scutari während des Krimkrieges. Auch General Dufour, dem Dunant das Buch als Druckfahne hatte zukommen lassen, drückt zwar seine klare Wertschätzung für den Inhalt aus, äußert aber ebenso deutlich seine Zweifel an der Möglichkeit, permanente Hilfsgesellschaften zu realisieren. Daraufhin eilt der findige Dunant in die Druckerei und es gelingt ihm, die positive Passage des Briefes des alten Generals auf die letzte Seite drucken zu lassen – selbstverständlich ohne dessen Einverständnis: «Es ist notwendig, dass man mit solch brennenden Beispielen, wie Sie sie berichten, zeigt, wie teuer der Ruhm auf dem Schlachtfeld mit Qual und Tränen bezahlt wird.»

Unter den Lesern, die von diesem Büchlein tief beeindruckt sind, befindet sich der junge Rechtsanwalt Gustave Moynier, der Henry Dunant aufsucht. Dieser ernste, gewissenhafte und eigenwillige Mann stellt Dunant eine Reihe detaillierter Fragen über unterschiedliche Aspekte des Projekts, welches sich aus dem Buch ergibt. Obwohl er bei dieser Unterredung wahrscheinlich eher idealistische als fundierte Antworten erhält, tritt er sofort für die Sache ein. So wird er zum Urheber der Mehrheit der Grundsätze des zukünftigen Roten Kreuzes.

Gustave Moynier

Von mittlerer Größe aber mit kräftiger Statur – Gustave Moynier imponiert sofort durch seine Erscheinung. Seine strenge Kleidung harmoniert mit dem Ausdruck seines Gesichts, das selten von einem Lächeln erhellt wird. Die Nase und der Mund sind schmal und gradlinig. Der Blick hat etwas Merkwürdiges, eine Art Starrheit, die an das runde Auge gewisser Nachtvögel erinnert. Der schwarze Schnurrbart zwischen den Koteletten ist wie eine Art Riegel gezogen, bei dessen Betrachtung man sich fragt, ob sich hinter diesem strengen Gitter nicht etwa ein unglücklicher Gefangener seiner selbst befindet. (Pierre Boissier)

Gustave Moynier stammt aus einer wohlhabenden Familie. Sein Vater hatte es als Uhrmacher zu einigem Vermögen gebracht. Nach dem Jura-Studium in Paris kehrt Moynier nach Genf zurück, ohne die Laufbahn eines Rechtsanwalts einzuschlagen. Dank seines Wohlstandes ist er nicht am Gelderwerb interessiert, sondern – wie er selber sagt – an der «Verbesserung der Lage der Arbeiterklasse oder vielmehr – wie man heutzutage sagt – an der sozialen Frage». In der Atmosphäre des Réveil engagiert er sich vehement für eine Tätigkeit, die sich nicht auf barmherzige Wohltaten begrenzt, sondern «dem Elend zuvorkommt, um diesem vorbeugend Schranken zu setzen». Sein Interesse ist die Erziehung, aber auch die Umerziehung. Er bringt sich in Organisationen ein, die sich der Probleme von Alkoholikern, Findelkindern, Taubstummen und Gefängnisinsassen annehmen. Dabei geht er streng methodisch vor – sein Tun ist Ergebnis von Untersuchungen und statistischen Erhebungen, sorgfältig geordnet durch Haushaltsplan und Rechnungslegung. Große Übereinstimmung mit seinen Vorstellungen findet er in der *Société d'Utilité Publique*, einer privaten Genfer Einrichtung, die beachtliche Summen aus den großzügigen wohltätigen Sammlungen der Genfer Einwohner in Förder- und Erziehungsmaßnahmen steckt. Erst dreißig Jahre alt, ist er nicht nur Ideengeber dieser Gesellschaft, sondern übernimmt auch deren Vorsitz. Zum Zeitpunkt der Gründung des Komitees der Fünf ist er siebenunddreißig Jahre alt und damit zwei Jahre älter als Dunant.

Am 9. Februar 1863 stellt Moynier der Versammlung der *Société d'Utilité Publique* neben vier anderen Tagesordnungspunkten folgenden Antrag vor: «Vorschlag zur Gründung von freiwilligen Hilfsorganisationen zur Versorgung kriegführender Armeen». Besonders geschickt ist, dass der Vorschlag sich nicht direkt an die *Société* wendet, sondern für einen Wohltätigkeitskongress vorgesehen ist, der in Berlin stattfinden soll. Der kurzen Debatte folgt ein negatives Urteil durch Armeegeneral Dufour und ein weiteres Mitglied, während zwei Ärzte – Dr. Théodore Maunoir und Dr. Louis Appia – dem Vorschlag zustimmen. Deshalb wird der Vorschlag gebilligt und einem fünfköpfigen Komitee übertragen, das aus Dufour, Maunoir, Appia, Dunant und Moynier besteht. Moynier wird zum Präsidenten ernannt. Damit entsteht das *Komitee der Fünf*, aus dem nur wenige Tage später das *Internationale Komitee für die Versorgung der Verwundeten in Kriegszeiten* wird und das schließlich den Namen *Internationales Komitee vom Roten Kreuz* (IKRK)[1] erhält. Ein Detail verdient besondere Erwähnung: General Dufour, zu diesem Zeitpunkt sechsundsiebzigjährig, übernimmt dieses Amt nicht deshalb, weil ihm die Idee realisierbar erscheint, sondern weil er sie für richtig hält – eine Entscheidung, die viel über seine Persönlichkeit aussagt.

Guillaume-Henri Dufour

Dieser altmodische Mann mit ebenso erhabenem wie selbstlosem Charakter war in seinen Freundschaften treu, hilfsbereit, sanft in seiner Art und Weise, andere zu verpflichten, und erhob keinen Anspruch auf Dankbarkeit. Seine Zurückhaltung kam seiner Entschlossenheit gleich. Die Schlichtheit seines Privatlebens und seine herzliche Gastfreundschaft allen gegenüber hoben die Würde seines Charakters noch mehr hervor und flößten einen allseitigen Respekt ein. (nach Henry Dunant, zitiert bei Pierre Boissier)

Guillaume-Henri Dufour ist Genfer Bürger, aber aufgrund der An-

1 Nach der anfänglichen Bezeichnung «Komitee der Fünf» wurde das Organ, welches das Rote Kreuz förderte und koordinierte, «Internationales Komitee für die Versorgung der Verwundeten in Kriegszeiten» genannt, später dann «Internationales Komitee vom Roten Kreuz». Hier werden wir stets diese letztgenannte Bezeichnung mit der heutigen Abkürzung «IKRK» verwenden.

nexion der Stadt Genf durch das napoleonische Frankreich hat er die französische Staatsbürgerschaft. Nach dem Studium des Ingenieurwesens wird er Pionieroffizier. In Korfu, wo er den Bau von Befestigungsanlagen mitorganisiert, wird er in einem Gefecht schwer verletzt und gefangen genommen. Durch einen Gefangenenaustausch kehrt er nach Frankreich zurück und führt sein bonapartistisches Engagement bis zum Schluss fort. Der Wiener Kongress gibt Genf an die Schweizerische Eidgenossenschaft zurück und Dufour entscheidet sich für die neue Staatsangehörigkeit. Als Kantonsingenieur legt er Baupläne für die Stadt Genf vor und leitet ihre Modernisierung. Als Militär bekommt er einen Lehrauftrag an der Militärschule von Thun, wo er im zukünftigen Kaiser Napoleon III. einen Schüler findet, mit dem er bis zum Ende seines Lebens verbunden sein wird. In der Zeit des Aufstandes des *Sonderbundes* wird ihm die Aufgabe anvertraut, die abtrünnigen Kantone zu versöhnen. Er tut das mit entschlossenen, aber dem Gegner gegenüber stets respektvollen Befehlen und mit der deutlichen Absicht, für einen gemeinsamen Frieden statt für einen überwältigenden Sieg zu arbeiten. Das Vorhaben, das in weniger als einem Monat gelingt, bringt ihm großes Ansehen, Dankbarkeit und Respekt.

DIE INTERNATIONALE KONFERENZ

In den ersten drei Sitzungen des Komitees, die zwischen Februar und August stattfinden, wird Dunant damit beauftragt, ein Memorandum für den Wohltätigkeitskongress in Berlin auszuarbeiten. Dunant beginnt seine Arbeit, geht aber bald über die Forderung nach freiwilligen Diensten hinaus und ruft damit Skepsis bei seinen Kollegen hervor. Maunoir präsentiert Richtlinien, die bei der Formulierung des Vorschlags sehr nützlich sein werden. Als man erfährt, dass jener Wohltätigkeitskongress nicht stattfindet, lässt sich das Komitee davon nicht beeindrucken und entschließt sich, eine internationale Konferenz in Genf einzuberufen. Am 23. August wird der Konferenztermin auf den 26. Oktober festgelegt. Es bleiben somit nur zwei Monate für die Vorbereitung. Was man leichtfertig nennen könnte, ist aber unermüdlicher Pragmatismus: Man muss das Eisen schmieden, solange es heiß ist. In arbeitsintensiven Tagen überarbeiten Moynier und Dunant die zehn Artikel aus Dunants Memorandum, das nun in seiner ursprünglichen Form nicht mehr gebraucht wird. Der Entwurf mit den zehn Artikeln wird von einem Einladungsschreiben begleitet, am 1. September als Rundbrief «in ganz Europa» verschickt und ist vor allem an Regierungen adressiert. Maunoir spricht sich dafür aus, dass es zur «Erschütterung» nicht nur der Mächtigen, sondern auch der öffentlichen Meinung kommen soll.

Théodore Maunoir

Théodore Maunoir ist ein Mann von großem Format. Versehen mit einem ungewöhnlichen Scharfsinn, besticht er ebenso durch den Reiz seiner Persönlichkeit. Sein Briefwechsel offenbart einen feinen Sinn für Humor. (Pierre Boissier)

Trotz seiner anfälliger Gesundheit absolviert Maunoir sein Medizinstudium in Paris, London und Lyon äußerst mühelos und praktiziert bereits vor Studienabschluss. Nach dem Start der akademischen Laufbahn muss er wegen der familiären Belastungen (Kinder aus eigener Ehe und aus der früheren Ehe seiner Frau, später Witwerschaft) auf eine Fortsetzung verzichten. Deshalb teilt er seine Zeit zwischen der Familie und der hochgeschätzten Tätigkeit als Chirurg. Sein Beitrag für das IKRK ist zwar begrenzt, aber in einigen Fällen ausschlaggebend. Einer seiner Beiträge wird das schwankende Boot der ersten Genfer Konferenz wieder auf Kurs bringen.

Verschiedene angeschriebene Zeitungen erfüllen die zweite Forderung. Dunant wird – seiner Begabung entsprechend – bei den Mächtigen für seine Ideen werben. Er begibt sich daher auf eine lange Reise ins Ausland. Am 6. September ist er in Berlin auf dem Internationalen Statistischen Kongress, an dem auch der niederländische Arzt Jan Hendrik Christiaan Basting teilnimmt. Dieser hatte Dunant dazu aufgefordert, dem Kongress beizuwohnen. Basting hat *Un Souvenir de Solferino* gelesen, seine Leitgedanken klar erfasst und den Text ins Niederländische übersetzt. Aber den Ideen Dunants hat er eine wichtige Ergänzung hinzugefügt, von der er ihm bei ihrem Treffen in Berlin erzählt: Es ist absolut notwendig, dass die Neutralität der verwundeten Militärs und aller freiwilligen Helfer anerkannt wird. In der Praxis des Krieges werden Verwundeten immer von Helfern versorgt, die für die gegnerische Armee den Feind darstellen. Ärzte und weiteres Personal der Intendantur sind vor dem feindlichen Feuer nicht sicher. Deshalb kommt es häufig vor, dass beim Rückzug Ärzte die Verwundeten sich selbst überlassen, damit sie selbst nicht gefangen genommen werden und weiter Hilfe leisten können. Man kann sich das Schicksal der zurückgelassenen Verwundeten vorstellen, die oft verhängnisvolle Zeit ohne Versorgung bleiben und, falls sie gefangen werden, gegenüber den Verwundeten der Besatzungsarmee benachteiligt werden. Im Einvernehmen mit Dunant trägt Basting im Kongress der IV. Kommission, die sich mit der vergleichenden Gesundheits- und Sterblichkeitsstatistik bei Zivil- und Militärpersonen befasst, die Forderung der Neutralisierung der Verwundeten und der Helfer vor. Diese Forderung wird zwar von der Kommission zur Kenntnis genommen, allerdings nicht in der Plenarversammlung zur Abstimmung gebracht. Letztere beschränkt sich einzig darauf, Dunant zu begrüßen und ihm Erfolg für die geplante Genfer Konferenz zu wünschen.

Das scheint nicht viel, aber Dunant ist euphorisch. Trotzdem muss zuerst eine heikle Frage geklärt werden: Die vom Komitee gesandte Einladung ruft nur zur Gründung von Hilfsgesellschaften für die Versorgung von Kriegsverwundeten auf. Hier hingegen wurde von Neutralisierung der Verwundeten und der Helfer gesprochen. Was tun? Wie im Falle des gordischen Knotens wird auch hier ein energischer Schlag geführt. Der entschlossene Dunant verfasst einen «Zusatz zur Einberufung einer internationalen Konferenz in Genf», in dem die Neutralisierung eindeutig vorgeschlagen wird. Ohne die anderen Komitee-Mitglieder zu Rate zu ziehen – später wird er sagen, dass ihm dafür keine Zeit blieb – schreibt er diesen Zusatz im Namen des Komitees, unterzeichnet den Rundbrief als dessen Sekretär und verschickt ihn am 15. September in alle Himmelsrichtungen.

Dem schließt sich eine Reihe von Besuchen, Kontakten und Treffen an. So reist er von Berlin nach Dresden, Wien, München, Darmstadt, Stuttgart und Karlsruhe – allesamt Hauptstädte auf damals zersplittertem deutsch-österreichischen Territorium – und kehrt am 20. Oktober, erst kurz vor der Konferenz, nach Genf zurück.

Wir werden ihm auf dieser schwindelerregenden Rundreise nicht folgen, verweilen aber trotzdem kurz bei einer Episode, die exemplarisch dafür stehen kann, wie zielstrebig Dunant selbst neue Bekanntschaften und flüchtige Kontakte einbinden konnte.

Nach dem Verschicken des «Zusatzes» ist Dunant in Berlin bei einem Diner, zu dem der Innenminister Graf von Eulenburg an die zwanzig Gäste eingeladen hat. Dunant sitzt zwischen dem spanischen Senator Graf Ripalda und dem bayrischen Staatsrat von Hermann, dem Finanzrat Max Maria von Weber, Hofberater des Königs Johann von Sachsen, gegenüber. Auch zwei weitere Tischgäste, Herr von Semenow – Mitglied des russischen Kongresses – und Dr. Berg – Chef des Zentralen Statistikamts Schwedens – hören die enthusiastische Darlegung Dunants über seine Pläne an.

Infolge der intensiven Unterhaltung dieses Abends wird Graf Ripalda von Königin Isabella II. die königliche Schirmherrschaft und den Auftrag erhalten, eine spanische Hilfsgesellschaft zu gründen. Von Semenow wird das Interesse Ihrer Kaiserlichen Hoheit und Tante des Zaren, der Großherzogin Helena Pawlowna, wecken. Dr. Berg wird sich sowohl bei der schwedischen als auch bei der norwegischen Regierung für die Sache stark machen. In München wird Staatsrat von Hermann in Abwesenheit von König Maximilian für Dunant eine Audienz beim Kriegsminister General Franck arrangieren. Bei dieser Gelegenheit wird Dunant dessen Vorbehalte überwinden und ihm das Versprechen abringen, einen Delegierten nach Genf zu entsenden. Den größten Coup landet Dunant aber mit der Audienz, die von Weber am Dresdner Hof für ihn erwirkt. Gerührt erinnert sich Dunant in seinen Memoiren an das Treffen mit König Johann von Sachsen. Bei dieser

Audienz lässt der Herrscher den Ausspruch fallen, den Dunant bei jeder nur möglichen Gelegenheit als „Talisman“ nutzen wird: «Es ist sicher, dass die öffentliche Meinung in Europa eine Nation, die sich an diesem humanitären Werk nicht beteiligt, mit einem Bannfluch belegen würde.»

Wir können uns die frostige Stimmung gut vorstellen, die in der letzten Versammlung des Komitees der Fünf kurz vor der Konferenz herrscht, an der Dunant unmittelbar nach seiner Rückkehr nach Genf teilnimmt. Thema ist nicht nur der Affront des Rundschreibens aus Berlin, welches mit den anderen Komiteemitgliedern nicht abgestimmt wurde, sondern auch dessen Inhalt: Moynier lehnt eine Forderung, die in seinen Augen absolut undurchführbar ist, vollständig ab. Dunant hat gut reden, dass in Berlin der preußische Kriegsminister von Roon das Rundschreiben guthieß und sich zur Mitarbeit bereiterklärt hat, um die Neutralisierung der Verwundeten und der Helfer zu erreichen. Moynier bleibt unbeugsam: Dieser Punkt wird nicht auf der Tagesordnung der Konferenz stehen.

Am 26. Oktober 1863 treten die fünf Komiteemitglieder – unsicher, da sie absolutes Neuland betreten – in den Saal des Palais de l’Athénée ein, wo die Konferenz einberufen worden ist. Sofort ist klar, dass es ein Erfolg wird. Einunddreißig sachkundige Delegierte sind hier versammelt, die sechzehn Länder vertreten. Und doch ist nach der Eröffnungsrede General Dufours das Ergebnis der folgenden Debatte, deren Vorsitz Moynier innehat, nicht voraussehbar. Auf der einen Seite stehen die Preußen mit ihrem Delegierten Dr. Löffler als starke Befürworter, auf der anderen die Franzosen mit Militärintendant Préval und Dr. Boudier, die Marschall Randon vertreten, als entschiedene Gegner des Vorschlags. Letzteren wendet sich Dr. Maunoir mit feinem Humor und bedächtigen Worten, die gesunden Menschenverstand beweisen, zu. Dadurch wird die gefährliche Spannung, die zu einer möglichen Blockade hätte führen können, gelöst und die Konferenz geht zur detaillierten Erörterung der in der Einladung beschriebenen Vorschläge über. Aus dieser Arbeit erwachsen zehn Beschlüsse, die in weiten Teilen die Artikel von Moynier und Dunant aufgreifen, welche sich als sehr fundiert herausstellen und durch einige Wünsche ergänzt werden.

Unter den Beschlüssen ist die Entscheidung besonders wichtig, ein Erkennungszeichen einzuführen, das die freiwilligen Hilfsorganisationen kennzeichnet (Artikel 8). So entsteht – dem ursprünglichen Vorschlag Dr. Appias folgend – das rote Kreuz auf weißem Grund. Das entspricht der Umkehrung der eidgenössischen Flagge, vielleicht als Ehrerbietung an die gastgebende Stadt.

Das Genfer Komitee wird mit der Aufgabe betraut, bei der freiwilligen Gründung der nationalen Hilfsgesellschaften den Informationsaustausch zu leisten.

Eine der Anregungen ist, dass die unterschiedlichen Erkennungszeichen der verschiedenen Armeen, mit denen die militärischen Sanitätsdienste sonst gekennzeichnet sind, durch ein einheitliches Symbol ersetzt werden sollen.

Und die Frage der Neutralisierung? Dr. Basting wirft das Problem auf, stößt aber zu seinem großen Erstaunen auf den Widerstand des Vorsitzenden Moynier, der – aus Angst, die erzielten Ergebnisse zu gefährden – nicht die Absicht hat, die in Berlin von der IV. Kommission des Statistischen Kongresses festgelegten Punkte zur Diskussion zu stellen. Basting beharrt darauf und behauptet, dass nur dies das Ziel ist, weshalb die Regierungen ihre Vertreter nach Genf gesandt haben, denn alleine für die Gründung von Hilfsgesellschaften wäre eine Wohltätigkeitsinitiative ausreichend gewesen. Sein Vorschlag wird aufgenommen: Moynier muss sich geschlagen geben, eröffnet die Debatte zum strittigen Punkt und muss bald mit Verwunderung feststellen, dass sich niemand der Idee einer Neutralisierung widersetzt. Es ist sogar Dr. Boudier, der den Vorschlag macht, dass die Neutralität auch die Zivilbevölkerung, die den Verwundeten Hilfe leistet, schützen muss. Einstimmig in die Liste der Wünsche aufgenommen, wird die Neutralisierung des Sanitätspersonals zum Eckstein des ganzen Gebäudes des Roten Kreuzes.

Der offenkundige Erfolg des internationalen Kongresses kann nicht nur anhand der Presseberichte ermessen werden, die von einem außerordentlich interessierten Publikum verfolgt werden, sondern anhand der Resultate. Schon im Dezember wird in Württemberg die erste nationale Hilfsgesellschaft gegründet, weitere folgen im Februar in den Niederlanden, im Großherzogtum Oldenburg, in Belgien und Preußen. Unterdessen hat Moynier einen hervorragenden Konferenzbericht verfasst und ihn den Teilnehmern zusammen mit einem Fragebogen zugesandt. Darin werden zwei wesentliche Fragen gestellt, die von den Regierungen auf Anregung der jeweiligen Delegierten beantwortet werden sollten:

1. Ist die Regierung bereit, eine nationale Hilfsgesellschaft, die man in ihrem Land gründet, zu schützen?
2. Würde die Regierung einer internationalen Konvention beitreten, die folgende Ziele hat:
   a) die Neutralisierung der Ambulanzen und Hospitäler, des offiziellen Sanitätspersonals und der freiwilligen Krankenpfleger der Hilfsgesellschaften, der Hilfe leistenden Bewohner und der Verwundeten selbst;
   b) die Einführung eines einzigen Erkennungszeichen. Falls die Regierung damit einverstanden ist, würde sie einer Armbinde mit rotem Kreuz auf weißem Grund zustimmen?

Aber der Horizont, vor dem sich diese Hoffnungen abzeichnen, ist alles andere als heiter. Das Jahr 1864 beginnt mit dem Ausbruch eines neuen Krieges, des sogenannten Deutsch-Dänischen Krieges. Preußen hat ein Auge auf die unter dänischer Krone stehenden Herzogtümer Schleswig und Holstein geworfen, die ihm den Zugang zur Nordsee erlauben würden. Österreich schließt sich dem brutalen Überfall an, um eventuelle Vorteile daraus zu ziehen.

Dunant kehrt aus Paris zurück, wo er sich seine französische Staatsangehörigkeit zunutze machen wollte, um dort eine nationale Hilfsgesellschaft zu gründen. Er schlägt vor, dass das Komitee eigene Vertreter als Beobachter auf beide Seiten der Front entsendet. Selbstverständlich hat er schon einen Beobachter ausgewählt, den niederländischen Kapitän Charles Van de Velde, der an der Konferenz teilgenommen hatte. Dr. Appia bietet sich als zweiter Beobachter an. So reist Van de Velde nach Dänemark, während Appia von Süden her dem preußischen Heer folgt.

Louis Appia

Es gibt ein ausgezeichnetes Portrait von Appia, das uns das Bild eines eleganten Romantikers zeigt. Er besitzt Charme, strahlt eine große Feinheit aus und besitzt schöne Hände. Die Stirn gleicht der eines

Poeten, doch der Mund und das Kinn offenbaren Standhaftigkeit und Entschlusskraft. Er hat den forschenden und zugleich versunkenen Blick, den man oft bei Ärzten findet. Wenn er einen Menschen anschaut, sieht es fast so aus, als würde er bereits das passende Rezept für dessen Leiden ermitteln. (Pierre Boissier)

Appias Familie stammt aus den italienischen Waldensertälern. Sein Vater ist Pastor der reformierten Kirche französischer Sprache in Hanau. Appia ist vornehm, gebildet und spricht mehrere Sprachen. Er studiert Medizin und beendet sein Studium in Heidelberg. Seine berufliche Laufbahn startet er als Militärchirurg in Paris, wo er die Verletzten aus den Unruhen und Aufständen von 1848 behandelt. Er vertieft seine Studien im militärmedizinischem Bereich und erfindet ein Gerät zur Ruhigstellung gebrochener Glieder beim Transport von Verwundeten. Als er seinen Wohnsitz nach Genf verlegt, nimmt er die dortige Staatsbürgerschaft an. Er übt seinen Arztberuf aus und forscht weiter. Die Ergebnisse seiner Studien veröffentlicht er 1859 in einer Abhandlung, die Frucht intensiver praktischer Arbeit ist: *Le chirurgien à l'ambulance, ou quelques études sur le plaies par armes à feu*. Schon zu Beginn des Italienfeldzuges hat er sich dafür engagiert, von Genf aus eine Sammlung von Sanitätsmaterial zu organisieren. Dabei arbeitet er mit seinem Bruder Georges, einem Waldenserpastor in Pinerolo, zusammen und steht mit der zentralen Hilfsgesellschaft für Verwundete, die in Turin von der Marquise Pallavicino-Trivulzio geleitet wird, in Verbindung. Nach der Schlacht von Solferino leistet er einen aktiven Beitrag als Chirurg in den Feldlazaretten von Turin, Mailand, Brescia und Desenzano del Garda und bleibt in Briefkontakt mit seinem Freund Théodore Maunoir. So hat er die Gelegenheit, das von ihm entwickelte Gerät dem Chefarzt der französischen Armee Dr. Félix-Hippolyte Larrey vorzustellen, der es schätzt und sich verpflichtet, dieses beim Kriegsminister zu empfehlen. Zwei Jahre später wird er in Neapel für seine Mitwirkung an der Herausgabe eines *Handbuches der praktischen Chirurgie* einen Wettbewerb im Bereich der Kriegschirurgie gewinnen.

In Genf ist er Vorsitzender der *Société médicale* und Mitglied der *Société d'Utilité publique*. Als er dem Komitee der Fünf beitritt, ist er vierundvierzig Jahre alt.

Der Deutsch-Dänische Krieg ist kurz und endet mit der Überwältigung des Schwächeren. Aber die Unannehmlichkeiten, auf die die beiden vom IKRK entsandten Beobachter stoßen, sind deshalb nicht kleiner. Dänemark hat Van de Velde kühl empfangen: Wie soll ein Beobachter beim Angegriffenen Sympathie gewinnen, wenn gleichzeitig auch zum Angreifer ein Vertreter entsandt wird? Dänemark verweigert den freiwilligen Helfern die Einreiseerlaubnis.

Von der preußischen Front hingegen berichtet Appia von einer Gleichbehandlung eigener und feindlicher Verletzter und verfasst Statistiken über eine Tendenzwende: Die Zahl der Toten im Spital ist geringer als die in der Schlacht. Dies ist auch der Tätigkeit freiwilliger Organisationen wie des Johanniterordens zu verdanken, der durch die Beständigkeit seiner Struktur in Zusammenarbeit mit den Diakonissen von Bethanien und Kaiserwerth in kurzer Zeit drei Spitäler aufgebaut hat. Appia berichtet zudem über die Zusammenarbeit zweier protestantischer Freiwilligenorganisationen, der Brüder der Duisburger Diakonieanstalt und der des Hamburger Rauhen Hauses, welche die Armbinde mit dem roten Kreuz eingeführt hatten. Von Neutralität kann jedoch keine Rede sein und auf preußischer Seite sieht man keine Möglichkeit, diese durchzusetzen.

Die kurze Erfahrung des Deutsch-Dänischen Krieges hat dem IKRK dazu verholfen, die eigene Position zu präzisieren. Es wird sich nie als Richter oder Moralinstanz des Krieges aufführen: Seine Aufgabe ist einzig die Pflege der Verwundeten und nicht, Unrecht zu bekämpfen oder Staaten anzuklagen. Andererseits hat dieser Krieg bewiesen, dass es absolut notwendig ist, sich nicht auf die Gründung nationaler Hilfsgesellschaften zu beschränken, sondern ein Abkommen zu erreichen, das die Neutralität der Verwundeten und der Helfer definitiv festlegt.

In der Zwischenzeit konnte Dunant in Paris glänzende Erfolge verbuchen. Die Arbeit für die Gründung einer Hilfsgesellschaft macht Fortschritte und – was noch wichtiger ist – Dunant hat einen neuen Kontakt zum Kaiser herstellen können. Ausgelöst durch die Empfehlung General Dufours, der merklichen Einfluss auf seinem ehemaligen Schüler der Thuner Militärschule hat, erhält Dunant auf seinen Brief eine positive Antwort. Durch die folgenden Besprechungen, zunächst mit Marschall Jacques-Louis Randon und später mit Außenminister Édouard Drouyn de Lhuys, kann Dunant sein Vorhaben durchsetzen: Die von Frankreich unterstützte diplomatische Konferenz wird in Genf und nicht in Bern, wie zuerst vom französischen Minister anvisiert, stattfinden. Zudem wird die Adressatenliste der Eingeladenen erweitert. Triumphierend sendet Dunant dem IKRK den Brief des Ministers vom 21. Mai, in dem der schweizerische Bundesrat zur zuständigen Behörde ernannt wird, welche die Einladungen weiterleitet, und in dem die volle Unterstützung des Kaisers zugesichert wird.

In Paris gelingt es Dunant auch, seine vorbereitende Arbeit zum Abschluss zu bringen: Die französische Hilfsgesellschaft wird am 23. Juni unter dem Vorsitz des Herzogs de Montesquiou-Fezensac gegründet. Dieser ehemalige General, der unter Ludwig XVIII. gedient hatte, wurde von seinem Schwager Graf de Flavigny, einem Freund Dunants, überzeugt, den Vorsitz zu übernehmen.

Völlig unerwartet folgt diesen erstaunlichen Erfolgen ein Brief an Moynier, in dem Dunant seinen Rücktritt einreicht. Er bittet darum, nicht mehr mit ihm zu rechnen, und führt aus, er hätte alles Mögliche getan, um den Weg für das Werk zu ebnen. Nun möchte er sich zurückziehen und wieder in den Schatten treten. Müdigkeit? Wahrnehmung der ständigen Spannungen mit Moynier, zwischen Elan und Ernüchterungen, zwischen hingebungsvoller Barmherzigkeit und dem kalten Gesetz? Noch größeren Einfluss hat wahrscheinlich seine finanzielle Situation. Auf ihm lasten das Gehalt von zwei Sekretären, alle Reisekosten, Briefwechsel und Lebensunterhalt: Dunant kann einen solch kostspieligen Lebensstil nicht weiter pflegen – um so mehr, weil das von Nick mangelhaft geführte Unternehmen von Mons-Djémila Geld verschlingt, statt welches einzubringen.

Moynier reagiert mit einem bestürzten Brief, in dem er Dunant dazu auffordert, seinen Rücktritt zurückzuziehen und sein Amt wieder aufzunehmen. Dunant lässt sich überzeugen und kehrt nach Genf zurück.

DIE DIPLOMATISCHE KONFERENZ

Während Dunant in Paris wirkte, blieb Moynier selbstverständlich nicht untätig. Er hatte mit dem schweizerischen Bundesrat Kontakt aufgenommen und erreicht, dass die Schweiz die offiziellen Einladungen zur Teilnahme an der diplomatischen Konferenz versandte, die für den 8. August 1864 einberufen worden war. Auch bei dieser Verhandlung setzt sich die ambitioniertere Vorstellung Dunants durch: Die Einladung wird allen deutschsprachigen Staaten und nicht nur dem Deutschen Bund geschickt. Zudem sind die Einladungen nicht auf Europa beschränkt, sondern sie gehen auch nach Mexiko, Brasilien und in die Vereinigten Staaten.

So kommt es zum Treffen der von den teilnehmenden Ländern entsandten Bevollmächtigten. Die «Internationale Konferenz zur Neutralisierung des militärischen Sanitätsdienstes im Feld» wird von General Dufour eröffnet. Dieser vertritt mit Moynier die Schweiz und überlässt ihm den Vorsitz. Der vom Juristen Moynier und vom Militär Dufour aufgesetzte Vorentwurf enthält ein allgemein zustimmungsfähiges Konzept. Tatsächlich sind alle damit einverstanden und die Neutralisierung wird auf Lazarette, Ambulanzen und Personal ausgedehnt... Doch hier tritt ein Hindernis auf. Die Neutralisierung des freiwilligen Sanitätspersonals wird von den französischen Vertretern nicht akzeptiert, die in diesem Punkt von ihrer Regierung präzise Anweisungen bekommen haben. Man findet einen fadenscheinigen Ausweg: Weil die freiwilligen Helfer in die offiziellen militärischen Sanitätsdienste eingegliedert werden, sind sie ohnehin der gleichen Neutralität unterstellt. Daher wird es überflüssig, sie gesondert zu nennen. Daraus ergibt sich im Text der Konvention eine rechtliche Lücke, die ziemlich zweideutig ist. Befremdlich ist, dass sogar die Zivilbevölkerung, die vor Ort den Verwundeten vereinzelt hilft, besser geschützt wird als die freiwilligen Helfer, die sich in das Feuer der Schlacht stürzen.

Nach fünfzehn Tagen Arbeit, nur von gelegentlichen Pausen zur Entspannung unterbrochen, wird die Genfer Konvention von den Bevollmächtigten von zwölf Ländern unterzeichnet: dem Großherzogtum Baden, Belgien, Dänemark, Frankreich, dem

Großherzogtum Hessen-Darmstadt, Italien, den Niederlanden, Portugal, Preußen, Spanien, der Schweiz und Württemberg. Einige Länder – wie England, Schweden und die Vereinigten Staaten – behalten sich ihren Beitritt nach einer eingehenden Prüfung vor. Weitere Länder können der Konvention später beitreten – aus diesem Grund bleibt sie ständig offen für neue Unterzeichner. Die Ratifizierungen durch die zustimmenden Regierungen sollen innerhalb von vier Monaten nach Bern gesandt werden (Aufschübe werden bis zum 22. Juni 1865 mehrmals gewährt).

1864 sind es zwölf Länder. Schon zwanzig Jahre später, im Jahre 1886, werden es 170 sein.

BESCHLÜSSE UND WÜNSCHE
INTERNATIONALE KONFERENZ
GENF, 26. Oktober 1863

Artikel 1 – Es besteht in jedem Lande ein Komitee, dessen Aufgabe es ist, in eintretenden Kriegszeiten mit allen in seiner Macht stehenden Mitteln bei dem Sanitätsdienst der Heere mitzuwirken.
Dieses Komitee bildet sich selbst in der Art und Weise, die ihm am nützlichsten und angemessensten erscheint.

Artikel 2 – Sektionen können sich in unbeschränkter Zahl zur Unterstützung dieses Komitees bilden, welchem die Oberleitung zusteht.

Artikel 3 – Jedes Komitee muss sich mit der Regierung in Verbindung setzen, damit seine Dienstangebote gegebenenfalls angenommen werden.

Artikel 4 – In Friedenszeiten beschäftigen sich die Komitees und Sektionen mit dem was nötig ist, um sich im Kriege wahrhaft nützlich machen zu können, besonders indem sie materielle Hilfsmittel aller Art vorbereiten und freiwillige Krankenpfleger auszubilden und zu unterrichten suchen.

Artikel 5 – Im Kriegsfalle leisten die Komitees der kriegführenden Nationen in dem Maße ihrer Kräfte ihren betreffenden Armeen Hilfe; besonders organisieren sie die freiwilligen Krankenpfleger, setzen sie in Tätigkeit und lassen, im Einvernehmen mit der Militärbehörde, Lokale für die Pflege der Verwundeten bereitstellen.
Sie können die Mitwirkung der Komitees neutraler Nationen in Anspruch nehmen.

Artikel 6 – Auf den Ruf oder mit der Zustimmung der Militärbehörde schicken die Komitees freiwillige Helfer auf das Schlachtfeld. Sie stellen sie alsdann unter die Leitung der militärischen Führer.
Artikel 7 – Die freiwilligen Helfer, die in der unmittelbaren Nähe der Armeen verwendet werden, müssen durch ihre Komitees mit allem versehen werden, was zu ihrem Unterhalt nötig ist.
Artikel 8 – Sie tragen in allen Ländern, als gleichförmiges Erkennungszeichen, eine weiße Armbinde mit einem roten Kreuz.
Artikel 9 – Die Komitees und Sektionen der verschiedenen Länder können sich in internationalen Kongressen versammeln, um sich ihre Erfahrungen mitzuteilen und sich über die zum Besten der Sache zu ergreifenden Maßregeln zu verständigen.
Artikel 10 – Der Austausch der Mitteilungen zwischen den Komitees der verschiedenen Nationen geschieht provisorisch durch die Vermittlung des Genfer Komitees.

Unabhängig von den vorstehenden Beschlüssen spricht die Konferenz folgende Wünsche aus:
A) Dass die Regierung den sich bildenden Hilfskomitees ihren hohen Schutz angedeihen lassen und dass sie ihnen so viel als möglich die Erfüllung ihrer Aufgabe erleichtern.
B) Dass in Kriegszeiten von den kriegführenden Nationen die Neutralisation der Ambulanzen und Spitäler proklamiert und in vollständiger Weise auf das offizielle Sanitätspersonal, die freiwilligen Helfer, die Einwohner des Landes, welche den Verwundeten Hilfe leisten, und endlich auf die Verwundeten selbst ausgedehnt werde.
C) Dass ein gleiches Erkennungszeichen für die Sanitätscorps aller Heere, oder wenigstens für diejenigen Personen derselben Armee, welche diesem Dienst beigegeben sind, angenommen werde;
Dass auch eine gleiche Fahne in allen Ländern für die Ambulanzen und Spitäler angenommen werde.[2]

2 Die Übersetzung der Beschlüsse und Wünsche der Internationalen Konferenz in Genf (1863) sowie der Genfer Konvention (1864) stammen aus dem offiziellen deutschen Wortlaut, hier aus https://www.drk-wb.de/wissensboerse/download-na.php?dokid=16682, Zugriff vom 21.8.2009. (Anmerkung der Übersetzerin)

GENFER KONVENTION
DIPLOMATISCHER KONGRESS
GENF, 22. August 1864

Artikel 1 – Die leichten und die Hauptfeldlazarette sollen als neutral anerkannt und demgemäß von den Kriegführenden geschützt und geachtet werden, solange sich Kranke oder Verwundete darin befinden.

Die Neutralität würde aufhören, wenn diese Feldlazarette mit Militär besetzt wären.

Artikel 2 – Das Personal der leichten und Hauptfeldlazarette, inbegriffen die mit der Aufsicht, der Gesundheitspflege, der Verwaltung, dem Transport der Verwundeten beauftragten Personen, sowie die Feldprediger nehmen solange an der Wohltat der Neutralität teil, als sie ihren Verpflichtungen obliegen und als Verwundete aufzuheben oder zu verpflegen sind.

Artikel 3 – Die im vorhergehenden Artikel bezeichneten Personen können selbst nach der feindlichen Besitznahme fortfahren, in den von ihnen bedienten leichten oder Hauptfeldlazaretten ihrem Amt obzuliegen oder sich zurückzuziehen, um sich den Truppen anzuschließen, zu denen sie gehören. Wenn diese Personen unter solchen Umständen ihre Tätigkeit einstellen, wird die den Platz behauptende Armee dafür sorgen, dass sie den feindlichen Vorposten zugeführt werden.

Artikel 4 – Das Material der Hauptfeldlazarette unterliegt den Kriegsgesetzen, und die zu diesen Lazaretten gehörigen Personen dürfen daher bei ihrem Rückzug nur diejenigen Gegenstände mitnehmen, welche ihr Privateigentum sind. Das leichte Feldlazarett bleibt unter gleichen Umständen im Besitze seines Materials.

Artikel 5 – Die Landesbewohner, welche den Verwundeten zu Hilfe kommen, sollen geschont werden und frei bleiben. Die Generäle der kriegführenden Mächte haben die Aufgabe, die Einwohner von dem an ihre Menschlichkeit ergehenden Rufe und der daraus sich ergebenden Neutralität in Kenntnis zu setzen. Jeder in einem Hause aufgenommene und verpflegte Verwundete soll demselben als Schutz dienen.

Der Einwohner, welcher Verwundete bei sich aufnimmt, soll mit Truppeneinquartierung sowie mit einem Teil der etwa auferlegten Kriegskontributionen verschont werden.

Artikel 6 – Die verwundeten und erkrankten Militärs sollen ohne Unterschied der Nationalität aufgenommen und verpflegt werden.

Den Oberbefehlshabern soll es freistehen, die während des Gefechts verwundeten feindlichen Militärs sofort den feindlichen Vorposten zu übergeben, wenn die Umstände dies gestatten und beide Parteien einverstanden sind.
Diejenigen, welche nach ihrer Heilung als dienstunfähig befunden worden sind, sollen in ihre Heimat zurückgeschickt werden. Die anderen können ebenfalls zurückgeschickt werden unter der Bedingung, während der Dauer des Krieges die Waffen nicht wieder zu ergreifen.
Die Verbandplätze und Depots nebst dem sie leitenden Personal genießen unbedingte Neutralität.
Artikel 7 – Eine deutlich erkennbare und übereinstimmende Fahne soll bei den Feldlazaretten, den Verbandplätzen und Depots aufgesteckt werden. Daneben muss unter allen Umständen die Nationalflagge aufgepflanzt werden.
Ebenso soll für das unter dem Schutz der Neutralität stehende Personal eine Armbinde zulässig sein; aber die Verabfolgung einer solchen bleibt der Militärbehörde überlassen.
Die Fahne und die Armbinde sollen ein rotes Kreuz auf weißem Grunde tragen.
Artikel 8 – Die Einzelheiten der Ausführung der gegenwärtigen Konvention sollen von den Oberbefehlshabern der kriegführenden Armeen nach den Anweisungen ihrer betreffenden Regierungen und nach Maßgabe der in dieser Konvention ausgesprochenen allgemeinen Grundsätze angeordnet werden.
Artikel 9 – Die hohen vertragsschließenden Mächte sind übereingekommen, gegenwärtige Konventionen denjenigen Regierungen, welche keine Bevollmächtigte zur internationalen Konferenz in Genf haben schicken können, mitzuteilen und sie zum Beitritt einzuladen. Das Protokoll wird zu diesem Zweck offen gelassen.
Artikel 10 – Die gegenwärtige Konvention soll ratifiziert und die Ratifikationsurkunden sollen in Bern binnen vier Monaten oder, wenn es sein kann, früher ausgewechselt werden.
Zu Beurkundung dessen haben die Bevollmächtigten dieses Abkommen unterzeichnet und mit ihren Siegeln versehen.
Geschehen zu Genf, den zweiundzwanzigsten August achtzehnhundertvierundsechzig.

Wir sind heute so sehr an internationale Konventionen gewöhnt, die durch das Bestehen ständiger internationaler Einrichtungen gefördert werden, dass es uns schwerfällt, die außergewöhnliche Bedeutung und den bahnbrechenden Charakter der Genfer Konvention nur annähernd zu begreifen. Und doch handelt es sich hierbei um die erste multilaterale Konvention der Moderne. Es hatte zwar schon bilaterale Abkommen und Vereinbarungen zwischen verschiedenen Staaten gegeben, die zumeist vorläufigen Charakter hatten – ein allen Nationen der Welt offenes, ständig bestehendes, präzise gefasstes, für die daran freiwillig teilnehmenden Vertragsparteien bindendes Instrument stellte aber eine absolute Neuheit dar.

Inhaltlich gesehen markiert die Konvention den Anfang des internationalen humanitären Völkerrechts, das eine langwierige und anspruchsvolle Entwicklung nehmen wird.

Während die Konvention von 1864 mit dem Thema der Neutralisierung den äußeren rechtlichen Rahmen festlegte, befasste sich die internationale Konferenz von 1863 einzig mit der Gründung der Hilfsgesellschaften, ihren Aufgaben und Pflichten. Nicht zufällig wurden dabei die Grundzüge übernommen, die auch den Weltbund der Christlichen Vereine Junger Männer charakterisierten. Den nationalen Gesellschaften wird maximale Satzungsfreiheit gewährt, wobei diese zweckmäßige Flexibilität durch die für alle bindende Bezugnahme auf die zehn Artikel von 1863 ausgeglichen wird, die als grundlegende „Gesetzestafeln" gelten. Die internationale Einrichtung des Roten Kreuzes entsteht aus der Gesamtheit der nationalen Hilfsgesellschaften, die sich Rotes Kreuz und schon bald darauf in islamisch geprägten Ländern Roter Halbmond nennen werden. Das Genfer IKRK, das in der Konvention noch als provisorisches Bindeglied innerhalb des Werkes fungiert, wird später zum festen Garanten seiner Einheit.

Seit der Veröffentlichung von Dunants Bestseller sind noch nicht einmal zwei Jahren vergangen. Seine beiden Fragen haben sich präzisiert und unverhoffte Antworte mit unvorhersehbaren Entwicklungen hervorgebracht. Die Struktur des Werkes trägt Dunants unverkennbare Handschrift. Die Perspektive, die er für die Realisierung anstrebte, war von Anfang an auf weltweite Wirkung ausgerichtet. Selbstverständlich ist Dunant nicht der einzige

Urheber, trotzdem kann man ihm nicht aberkennen, Initiator und Begründer des größten und ausgedehntesten humanitären Werkes der Moderne zu sein.

EXKURS: EIN FRUCHTBARER BODEN FÜR DEN SAMEN DES ROTEN KREUZES

Das Rote Kreuz entsteht nicht plötzlich und ohne Vorläufer. Sowohl die Idee der Neutralisierung als auch die Verwirklichung der freiwilligen Helferkorps haben eine Reihe von Vorläufern.

Zweifellos wurde das Prinzip der Neutralität der Kriegsverwundeten und der Helfer schon vor der Einarbeitung in die Genfer Konvention von zwei Personen klar eingefordert.

In Paris veröffentlichte 1861 der Apotheker Henri Arrault eine *Notice sur le perfectionnement du matériel des ambulances volantes*, in der er die Unantastbarkeit der Chirurgen, der Armeesanitäter, der Orte und der Fahrzeuge, die für die Versorgung bestimmt waren, verfocht.

Ferdinando Palasciano

Im gleichen Jahr sprach sich der berühmte Chirurg Ferdinando Palasciano in einer Mitteilung an die Accademia Pontaniana in Neapel explizit für die Neutralität der Verwundeten in Kriegszeiten aus und empfahl, dass «die kriegführenden Mächte in der Kriegserklärung gegenseitig die Neutralität der verwundeten oder schwer erkrankten Soldaten für die gesamte Zeit ihrer Versorgung anerkennen». Mehrmals konkretisierte der Professor die Details seines Vorschlags und setzte sich auch mit den Ergebnissen der Genfer Konvention auseinander.

In Genf tauchten diese Anregungen zumindest bis zur Konferenz von 1863 nicht auf. Arrault behauptete: mit voller Absicht! So bezichtigte er Dunant in einer erbitterten Polemik in der Zeitung „La Presse“ des Plagiats und wurde dabei durch die Schriftstellerin George Sand unterstützt. Es ist jedoch sicher, dass die Forschung über Vordenker dessen, was sich schließlich im Oktober 1863 in Genf durchsetzte, vom Divisionsarzt der schweizerischen Armee Dr. Brière erst nach der Konferenz initiiert wurde. Ein umfassenderes Dossier wird den Teilnehmern des Internationalen Kongresses der Hilfsgesellschaften 1869 in Berlin ausgehändigt. Statt von Plagiaten sollte eher von Gleichzeitigkeit die Rede sein: Gedanken, die schon unterschiedlich formuliert wurden, waren nun ausgereift und in Genf kam es zu jenem glücklichen Umstand, dass sie nicht nur von einer einzelnen Person und isoliert vorgetragen, sondern in eine nachhaltige und organisierte Handlung eingebunden wurden.

Unter den Vorläufern der Gründung eines ständigen Korps freiwilliger Sanitäter muss die von Florence Nightingale geleitete Gruppe der Krankenpflegerinnen genannt werden, die im Krimkrieg den Verwundeten in der Hölle von Scutari Hilfe leistete. Ebenso die «Gemeinschaft der Schwestern zur Kreuzerhöhung» unter der Schirmherrschaft der russischen Großherzogin Helena Pawlowna, die Hilfsschwestern für die russische Armee während des Krimkriegs rekrutierte. Schließlich muss hier auch auf die Nonnen der Vinzenzgemeinschaft hingewiesen werden, die im Krimkrieg und im Zweiten Italienischen Unabhängigkeitskrieg in der Fürsorge tätig waren. Eine ganz besondere Stellung nimmt aber der «Orden vom Spital des Heiligen Johannes zu Jerusalem» ein, mit dem man sich kurz beschäftigen sollte.

Florence Nightingale

Seit es im 11. Jahrhundert von Kaufleuten aus Amalfi gegründet wurde, wurden im Spital des Heiligen Johannes in Jerusalem Pilger, Kranke und Verwundete von einer Laienbruderschaft gepflegt, die sich der Diakonie, d. h. dem Dienst für die «Herren Kranken» widmete. Mit den Kreuzzügen entwickelte sich diese Initiative weiter, die Häuser und Spitäler in den Mittelmeerhäfen vermehrten sich und es entstand ein mächtiger Ritterorden. Dieser gab sich den Namen «Souveräner Ritter- und Hospitalorden vom Heiligen Johannes von Jerusalem, von Rhodos und von Malta» und erhielt die Spitalpflege als vorrangige Aufgabe aufrecht.

Die französische Revolution und die napoleonischen Kriege fegten auch dieses Relikt hinweg. In Preußen wurden 1811 durch König Friedrich Wilhelm III. die Güter und das Eigemtum der Balley Brandenburg zusammen mit anderen kirchlichen Besitztümern konfisziert, um damit die leere Staatskasse wieder aufzufüllen. Seit Ende des 14. Jahrhunderts bildete die Balley Brandenburg einen eigenständigen Zweig des Johanniterordens, der im Zuge der Reformation mit dem Übertritt der Ritter zum Luthertum evangelisch wurde, ohne seine Zugehörigkeit zur Gesamtheit des katholischen Ordens aufzugeben.

1811 verzichtete der *Herrenmeister,* Eigentümer der Güter der Balley Brandenburg, auf die Besitztümer des Ordens, aber nicht auf dessen geistiges Erbe: Das weiße, achtspitzige Kreuz, das schon seit Jahrhunderten Wahrzeichen des Ordens war, durften die Ordensritter weiter tragen. Im folgenden Jahr gründete der König den *Königlich-Preußischen St. Johanniter-Orden* als eine Art Verdienstorden der Krone. Ihm gehörten automatisch alle Ritter des alten Ordens an. Zur echten Wiedergeburt des Ordens kam es vierzig Jahre später, als König Friedrich Wilhelm IV. 1852 den Johanniterorden wiederherstellte. Dabei bestätigte er dessen königliche Statuten und wies ihm seinen «Bestimmungszweck als gemeinnützige Einrichtung» im Rahmen der «ursprünglichen Zwecke des Ordens» zu. Der König stand unter dem starken Einfluss von Johann Hinrich Wichern, dem Begründer der *Inneren Mission*, die im pietistischen Umfeld entstanden war. Den wiederhergestellten Orden sah der König als aristokratisch-ritterliches Instrument an, um den deutschen Adel anzuspornen, Verantwortung in gemeinnützigen Wohlfahrtsaufgaben zu übernehmen. Dies gelang ohne Zweifel. Die Kontinuität war gewährleistet: Acht Ordensmitglieder, die den vierzigjährigen Stillstand überlebt hatten, wählten den Bruder des Königs, Prinz Friedrich Carl Alexander von Preußen, zum neuen *Herrenmeister*. Der Orden verzeichnete zahlreiche neue Mitglieder und eine deutliche Zunahme der diakonischen Initiativen. Bereits 1862 hatte sich der Orden auch auf weitere Staaten des Deutschen Bundes ausgeweitet, zählte 1606 Ritter in zwölf Kommenden und unterhielt siebzehn

Krankenhäuser, dazu ein weiteres in Beirut und ein Spital in Jerusalem.

Wir haben bereits erwähnt, dass im Deutsch-Dänischen Krieg der IKRK-Entsandte Appia die intensive und effiziente Tätigkeit der vom Orden aufgebauten Spitäler lobte, in denen Freiwillige des *Rauhen Hauses* – einer von Wichern gegründeten evangelischen Bruderschaft – und evangelische Diakonissen dienten. Dass der Johanniterorden nur wenige Monate nach dem von der Genfer Konferenz lancierten Aufruf zur Gründung von Hilfsgesellschaften für Kriegsverwundete schon mit anerkannter Effizienz wirken konnte, war der Tatsache geschuldet, dass der Orden auf eine alte Tradition und auf unlängst erworbene Erfahrungen mit dauerhaften Einrichtungen im Bereich des Sanitätsdienstes durch Freiwillige zurückgreifen konnte.

Es ist also kein Wunder, dass die Veröffentlichung von *Un Souvenir de Solferino* in der wöchentlich erscheinenden Ordenszeitschrift mit großem Beifall begrüßt wurde. Und als Dunant sich in

Heinrich XIII. Prinz von Reuß,
Vertreter des Johanniterordens in Genf

Berlin aufhielt, wo er seine Reise durch verschiedene Hauptstädte begann, traf er nicht wenige Ordensritter. Dazu gehörte Innenminister von Eulenburg, der Dunant die schon genannten wertvollen Kontakte verschaffte. Ebenso Kriegsminister von Roon, der sich dazu bereiterklärte, der Neutralisierung des Sanitätspersonals zuzustimmen und zudem Dunant ankündigte, dass nicht nur ein preußischer Delegierter, sondern auch ein Vertreter des Johanniterordens an der Genfer Konferenz teilnehmen würde. In Genf wurde dann tatsächlich Heinrich XIII., Prinz von Reuß, empfangen, den General Dufour in seiner Funktion als «Delegierter einer völlig neutralen Bruderschaft, die einen ähnlich philanthropischen Zweck verfolgt, wie wir selbst» als Vizepräsidenten der Konferenz vorschlug. In seiner Rede bot Prinz von Reuß die Zusammenarbeit des Ordens mit der zukünftigen preußischen Hilfsgesellschaft an. Weiterhin unterstrich er, dass der König dem Orden zugesichert hatte, dass dieser im Kriegsfall zugunsten von Kranken und Verwundeten «im gleichen Geiste, der die Konferenz beseelt» wirken dürfe. Die Rede hinterließ tiefen Eindruck. Nicht wenige dachten zuerst, dass die Neutralisierung ein undurchführbarer Traum sei. Dieses Ziel erschien aber nicht mehr so weit entfernt, als man erfuhr, dass eine der großen europäischen Mächte akzeptiert hatte, dass eine unabhängige Organisation neben den militärischen Sanitätskorps arbeiten darf, obwohl sie für die Neutralisierung der Verwundeten und des Sanitätspersonals eintritt.

Man kann also sagen, dass unter den unterschiedlichen Vorläufern, Ideen und Initiativen, die das Terrain für die Entstehung des Roten Kreuzes bereiteten, der Johanniterorden einen entscheidenden Beitrag zur Genfer Bewegung leistete. In der Folgezeit kam es zwischen dem Roten Kreuz und dem Johanniterorden zwar zur Zusammenarbeit, aber nicht zur vollständigen Identifikation. Während das Rote Kreuz, das schon Ende der Sechzigerjahre des 19. Jahrhunderts im Nahen Osten tätig war, religiöse Neutralität bewahren musste, verzichtete der Orden nicht auf seinen christlichen Ansatz. Dieser beinhaltete nicht nur medizinische Pflege, sondern auch geistlichen Beistand für die Kranken und Verwundeten. Diese Haltung spiegelt sich im weißen achtspitzigen Kreuz wider – dem Symbol der Seligkeiten, das zu einem Dienst unter dem Zeichen des Kreuzes Jesu aufruft.

Dies Blatt erscheint an jedem Mittwoch. — Das Abonnement beträgt 15 Sgr. für das Vierteljahr in allen Theilen des Preuß. Staates.

Wochenblatt

der

Johanniter-Ordens-Balley Brandenburg.

Alle Postanstalten des In- u. Auslandes nehmen Bestellungen an, für Berlin die Expedition dieses Blattes, Kronen-Straße 21.

Verantwortlicher Redacteur L. Freiherr von Ledebur.

Nr. 1. Berlin, den 3. October 1860. **Nr. 1.**

Programm.

Seit der Neubelebung des evangelischen Zweiges des Johanniter-Ordens durch die Allerhöchste Bestimmung vom 15. October 1852 ist innerhalb desselben das Bedürfniß, und außerhalb der Wunsch, von Jahr zu Jahr lebhafter empfunden worden, ein den Zwecken des Ordens besonders gewidmetes Organ zu besitzen.

Diesem Bedürfnisse und Wunsche beabsichtigt das „Wochenblatt der Johanniter-Ordens-Balley Brandenburg" zu genügen. Es wird, seinem Inhalte nach, in drei Hauptabtheilungen zerfallen und in dem ersten, amtlichen Theile alle officiellen Bekanntmachungen bringen. Der zweite, statistische Theil wird sich mit den Bestrebungen des Ordens in der Gegenwart beschäftigen.

Ein größeres Geschenk konnte dem Orden nicht zu Theil werden, als dasjenige, daß ihm bei der Wiederaufrichtung der Balley Brandenburg statt der Güter seine Pflichten zurückgegeben wurden, entsprechend seiner ursprünglichen Stiftung, in Uebung christlicher Barmherzigkeit und Krankenpflege. Berichte über Gründung, Dotirung und Unterstützung von Krankenhäusern werden ins Besondere hier zu erwarten sein. Auch die Nekrologe verstorbener Mitglieder des Ordens gehören hierher. Der dritte, historische Theil wird es mit der Vergangenheit des Ordens, unter besonderer Berücksichtigung alles dessen, was die deutsche Zunge, namentlich was die Balley Brandenburg betrifft, zu thun haben; nicht minder wird derselbe die Adelskunde, das Wappen- und Waffen- so wie das gesammte ritterliche Wesen Deutschlands in den Kreis seiner Beachtung ziehen, so wie vornehmlich die Literatur di ,es Gebietes.

Vor Allem aber liegt es dem Blatte daran, der wahre Ausdruck eines ächten Johanniterthums zu sein. Als ein solcher Ausdruck mögen die beherzigenswerthen Worte gelten, mit denen Herr on Winterfeld in seiner „Geschichte des Ritterlichen-Or ens St. Johannis vom Spital zu Jerusalem, mit besonderer Berücksichtigung der Balley Brandenburg oder des Herrenmeisterthums Sonnenburg. Berlin, M. Berendt, 1859" den Geist des modernen Johanniterthums bezeichnet, und die wir uns nicht versagen können, als Programm in die Welt hinauszusenden. „Arm, wie der Orden gewesen," sagt der Verfasser S. 812, „tritt er wieder auf in der Balley, nicht um zu nehmen, wie er es früher gethan, sondern um zu geben, wie es seine Bestimmung erheischt, nicht um für sich zu sammeln, wie er es früher gethan, sondern für die Armen und Hülfsbedürftigen, die seine Herren sind, nach dem Statut. Und wenn es auch nicht mehr seine Aufgabe sein kann, die Ungläubigen zu bekämpfen mit dem Schwert, so soll er doch noch den Unglauben bekämpfen mit dem Wort, das noch mächtiger ist als das Schwert, und zwar nicht jenen Unglauben, der Jesum Christum nicht anerkennt, sondern den, der Ihn nicht recht erkennt. Und wenn es auch nicht mehr seine Aufgabe sein kann, die Pilgrime ungefährdet zum heiligen Grabe zu geleiten, so giebt es doch noch genug Pilger, die ohne Schutz und Rath, verfolgt und verlassen, die dornenvollen Erdenpfade wandeln, und die sich bittend nach einem Führer umschauen in der kalten, theilnahmlosen Menschenmenge; die Pilger soll der Johanniter leiten, sich mit Liebe ihrer annehmen und ihnen Trost gewähren durch Wort und That. Aber außer dem Bekämpfen des Unglaubens, außer der Stiftung von Hospitälern, außer der Linderung von Noth und Elend, wo er ihnen auf seinem Lebenswege begegnet, liegt noch eine dritte Pflicht in den Principien des Johanniterthums, die in unserer jetzigen, modernen Zeit eben so gut zu erfüllen ist als im fernen Mittelalter; das ist das Princip der Ritterlichkeit, das der Johanniter und der Edelmann überhaupt nicht abgelegt hat mit Harnisch und Lanze. Wie in früheren Zeiten der Adel dem Volk voranzog mit dem Schwert, so soll er ihm jetzt voranziehen mit der Gesinnung, und wie die Johanniterschaft früher die Blüthe des Adels war, so soll sie jetzt der Kern desselben sein, eine Mustergenossenschaft für ihren Stand, eine Verbrüderung, die das weiße Kreuz nicht als Zierrath trägt, sondern als Symbol ihrer Gesinnung. Wenn die Johanniterschaft, diesen Principien getreu, auf diese Weise ihre Corporation selbst mit einem Liebesband umschlingt, treu zusammenhält in ihrem gemeinsamen Streben und Wirken, dann wird es als eine hohe Ehre betrachtet werden, dem Orden anzugehören, dann wird im Laufe der Zeit Adel und Johanniterthum einmal Dasselbe werden."

Premier numéro de l'Ordre de Saint-Jean restauré
Berlin, le 3 octobre 1860

Wochenblatt des Johanniterordens

5.

1866: DIE FEUERTAUFE

Der kurze und blutige Krieg von 1866 markiert eine neue Ausgangslage für die vom Wiener Kongress geschaffene europäische Ordnung. Die Stabilisierung der deutschsprachigen Staaten, die man durch die Bildung des Deutschen Bundes aus den beiden starken Mächten Österreich und Preußen und einer Reihe kleiner Satellitenstaaten angestrebt hatte, ist nun gescheitert. Wie bei zwei Hähnen, die schwerlich auf einem Hof leben können, verschärft der Zwist über die Verteilung der im Deutsch-Dänischen Krieg eroberten Gebiete die Konkurrenz und führt zum unvermeidlichen Konflikt. Der Deutsche Krieg beginnt am 15. Juni und wird mit dem preußischen Sieg in der Schlacht bei Königgrätz am 3. Juli entschieden. Von nun an ist der Weg offen, um aus Preußen und den umliegenden Fürstentümern das Deutsche Reich zu gründen.

Auch Italien, dessen Interessen mit denen Berlins gut vereinbar sind, erklärt Österreich einen Tag nach dem preußischen Alliierten den Krieg. Der Dritte Italienische Unabhängigkeitskrieg verläuft jedoch ungeordnet und wird schlecht geführt. Italien erleidet in der Schlacht bei Custozza (24. Juni) und in der Seeschlacht von Lissa (20. Juli) zwei schwere Niederlagen. Weder der Vormarsch der Generäle Cialdini und Medici in Venetien noch Garibaldis Sieg im Trentiner Ort Bezzecca können dem Kriegsverlauf eine Wende geben. Die positiven Resultate für Italien im Friedensvertrag von Wien am 3. Oktober sind dem preußischen Sieg und der Vermittlung durch Napoleon III. zu verdanken. Mantua und Venetien werden von Österreich an den französischen Kaiser abgetreten, der diese Gebiete seinerseits nach einer Volksabstimmung an Italien weitergibt. Mit diesem Krieg ist die staatliche Einigung Italiens weitestgehend abgeschlossen, obwohl Trient, Triest und Rom noch fehlen.

Vor diesem Hintergrund wenden wir uns dem Schicksal der Verwundeten zu. Königgrätz unterscheidet sich darin kaum von Solferino. Auch am Ende dieser Schlacht liegen auf dem Feld 40.000 Verwundeten und Tote. Was hat sich in der Hilfe in den sieben Jahren zwischen Solferino und Königgrätz geändert?

Es zeigen sich hier offenkundig abgrundtiefe Unterschiede zwischen denjenigen, die die Beschlüsse von Genf im Jahr 1863 ernst genommen haben, und denen, die diesen Appell mit historischer Tragweite ignoriert haben. Preußen hatte bereits 1864 ein nationales Komitee des Roten Kreuzes gegründet und 1866 gibt es 120 lokale Sektionen. Im Rahmen einer sehr intensiven Vorbereitungsarbeit wurde Personal rekrutiert und ausgebildet. Umfangreiches Hilfsmaterial wurden in großen Lagern gesammelt und mobile Feldlazarette wurden organisiert. Die Regierung in Berlin hatte die Interventionspläne der preußischen Hilfsgesellschaft genehmigt und den königlichen Kommissar Eberhard Graf zu Stolberg-Wernigerode (wie es der Zufall will, ist dieser auch Kanzler des protestantischen Zweiges des Johanniterordens) als Kontaktperson zum Komitee ernannt. Dank dieses Kontaktes wird das Komitee ständig unterrichtet und kann rechtzeitig die Entsendung von Personal und Hilfsgütern in die Gebiete, wo diese am dringendsten gebraucht werden, organisieren. Das Komitee sendet über siebzig Züge, die Zollfreiheit und Vorrang genießen, und setzt über 1000 Ärzte und Krankenpfleger ein.

Nun also kommt es zur großen Schlacht bei Königgrätz in der Ebene des böhmischen Ortes Sadowa, die von der tödlichen Gewalt der preußischen Gewehre entschieden wird. Während die Preußen Dreyse-Gewehre mit Hinterlader-Prinzip verwenden, die man im Liegen nachladen kann, müssen die Österreicher zum Nachladen ihrer alten Vorlader wieder aufstehen. Drei Viertel der Toten und Verwundeten sind Österreicher und werden der Pflege der preußischen Armee überlassen.

In dieser Situation beweist das Berliner Komitee seine Fähigkeiten. Es sammelt die Verwundeten ein, stellt Feldlazarette auf, sorgt für die Evakuierung von transportfähigen Verwundeten in kleine Etappenspitäler, die vollständig von eigenem Personal geführt werden. Am nächsten Tag wird bereits wie in großen städtischen Krankenhäusern mit ausreichendem Personal und unter

Einsatz von Chloroform gearbeitet. Beim Transport der Verwundeten in den Zügen nach Berlin, Breslau und Dresden werden Versorgungspunkte an den Zwischenstationen organisiert, wo man Lebensmittel verteilt und Hilfe leistet. In diesen sieben Jahren hat die Entwicklung also einen Quantensprung gemacht.

Das Berliner Komitee tut sich hier besonders hervor, aber derselbe Geist der Hingabe erfüllt auch die anderen Hilfsgesellschaften, die sich an die Beschlüsse von 1863 anlehnen. Hierzu gehören die Hilfsgesellschaften von Hessen, Sachsen und Baden, die während des Krieges gegründet werden, und jene von Württemberg, Oldenburg und Hamburg, die bereits existieren.

Gewiss hat die private Fürsorge nicht nur da gewirkt, wo es eine Hilfsgesellschaft gab. In Österreich hatte es sich der seit einigen Jahren aktive *Patriotische Hilfsverein* zur Aufgabe gemacht, während der Kriegsdauer den Kriegsopfern Hilfe zu bringen, und hatte dazu beträchtliche Mengen an Material gesammelt. Dieser Organisation fehlte aber ein charakteristisches Merkmal der Hilfsgesellschaften, die aus dem Genfer Impuls entstanden waren: die rechtzeitige Vorbereitung in Friedenszeiten mit gezielten Planungs- und Ausbildungsinitiativen. Deshalb hatte dieser Verein improvisieren müssen: Die Abstimmung mit der Militärführung fehlte, sodass Hilfe häufig nur langsam und mit verhängnisvoller Verzögerung ankam. Die Materialreserven wurden ineffizient verteilt und entsprachen oft nicht dem Bedarf.

Auch an der italienischen Front sind die Hilfsgesellschaften tätig. Das Mailänder Komitee wurde schon lange vor Ausbruch dieses Krieges tätig, der nach dem abrupten Ende des zweiten Unabhängigkeitskrieges im Jahr 1859 erwartet und sogar herbeigesehnt worden war. Durch eine neuartige Bitte kommt es hier zu einer Premiere. Im Artikel 5 der Beschlüsse von 1863 ist die Möglichkeit vorgesehen, Hilfsgesellschaften neutraler Länder um Unterstützung zu bitten. Für diesen Fall wurde vereinbart, dass das IKRK die Kommunikation unter den Komitees der unterschiedlichen Länder koordiniert. So bittet der Vorsitzende des Mailänder Komitees, Dr. Castiglioni, in einem Brief an das IKRK um die entsprechende Koordination. Diese Bitte versetzt das IKRK in eine schwierige Lage: Wie kann man um Hilfe für Verwundete eines Krieges bitten, der zwar vorhersehbar ist, aber noch nicht angefangen hat? Dem verlegen wirkenden Zwischenbescheid folgt am 11. Juli ein Rundbrief, lange nach der Schlacht bei Custozza. Aufgrund dieser Verspätung werden nur die Hilfsgesellschaften aus Frankreich und der Schweiz auf die Bitte reagieren.

ERSTE PROBE FÜR DIE GENFER KONVENTION: NICHTEINHALTUNG UND DEFIZITE

Der Krieg Preußens und Italiens gegen Österreich hat die Relevanz der Beschlüsse von 1863 gezeigt. Ob sie aufgenommen wurden oder nicht, ob sie besser oder weniger gut umgesetzt wurden: Dieser Krieg bewies eindeutig den großen Unterschied zwischen den Ländern, welche der Genfer Konvention von 1864 beigetreten waren und denjenigen, welche diese abgelehnt hatten. Hier geht es um die Neutralität des ganzen Sanitätsapparats im Rahmen eines Kriegsereignisses. Wer wird sich im Europa der Mitte der Sechzigerjahre des 19. Jahrhunderts, das einem Pulverfass gleicht, an die Genfer Konvention halten und wer nicht?

Das IKRK ist sich der begrenzten Anzahl der Staaten bewusst, die bis zu diesem Zeitpunkt die Konvention ratifiziert haben. Bis zu diesem Zeitpunkt sind es vierzehn: Frankreich, die Schweiz, Belgien, die Niederlande, Italien, Spanien, Schweden und Norwegen, Dänemark, das Großherzogtum Baden, Griechenland, Großbritannien, das Großherzogtum Mecklenburg-Schwerin, Preußen und die Türkei. Außerdem fragt man sich, inwieweit die Ratifizierungen nur einen formellen Akt darstellen. Das IKRK führt deshalb eine Befragung darüber durch, wie der Artikel 7 der Konvention interpretiert wird: Sollen die Armbinde und die Flagge des Roten Kreuzes nur im Kriegsfall oder immer verwendet werden? Offenbar erhofft sich das IKRK, dass die Neutralitätssymbole Teil der Uniform des Sanitätspersonals werden. Es kommen nur wenige und zudem enttäuschende Antworten. Lediglich Schweden hat Maßnahmen zur Verwirklichung beschlossen. Und nur Preußen erklärt in einem Brief Heinrichs XIII., Prinz von Reuß, des Vorsitzenden des Berliner Komitees, sein Einverständnis damit, dass die Neutralitätssymbole immer getragen werden. Die preußische Militärbehörde wendet sich aber aufgrund der hohen Kosten gegen einen vollständigen Austausch der Uniformen. Von der rasanten Entwicklung in Richtung Krieg beunruhigt, fragt sich das Berliner Komitee: Welche Staaten werden die Konvention einhalten?

Unter den Antworten zum Fragebogen fällt diejenige Österreichs auf, die ein schroffes oder vielleicht gewolltes Missverständnis offenbart: «Die Reichsverwaltung verfügt über mehr als ausreichende Mittel, um die Bedürfnisse der Sanitätsabteilung der Armee zu decken. Daher sieht sie keine Veranlassung für die Zusammenarbeit mit einem internationalen Komitee, dessen Einmischung vom militärischen Standpunkt her mehr als eine Unannehmlichkeit darstellen würde, und dies auch noch, ohne die Maßnahmen hilfreich zu ergänzen, die von uns zugunsten der Verwundeten eingeleitet werden.» Wie abwegig! Die Konvention sieht gar keine Einmischung durch das IKRK vor, sondern verlangt nur die Neutralität des Sanitätspersonals.

In Hinblick auf den bevorstehenden Krieg hat das IKRK jeden denkbaren Versuch unternommen, um Österreich zur Annahme der gegenseitigen Neutralität des Sanitätspersonals zu bewegen. Es hat sogar erreicht, dass Preußen öffentlich erklärt, die humanitären Vorschriften der Genfer Konvention einzuhalten – und das, obwohl Österreich noch nicht beigetreten ist. Alle möglichen diplomatischen Wege sind beschritten worden, um direkt zum österreichischen Kaiser vorzudringen und ihn zu überzeugen. Alles umsonst. Bei Kriegsausbruch ist das rote Kreuz auf die Armbinden des preußischen Sanitätspersonals gedruckt und weht über dessen Einrichtungen. Nichts Vergleichbares bei der österreichischen Armee, die nicht nur beim Symbol, sondern auch in der Praxis nach alter Gewohnheit handelt, als würde der Feind das Gleiche tun: Im Falle eines Rückzugs werden die Verwundeten sich selbst überlassen, um zu vermeiden, dass das ärztliche Personal gefangen genommen wird. Die Folgen sind katastrophal. Dies zeigt ein Beispiel, das auch aus großer zeitlichen Distanz nichts von seinem Schrecken verloren hat: Fünf Tage nach der Schlacht bei Königgrätz entdeckten die Preußen bei Horitz eine Waldlichtung, die von den Österreichern als Verbandsplatz genutzt worden war. Von den vollkommen sich selbst überlassenen Soldaten lebten noch 300 Verwundete, während 800 Mann aufgrund fehlender Versorgung gestorben waren.

Um die Einverständniserklärung zur Neutralität von der italienischen Regierung zu erreichen, obwohl die Ratifizierung der Genfer Konvention durch Österreich noch aussteht, wendet sich das IKRK aber ziemlich spät an den Außenminister in Florenz, nämlich erst am 23. Juni, dem Vortag der Schlacht bei Custozza. Die Regierung versichert trotzdem in ihrer Antwort, dass sie die Genfer Konvention einhalten und einige vom Mailänder Komitee empfohlene Maßnahmen durchführen wird.

Doch der entscheidende Punkt ist ein anderer. Auf dem italienischen Kriegsschauplatz zeigt eine weitere verheerende Schlacht eine Schwachstelle in den bisherigen Bestimmungen zur Eingrenzung der Kriegsfolgen. Beim Versuch, das Schicksal eines unglücklich begonnenen Krieges zu wenden, sucht die italienische Flotte eine Revanche auf dem Meer. Bei der Seeschlacht von Lissa in der Nähe der gleichnamigen adriatischen Insel muss sie jedoch eine vernichtende Niederlage einstecken. Obwohl Admiral Persano über modernere Schiffe und eine umfangreichere Seeflotte verfügt, trifft er in Admiral von Tegetthoff auf einen Gegner, der sich im Manövrieren eindeutig überlegen zeigt. Das österreichische Flaggschiff *Ferdinand Max* verwendet den Bugrammsporn – eine Waffe, die bei Dampfschiffen die Artillerie an Effizienz überholt hat – und bricht so die Panzerung des *Re d'Italia*, das innerhalb von Minuten sinkt. Die Schlacht wütet, die Schiffe müssen sich ständig bewegen. Niemand kann der Besatzung des versunkenen Schiffes zur Hilfe kommen. Von den 600 Männern der Mannschaft ertrinken 200.

In Genf hatten Moynier und Dufour in ihrem Entwurf einen 11. Artikel vorbereitet, der Folgendes vorschlug: «Ähnliche Beschlüsse wie die vorangegangenen in Bezug auf Seeschlachten können zukünftig Gegenstand einer weiteren Konvention unter den beteiligten Mächten sein.» Die Konferenz hatte das aber abgelehnt: Das Thema ging über die Vorhaben, deretwegen die Konferenz einberufen worden war, hinaus und zudem waren auch keine Beispiele von Seeschlachten mit Toten und Verletzten in jüngster Zeit vorhanden, die zur Sensibilisierung der Anwesenden hätten beitragen können ... Nach der Schlacht von Lissa musste man weitere dreiunddreißig Jahre warten, um diese Lücke im entstehenden humanitären Völkerrecht zu schließen.

Der Krieg von 1866 hat also Schwächen, Verspätungen, Versäumnisse und Asymmetrien offenbart. Er hat aber auch deutlich gezeigt, dass es inzwischen undenkbar ist, von der Genfer Konvention abzusehen. Österreich unterzeichnet die Konvention am Tag nach seiner Niederlage. Und bis 1867 wird sich ganz Europa darin einig sein, das Neutralitätsprinzips des Sanitätswesens im Krieg zu akzeptieren.

IN BERLIN

Nach Kriegsende wird der Sieg in Berlin gefeiert. Ein Ehrengast ist von Königin Augusta ausdrücklich eingeladen worden. Henry Dunant erinnert sich in seinen *Mémoires* gerührt an die traumhaften Tage am preußischen Hof, an den Empfang mit Hunderten Rotkreuz-Fahnen, die neben den preußischen wehen, und an die zahlreichen Treffen. Graf Otto von Stolberg-Wernigerode – zusammen mit Innenminister von Eulenburg Begründer der preußischen Hilfsgesellschaft – begleitet ihn, um ihn bei den Empfängen vorzustellen. Dunant präsentiert sich mit offenkundiger Zufriedenheit und fühlt sich äußerst wohl unter der Crème de la Crème des preußischen Adels und den gekrönten Häuptern. Der König erinnert ihn daran, dass er der erste Herrscher Europas war, der sein Werk schon zur Zeit seines Besuches in Berlin im Jahre 1863 geschätzt hat. Die Königin stellt ihm ihren Sohn vor, den zukünftigen Kaiser Friedrich III., und Dunant notiert, dass dieser «mit einem gelassenen Blick, der sein aufrichtiges Wohlwollen ausdrückte, der Königin antwortete: „Wir sind alte Freunde, Herr Dunant und ich!“ Dann würdigte mich Seine Königliche Hoheit eines Händedrucks nach englischer Art und hieß mich willkommen.» Die Königin trägt die Armbinde des Roten Kreuzes und behauptet stolz, dass sie diese während des ganzen Krieges nie abgelegt hat und an jenem Tag zu seiner Ehre trägt. Sie gewährt ihm eine Privataudienz – um ihm ihre Verbundenheit mit seinem Werk mitzuteilen und ihn besser kennenzulernen.

Die Privataudienz bei der Königin

Nach dem Diner bat die Königin den Kämmerer Graf Perponcher: «Halten Sie bitte Herrn Dunant auf, denn ich möchte mich mit ihm in aller Ruhe unterhalten.» Drei Viertelstunden später wurde ich in die Privatgemächer Ihrer Majestät geführt. «Nehmen Sie Platz», sagte sie zu mir. Ich gehorchte. Dann erzählte mir die Königin Folgendes:

«Eines Tages fand ich auf meinem Arbeitstisch Ihr Buch *Un Souvenir de Solferino*. Ich weiß nicht, wer es dorthin gelegt hatte, aber ich glaube, es war Pourtalès... Ich habe Sie sofort begriffen!... Ich war dermaßen gerührt, dass ich es dem König zur Lektüre gab. Nachdem er es ganz gelesen hatte, gab er es mir zurück und sagte: „Wir müssen dieses Werk unterstützen!" Als Sie 1863 nach Berlin kamen, um die Unterstützung durch den Statistischen Kongress zu erhalten, haben der König und ich deshalb mit größtem Interesse alle Ihre zu diesem Zweck unternommenen Anstrengungen verfolgt. Wie Sie sehen können, habe ich der Geburt Ihres Werkes beigewohnt und habe dieses von Anfang an wertgeschätzt. [...] Am Anfang des Krieges war ich dazu gezwungen, alles selbst zu überwachen. Der König hatte mich hier mit der Cholera in Berlin alleine zurückgelassen. Zu der Zeit, als niemand wusste, wie das Ergebnis ausfallen würde, das für Preußen so verheerend hätte sein können, waren ja alle bei der Armee! Es waren dermaßen viele Parteien und Gruppierungen! Ich war so unglücklich! Aber Ihr Werk hat uns alle motiviert. Der freiwillige Impuls war fantastisch und übertraf alle unsere Erwartungen. [...] Ich teile Ihre Meinung, dass die Komitees ständigen Charakter haben sollten. In Friedenszeiten müsste alles gut organisiert werden, sodass jederzeit alles bereit ist. [...] Denken Sie nicht, dass sie sich auch um unvorhersehbare Katastrophen und, in Friedenszeiten, um humanitäre Initiativen kümmern müssten?»

Dann, ohne mir Zeit zu geben, diese Frage zu beantworten (die positive Antwort stand jedoch schon in meinem Buch *Un Souvenir de Solferino*), erkundigte sich Ihre Majestät mit äußerstem Wohlwollen nach Details zu meiner Familie. (*Mém.* 203-4)

Dunant wird in diesen Septembertagen in Berlin wahrhaft verehrt. Die Worte, die er vernommen hat, «rühren das Herz zutiefst und bleiben in der Seele eingeprägt». Er wird gut daran tun, sie im Herzen zu verankern, weil diesen Ruhmestagen bald Tage der Schande folgen werden.

EXKURS: DIE FREIWILLIGEN AUS DEN WALDENSERTÄLERN IM GEFOLGE GARIBALDIS

Im Juli 1866 wurde mit dem Vorstoß General Cialdinis und General Medicis – eines Waffengefährten Garibaldis – die einzige geglückte Kampfhandlung des Dritten Italienischen Unabhängigkeitskrieges nach der Katastrophe von Lissa durchgeführt. Vom Süden Venetiens her wurde eine Stadt nach der anderen Richtung Norden besetzt. Im Norden stieß Garibaldi mit seinen 30.000 Freiwilligen in die Täler des südlichen Trentinos vor. Da inzwischen der preußische Sieg in Königgrätz sichergestellt hatte, dass Österreich Venetien an Italien abtreten würde, ging es jetzt darum, so viel Land wie möglich im Trentino zu erobern, um auch diese Region für Italien beanspruchen zu können. Zwei Wege führten durch den Landstreifen zwischen Garda- und Idrosee nach Trient: der eine über die Täler der Judikarien hinauf nach Condino, Tione und Stenico, der andere über das Ampola- und das Ledro-Tal. In jenem letztgenannten Tal fanden die blutigsten Angriffe statt – mit wechselnden Erfolgen. Die Österreicher versuchten einen entscheidenden Befreiungsschlag mit einer Kolonne, die den Feind wieder bis Storo zurückschlagen sollte, während eine weitere Kolonne die Garibaldiner im anderen Tal in der Ortschaft Condino aufhalten sollte. Der Versuch scheiterte aber ganz und gar. Zuerst besetzten die Österreicher Bezzecca mit einem blutigen Angriff, der in den Reihen Garibaldis zu vielen Verletzten führte. Die Rothemden Garibaldis zogen sich darauf bis zur kleinen Kirche von Santa Lucia auf halber Strecke zwischen Bezzecca und Tiarno zurück. Von hier aus starteten sie wieder mit einer Umzingelung von oben, bombardierten Bezzecca und eroberten es zuletzt in einem mit Bajonetten geführten Nahkampf. Das war der historische Sieg von Bezzecca am 21. Juli.

In diese Kriegshandlung schaltet sich eine Episode freiwilliger Hilfe ein, in der die beiden Brüder Appia die Hauptrolle spielen.

Georges Appia, den wir bereits als Pastor im piemontesischen Pinerolo erwähnt haben, ist inzwischen Professor an der Theologischen Waldenserfakultät in Florenz. Wie viele andere Italiener, die an den unerfüllten Zielsetzungen des Zweiten Unabhängigkeitskrieges, der nach der Schlacht von Solferino abgebrochen wurde, gelitten haben, verfolgt Georges Appia mit Anteilnahme die Vorbereitungen des unmittelbar bevorstehenden Krieges.

Der rechte Ort für einen Professor

Ich will mir zwar nicht die allgegenwärtige Begeisterung zu Kopfe steigen lassen, die die Eröffnung der Feindseligkeiten sogar wie ein Fest feiert. Wenn man aber die Details der österreichischen Unterdrückung in Venetien und den patriotische Elan kennt, der die Herzen unserer Jugend beseelt, sagt man zu sich, dass dies der rechte Ort für einen Professor ist, der sich nicht von den Taten und Leiden seiner Studenten trennen darf. Viele unter ihnen haben ihre Ferien geopfert, um die Verwundeten zu pflegen. Diese Zeit von wohltätiger und religiöser Praxis wird wohl einige Theologiekurse wert sein. (Georges Appia, *Souvenirs*)

Er empfindet es als seine Pflicht, mit einer Gruppe freiwilliger Helfer daran teilzunehmen. Deshalb begibt sich Professor Appia mit einem Referenzschreiben des Vorsitzenden des IKRK, Gustave Moynier, nach Mailand. Hier stellt er sich am Tag der Kriegserklärung Italiens gegen Österreich bei Dr. Castiglioni, dem Präsidenten des Mailänder Komitees, vor. Es ist nicht klar, wie dieses Treffen ausgeht. Einerseits scheint Professor Appia keine Hilfe und Unterstützung zu bekommen, sodass er sich lediglich auf die Suche nach verletzten Waldensern oder österreichischen Gefangenen begibt, die nur Deutsch sprechen, damit er ihnen Trost in ihrer Sprache bringen kann. Andererseits erfahren wir aus dem Jahresbericht des Mailänder Komitees, dass insgesamt fünf Hilfsgruppen unter der Schirmherrschaft des Komitees gewirkt haben: Vier von ihnen wurden direkt vom Komitee organisiert und finanziert, während die fünfte – von Appia kurz nach dem Treffen gegründet – auf eigene Kosten organisiert und trotzdem vom Komitee anerkannt wird, weil sie den erforderlichen Voraussetzungen entspricht. Zu diesen zählt, dass die Helfer von einem Arzt geleitet werden.

Neben Georges Appia gehört dieser Gruppe auch dessen Bruder Louis an, den Georges in Genf aufgesucht hat – Arzt und Mitglied des IKRK. Zuerst lehnt er wegen eines Augenleidens die Teilnahme ab, kann dann aber doch nicht widerstehen und folgt seinem Bruder. Dabei muss man betonen, dass seine Teilnahme völlig privater Natur ist und das IKRK nicht berührt, denn hierfür existiert kein entsprechendes Mandat.

Das dritte Mitglied ist William Jervis, ein in Ostindien geborener Engländer, der später die Waldenserin Laure Susanne Monastier heiratet. Jervis, dessen Enkel Guglielmo in der italienischen Resistenza zum Märtyrer wird, ist Geologe, Dozent an der Universität Turin und Konservator am Museo Industriale Italiano in Turin.

Das vierte und letzte Mitglied ist ein gewisser De Vivo, dessen Bekehrung auf eine absolute Ablehnung durch seine Familie stößt und der, um Florenz zu erreichen, aus einer regelrechten Zwangsisolierung entkommen muss. Hier wird er Theologie studieren und ein fleißiger Prediger werden. Letztlich ist De Vivo der einzige Student, der mit seinem Professor an der Hilfsaktion teilnimmt.

Nachdem sie die notwendigen bürokratischen Gänge erledigt haben, fahren die vier Männer los, um sich dem Unterfangen Garibaldis anzuschließen. Zunächst erreichen sie das Hauptquartier in Storo am Eingang des Ampola-Tals. Hier treffen sie Garibaldi, der in der Schlacht von Monte Suello am Oberschenkel verletzt wurde und die Manöver von einer Tragbahre bzw. von einer Kutsche aus verfolgt. Das Treffen verläuft herzlich und Garibaldi genehmigt problemlos die Passierscheine für die kleine Gruppe.

Am nächsten Morgen sind die vier bereit. Jeder ist mit einem großen Sack mit dem Rotkreuz-Zeichen, voll mit Verbandsmaterial, Scharpie, den chirurgischen Instrumenten des Arztes und einigen Lebensmitteln ausgerüstet. Da sehen sie Ricciotti, den jüngsten Sohn Garibaldis, mit schleifenden Zügeln kommen. Er schreit lauthals: «Sind Ärzte da? Wir haben viele Verwundete und keinen Arzt! Schnell!» In Bezzecca hat es die ersten Kampfhandlungen der Schlacht gegeben, bei denen die Garibaldiner schwere Verluste erlitten haben. Die vier verlieren keine Zeit, erhalten einen Wagen und eilen damit bis zur Kirche von Tiarno di sotto, die weniger als 3 km von Bezzecca entfernt ist. Hier liegen auf wenig Stroh die Verletzten und immer wieder kommen neue an. Die drei unerfahrenen Männer machen sich unter Anleitung des Arztes umgehend an die Arbeit. Dieser schreibt später einem Freund in Genf:

> Man hätte 10 weitere Chirurgen gebraucht. Meine Helfer konnten aber schon schnell selbständig handeln und ließen sich von ihrem wachsamen Einfühlungsvermögen leiten. Die Bewohner sind voll des Staunens, sie halten uns alle für Ärzte. Georges wollte diesen unverdienten Titel zurückweisen, aber ich erwiderte: «Schau zu, dass du sie nicht enttäuschst und ihnen nicht das Vertrauen nimmst, das sie uns entgegenbringen!»
> Sie arbeiten den ganzen Tag. Louis Appia operiert nur nach reiflicher Überlegung, auch wenn in der Kirche häufig die angstvolle Bitte ertönt: «Doktor, die Kugel!» Er weiß, dass Verletzte oft einen Fremdkörper in ihrem Fleisch besser ertragen als die Folgen einer Extraktion.

Am Abend füllt sich der Dorfplatz mit einer Menschenmenge, die aus vollem Halse das garibaldinische Lied singt: «Ich verlasse die Mutter und das Vaterhaus und gehe sterben, weil ich Garibaldiner bin.» Es ist der Siegesrausch. Bezzecca wurde zurückerobert und die Österreicher sind endgültig zurückgedrängt.

Aber um zwei Uhr morgens kehrt der Feind mit einem Überraschungsangriff zurück. Es ergeht der Befehl, schnell zu räumen: Es ist offensichtlich, dass man sich nicht im Geringsten auf die Neutralität der Kirche, die voll mit Verwundeten und Helfern ist, verlassen kann.

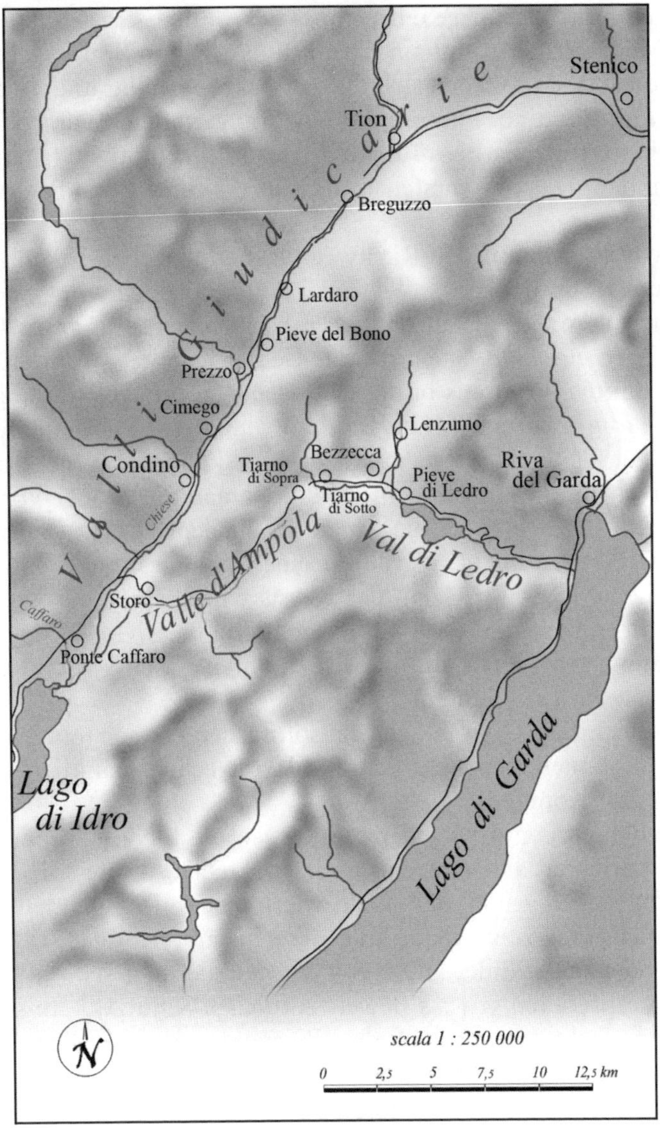

Der Schauplatz der Schlacht von Bezzecca

Nach Storo zurückgekehrt, muss der Aufbau eines Spitals improvisiert werden – und am Abend sind es schon drei. Nach zwei oder drei Tagen begeben sich die vier Männer in das andere Tal in Richtung Condino. Hier nimmt ein Arzt gerne ihre Mitarbeit an, jedoch sind inzwischen überall Ärzte, Pfleger und Hilfsmaterial vorhanden. Die vier verstehen, dass ihre Notmission abgeschlossen ist.

Bevor sie sich auf den Rückweg machen, begeben sie sich wieder zum Hauptquartier in Pieve del Bono, nördlich von Condino, um sich vom Befehlshaber zu verabschieden. Louis fragt Garibaldi nach ein paar Zeilen für das Genfer Komitee, während Georges um die Erlaubnis bittet, eine kleine eigene Abhandlung namens *Piccolo compagno del soldato*[1] unter den Garibaldiner zu verteilen. Die Erfüllung der zweiten Bitte kann der General nicht versprechen: «[...] auf diesem Feld muss man mit großer Vorsicht handeln. [...] Sehen Sie die Jungfrau mit dem Drachen zu ihren Füßen? Gestern abend wurde ihr eine Kerze gestiftet. Man darf diese Leute nicht verletzen, der Klerus würde einen der Ketzerei bezichtigen. Sehen Sie, ich habe eine breite Basis.» «Ja», antwortete Louis, «eine Basis, die ausreichend breit ist, dass wir auch darauf Platz finden können!»

Nichts hindert ihn hingegen, sofort der erstgenannten Bitte nachzukommen. Garibaldi schreibt Worte echter Dankbarkeit an das Genfer Komitee.

Nach Brescia zurückgekehrt, löst sich die kleine Gruppe auf. Jeder berichtet an seine zuständigen Stellen. Professor Appia schreibt der Leitung der Waldenserkirche: «Wir kamen zum Schauplatz der Kampfhandlungen genau am richtigen Tag und fast exakt zur Stunde, in der wir am nützlichsten sein konnten. Das interpretieren wir als Beweis göttlichen Schutzes.» In seinen Notizen merkt er traurig an, dass Bismarck, ohne auf die italienischen Verbündeten Rücksicht zu nehmen, nach dem Sieg in Königgrätz den Waffenstillstand so eilig herbeigeführt hat. Und als der Weg Richtung Trient nach der Schlacht von Bezzecca endlich offen war, machte der Waffenstillstand den Verlust so vieler Men-

1 Im Deutschen wäre der Titel: *Kleiner Begleiter des Soldaten* (Anmerkung der Übersetzerin).

schenleben vergeblich: «Die schönen Tirolertäler, wo wir unsere bescheidene „Gruppe aus den Tälern“ in Aktion gesehen haben, fallen an Österreich zurück.» Man wird noch ein halbes Jahrhundert warten müssen, bevor sie wieder Teil Italiens werden.

Georges Appia wird den Rest des Sommers mit der Niederschrift eines Berichtes über die Verwundeten der Schlacht von Bezzecca verbringen und eine zweiunddreißigseitige Schrift mit dem Titel *Evviva la pace!*[2] verfassen. Darin verbindet er alte und neue historische Erinnerungen, Beobachtungen über den Krieg, Aufrufe zu moralischer Kühnheit und zum innigen christlichen Leben.

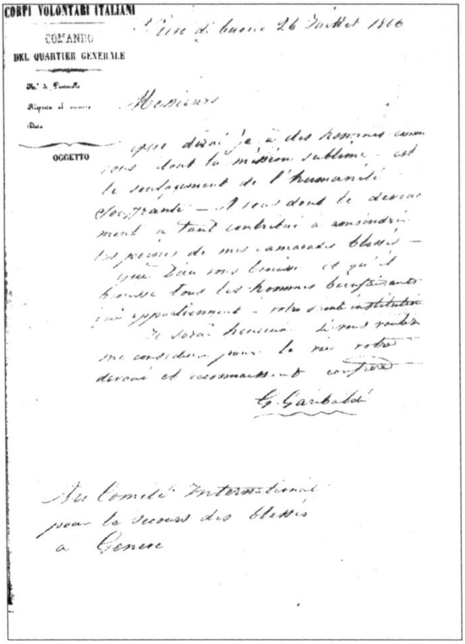
CORPI VOLONTARI ITALIANI

COMANDO

DEL QUARTIER GENERALE

N.° di Protocollo

Risposta al numero

Data

OGGETTO

Pieve di buono 26 Juillet 1866

Messieurs

que dirai je à des hommes comme vous dont la mission sublime est le soulagement de l'humanité souffrante — A vous dont le dévouement a tant contribué à amoindrir les peines de mes camarades blessés — que Dieu vous bénisse et qu'il bénisse tous les hommes bienfaisants qui appartiennent à votre sainte institution.

Je serai heureux si vous voudrez me considérer pour le reste votre dévoué et reconnaissant confrère

G. Garibaldi

Au Comité International pour le secours des blessés à Genève

Der von Garibaldi an Dr. Appia
ausgehändigte Dankesbrief

2 Im Deutschen wäre der Titel: *Hoch lebe der Friede!* (Anmerkung der Übersetzerin)

Garibaldi, Bruder im Geiste

Italienische Freiwilligenkorps
Kommandantur
des Hauptquartiers
Pieve del Bono, Juli 1866

Meine Herren,
was könnte ich Männern wie Ihnen sagen, deren erhabene Mission ist, die Leiden der Menschheit zu lindern – Männern, deren Hingabe dermaßen dazu beigetragen hat, das Leiden meiner verletzten Gefährten zu verringern? Gott segne Sie und alle Wohltäter, die Miglieder Ihrer heiligen Einrichtung sind!
Ich werde mich freuen, wenn Sie mich ein Leben lang als Ihr ergebener und dankbarer Bruder im Geiste betrachten würden.
G. Garibaldi

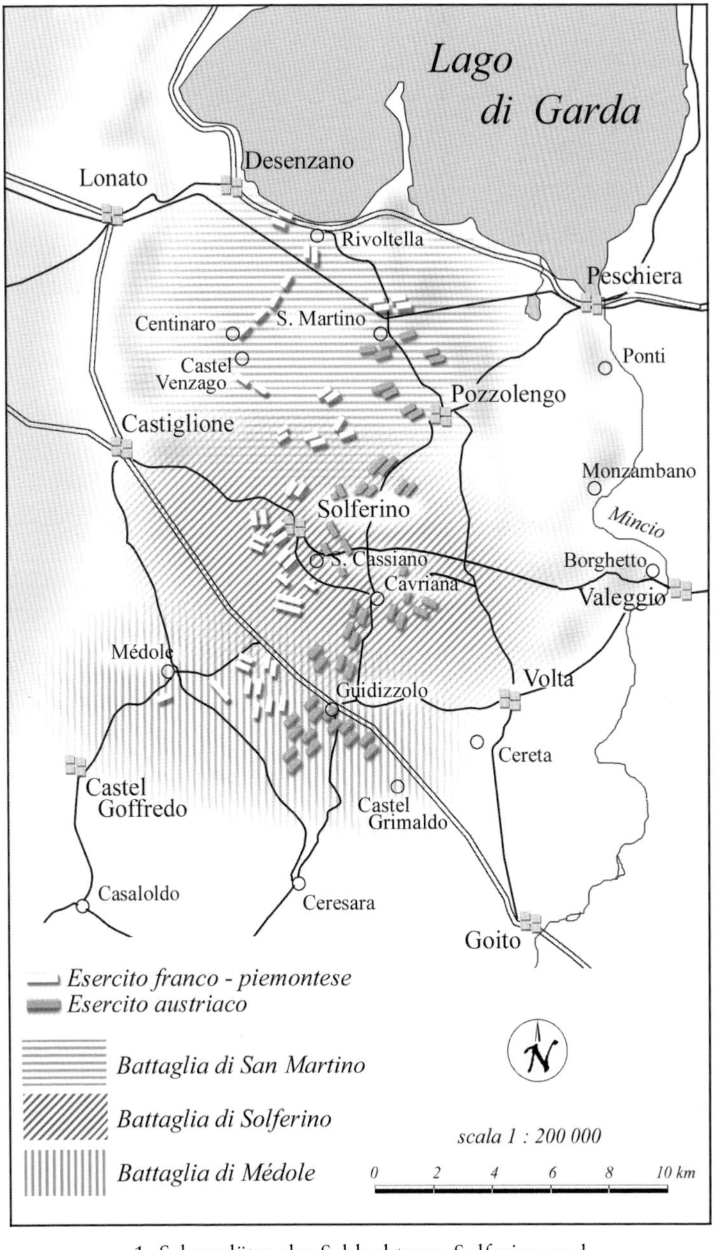

1. Schauplätze der Schlacht von Solferino und nächtliche Route Henry Dunants am 27. Juni 1859

2. Seeschlacht von Lissa

3. Schlacht von Bezzecca

4. Unterzeichnung der Genfer Konvention im Jahr 1864, Gemälde von Édouard Armand-Dumaresq

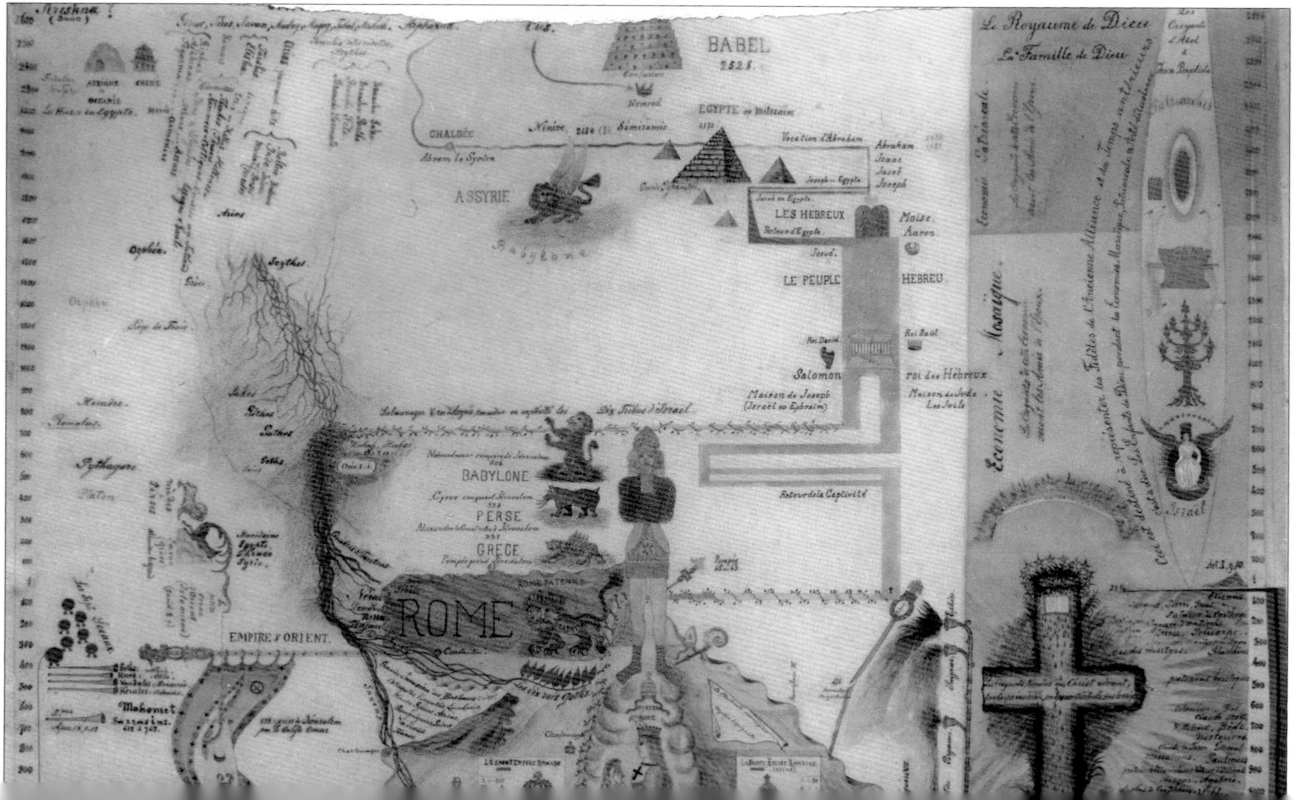

Krishna
BABEL
2528.
Nemrod
EGYPTE ou Mitsraim
CHALDÉE
Ninive
Sémiramis
Abram le Syrien
Vocation d'Abraham
Abraham
Isaac
Jacob
Joseph
ASSYRIE
Babylone
LES HEBREUX
Retour d'Egypte
Moïse
Aaron
Josué
LE PEUPLE
HEBREU
Roi David
Roi Saül
Salomon
roi des Hébreux
Maison de Joseph
(Israël ou Ephraïm)
Maison de Juda
Les Juifs
Dix Tribus d'Israël
Retour de la Captivité
BABYLONE
PERSE
GRECE
ROME
ROME PAYENNE
EMPIRE d'ORIENT.
Mahomet
Sarrasins
Scythes
Orphée
Pythagore
Platon
Le Royaume de Dieu
La Famille de Dieu
Economie Patriarcale
Economie Mosaïque
Israël

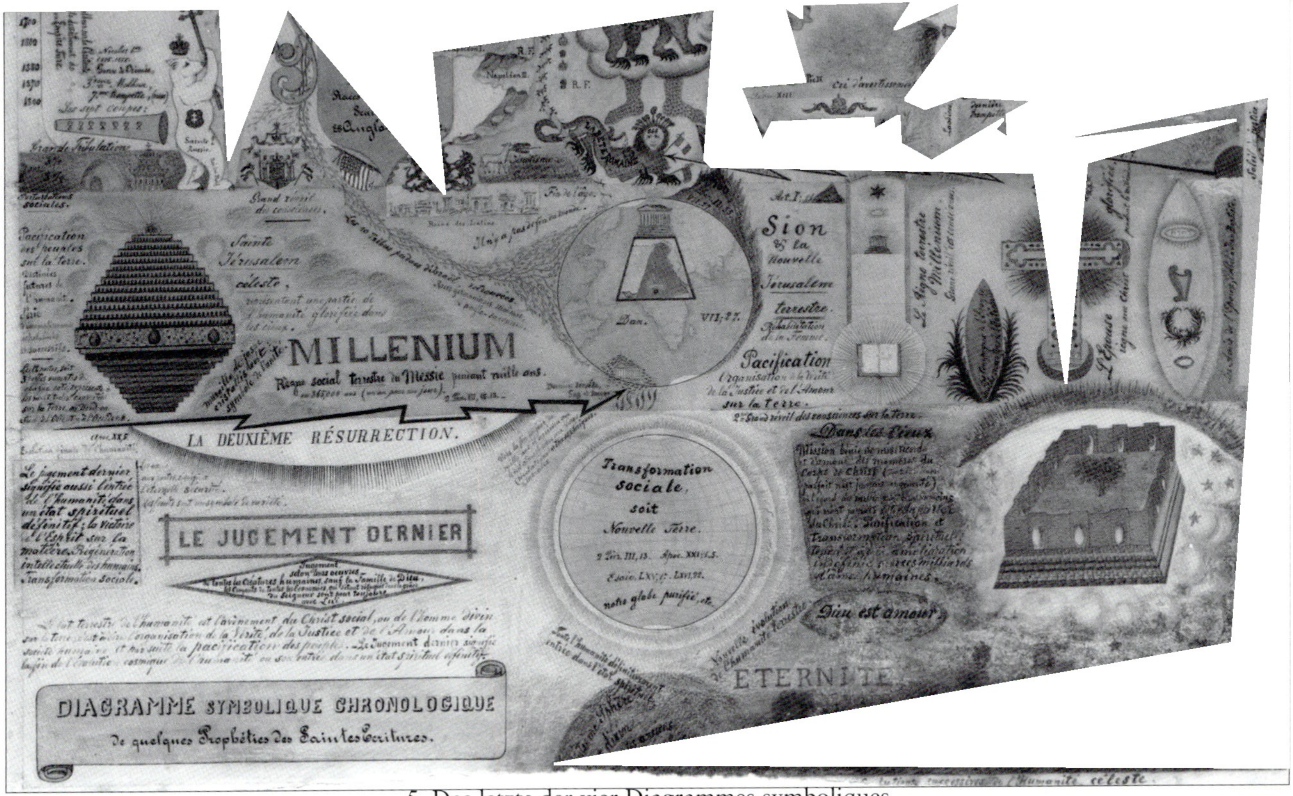

5. Das letzte der vier Diagrammes symboliques

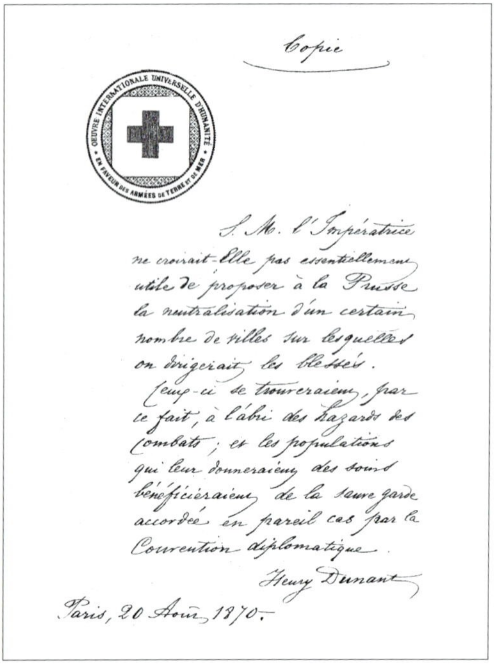

Copie

S. M. l'Impératrice ne croirait-Elle pas essentiellement utile de proposer à la Prusse la neutralisation d'un certain nombre de villes sur lesquelles on dirigerait les blessés.

Ceux-ci se trouveraient, par ce fait, à l'abri des hazards des combats; et les populations qui leur donneraient des soins bénéficieraient de la sauve garde accordée en pareil cas par la Convention diplomatique.

Henry Dunant

Paris, 20 Août 1870.

6. Dunants Brief an Kaiserin Eugénie mit der Bitte um die Neutralisierung einiger französischen Städte

7. Kaiser Napoleon III.

8. Kaiserin Eugénie

9. Rudolf Müller

10. Wilhelm Sonderegger

11. Sara Bourcart

12. Der norwegische Militärarzt Hans Daae

Über Land und Meer.

Nº 49.

74. Band.
Siebenunddreißigster Jahrgang.
Oktober 1894—1895.
Erscheint jeden Sonntag.

Deutsche Illustrirte Zeitung.

Preis vierteljährlich 3 Mark.
Mit Post-Aufschlag ℳ 3.50.
Redakteur:
Ernst Schubert in Stuttgart.

Henri Dunant,

der Begründer des „Roten Kreuzes".

Es war am 7. August dieses Jahres, als ich nach dem lieblichen Kurort Heiden im schweizerischen Kanton Appenzell fuhr. Es galt, einem Manne einen Besuch abzustatten, der — heute ein halb Verschollener und Vergessener — ein Werk schuf, das, selbst unsterblich, auch seinem Schöpfer den Weihekuß der Unsterblichkeit auf die Stirn drückte: Henri Dunant. Der Weg zu ihm führte nicht in eines der zahlreichen comfortablen Hotels oder in eine der zierlichen Villen, die von behaglichem Menschendasein erzählen, sondern in das einfache Bezirkskrankenhaus, wo Dunant seit Jahren weniger als Patient, denn als Pfründner zu drei Franken Pensionspreis per Tag lebt. Eine Diakonissin führt mich in das Zimmer Nummer zwölf, die Wohnstätte des edlen Mannes. Es ist ein reinliches, lichthelles Zimmerchen mit zwei Fenstern. Ein Bett, ein Stehpult, zwischen beide eingekeilt ein Sofa mit verblaßtem Ueberzuge, und ein Schrank, zwei Stühle und ein Tisch bilden das ganze Mobiliar. Die Wände mit dem kalten Gipsanstrich muten eisig an. Kein Bild schmückt sie und kein liebendes Zeichen. Vorn über dem Tische hängt ein kleines Spiegelchen, wie man sie in Dienstbotenkammern findet, neben dem Bette ein Thermometer und an der Thür die „Hausordnung". Nun muß ich hier gleich beifügen, daß diese Aermlichkeit nicht eine stumme Sprache des Vorwurfs an die Adresse der Anstaltsleitung führt. „Herr Doktor Altherr — der Anstaltsarzt — und die Diakonissinnen sind von den wenigen Freunden, die mir geblieben sind, die besten," sagte mir Herr Dunant. Er selbst begrüßte den Besucher auf das liebenswürdigste. Es ist eine prächtige Figur, dieser bald siebenzigjährige Herr, mit dem edlen, ausdrucksvollen Kopfe, dem zart inkarnirten Teint, der etwas Verklärtes im Farbenton hat, mit den silberweißen Haaren und dem silberweißen Barte. Die ganze Erscheinung hat etwas patriarchalisch Ehrwürdiges und doch wieder etwas Kavaliermäßiges in jeder Linie, in jeder Bewegung. Selbst im einfachen, braunen Schlafrocke, aus dem Manchetten in tadelloser Weiße hervorgucken, im schlichten Hauskäppchen, verleugnet sich des Mannes vornehme Abkunft und vornehmes Wesen nicht. Diese Eindrücke verstärken sich, je länger man mit Herrn Dunant spricht. Er redet das Französisch der großen Welt; jeder Ausdruck ist gewählt, wo es paßt, fein und geistvoll pointirt; bald nimmt die Unterhaltung die Form liebenswürdiger Causerie an, bald einen hohen Geistesschwung und -flug, das letztere jedesmal, wenn er auf die Schöpfungen und ihren Ausbau zu reden kommt, denen er Leben und Vermögen opferte. Die modulationsfähige, weiche, etwas hochliegende Stimme nimmt dann eine sonore, wuchtige Klangfarbe an, der Blick, der sonst lauter Güte zu strahlen scheint, leuchtet in machtvollem Funkeln auf und an den Nasenwurzeln zeigen sich jene Falten, die eine eiserne Energie verraten, und man begreift, daß dieser Mann eine Weltmission zu erfüllen im stande war. Und dabei ist er von kindlicher Bescheidenheit, von jener durchgeistigten Bescheidenheit, die das eigene Ich vor einer großen Lebensaufgabe und der Ergebenheit an sie vergißt.

Wer ist Henri Dunant? Nun, zum Teil habe ich es schon verraten. Er ist der Schöpfer jenes gewaltigen völkerrechtlichen Vertrages, der unter

Nach einer photographischen Aufnahme von Otto Rietmann in St. Gallen.

Henri Dunant.

1895 (Bd. 74).

147

13. Titelseite der Zeitschrift mit Baumbergers Bericht über Dunant

6.

RUHM UND SCHANDE

Im glanzvollen Rahmen der *Exposition Universelle*, die im August 1867 in Paris eröffnet wurde, fand die Erste Internationale Konferenz der Hilfsgesellschaften für Kriegsverwundete statt. Es war das Komitee der französischen Hilfsgesellschaft, das die Gesellschaften der anderen Staaten nach Paris eingeladen hatte. Statt für die freiwillige und spontane Teilnahme der Vertreter der einzelnen Hilfsgesellschaften hatte man sich für eine Vollversammlung mit den Delegierten aus den unterschiedlichen Ländern entschieden. Eine Kommission, an der Moynier beteiligt war, hatte ein Programm vorbereitet, das sich auf einige aktuell anstehende Themen von gemeinsamem Interesse bezog:

- die Notwendigkeit, die Genfer Konvention auf Seestreitkräfte auszudehnen, die sich nach der Schlacht von Lissa ergeben hatte;
- die Notwendigkeit, Plünderer, die nach dem Ende einer Schlacht das Feld heimsuchen, zu bekämpfen;
- die Notwendigkeit, durch das Tragen einer Erkennungsmarke die Identifizierung von Toten, Verletzten und Gefangenen zu erleichtern, um auch die Angehörigen zügig zu benachrichtigen;
- die Rolle des Internationalen Komitees.

Die Konferenz war in unruhiges Fahrwasser geraten, weil der Versuch gemacht wurde, den Schwerpunkt des Roten Kreuzes von Genf nach Paris zu verlagern. Aber schließlich lief man in einen sicheren Hafen ein. Der ersten Konferenz wird 1869 eine zweite in Berlin folgen. Dann werden nach einer beträchtlichen Pause die internationalen Konferenzen in regelmäßigen Abständen stattfinden, sodass sie zu Etappen auf dem langen Weg des Roten Kreuzes werden.

Henry Dunant muss sich in den Tagen dieser Konferenz Ende August wie zerrissen gefühlt haben. Noch sind es für ihn Tage des Ruhmes. Die Büste des lorbeerumkränzten Begründers des Werkes thront im Pavillon der Hilfsgesellschaften und er ist der Einzige, der, ohne dass er zu den Delegierten der Hilfsgesellschaften zählt, auf der Konferenz Stimmrecht hat. Unterschiedliche Herrscher bitten um ein Treffen mit ihm und zum Abschluss der Konferenz wird ihm gemeinsam mit Dufour und Moynier eine Goldmedaille verliehen ...

Doch Dunant ist schon jetzt nicht mehr Sekretär des Internationalen Komitees, ja, nicht einmal mehr Mitglied. Auf Moyniers entschiedene Aufforderung musste er am Tag vor der Eröffnung der Konferenz seine Rücktrittserklärung an das Komitee schicken.

Was war passiert?

In Genf hatten die Tage der Schande für ihn schon begonnen: Im April war eine Nachricht wie eine Bombe geplatzt und hatte die Geschäftswelt in der Stadt Calvins erschüttert. Die Bank *Crédit Genevois* war in Konkurs geraten und ihre Verwalter waren vor dem Handelsgericht von einer Gruppe Aktionäre angeklagt worden. Zu den Mitgliedern des Verwaltungsrates gehört auch Henry Dunant. Bereits die Tatsache, ein bankrotter Verwalter zu sein, bedeutet in der von einem finanziellen Schamgefühl geprägten Genfer Gesellschaft eine unverzeihliche Schande, einen niemals zu tilgenden Makel – und dies schon bevor das Zivilgericht ihn ein Jahr später als Hauptverantwortlichen für den Bankrott verurteilt. Dunant wird den Rest seines Lebens mit dem Versuch beschäftigt sein, seine Schande wegzuwaschen. Um zu verstehen, wie es zu diesem Desaster kommen konnte, ist es jedoch notwendig, der zunehmend abschüssigeren Bahn zu folgen, auf der Henry Dunant ausgerutscht ist.

Die Anfang 1860 endlich erhaltene Konzession schien der schon ausgezehrten Mühlengesellschaft von Mons-Djémila neue Lebenskraft gegeben zu haben. Das Unternehmen verzeichnete großes Wachstum. Es flossen weitere Mittel, die einen Teil der Schulden decken konnten. Dazu zählten das Erbe einer Tante Henrys, beträchtliche Kapitaleinlagen seiner eigenen Familie (besonders seines Bruders Daniel) und liquide Mittel von neuen Gesellschaftern, die Anteile erwarben.

In den beiden folgenden Jahren kam es jedoch zu erheblichen Verlusten durch die Tätigkeiten des Partners Nick in Algerien, der sich im Namen der Gesellschaft sowohl an ruinösen Getreidespekulationen als auch an verlustreichen Viehhandelsgeschäften beteiligte.

Dunant ist ein Spieler, der den Einsatz erhöht. Im Mai 1862 erhält er zusammen mit einem Händler aus Constantine für achtzehn Jahre eine Konzession für 3500 Hektar des Korkeichenwaldes von Afkadou. Das Geschäft bedeutet für unseren Pächter einen qualitativen Sprung: Damit rückt Dunant in die mächtige Lobby der Konzessionsinhaber auf, die Korkeichen nutzen. Dies ist ein ausgewählter Kreis bedeutender Personen, die von ihrer Machtposition ausgehend direkt mit der Regierung verhandeln. Um groß zu sein, braucht man aber großes Kapital. Die Nutzung einer Konzession für die Herstellung von Kork ist an Bedingungen geknüpft, die erhebliche Investitionen erfordern. So muss Dunant als Erstes 100.000 Franken für den Bau einer Straße aufbringen. Wirkliche Profite sind erst nach etwa zehn Jahren zu erwarten. Diesen Atemstillstand können Dunants Lungen eindeutig nicht aushalten. So trägt ein weiteres nicht gut durchdachtes Geschäft dazu bei, die Gesellschaft noch tiefer in die roten Zahlen rutschen zu lassen. Dunant wagt es nicht, aus der Deckung herauszukommen und zuzugeben, dass es statt Profite nur Verluste gibt: Um die versprochenen Dividenden von zehn Prozent an die Aktionäre ausschütten zu können, nimmt er einen Kredit von 300.000 Francs bei der Bank *Crédit Lyonnais* auf. In Erwartung, dass der Wald Geld einbringt...

Neuer Schwung muss also her.

Zu den vielen Gesellschaften und Vereinigungen, denen Dunant als begehrtes und willkommenes Mitglied angehört, zählt auch die *Alliance Israélite Universelle*. In diesem Kreis entwickelt Dunant ein neues Kolonialisierungsprojekt – dieses Mal zielt es auf den Nahen Osten und genauer auf Palästina. Im März 1866 hat er das Projekt seiner *Société internationale universelle pour la rénovation de l'Orient* schwarz auf weiß notiert – in einem einzigen Exemplar. Die Gesellschaft soll über ein Kapital von 600 Millionen verfügen, das nach Absicht des Begründers und Visionärs von jüdischen Investoren aufgebracht werden soll, die sich für die

Idee der Ansiedlung von Juden in Palästina interessieren. Wir werden auf dieses Projekt, an das sich Dunant nach seinem Bankrott klammern wird, später zurückkommen. Hier sei nur angemerkt, dass die jüdischen Bankiers, mit denen Dunant rechnete, kein Interesse dafür zeigen, sodass auch dieses Projekt nicht ins Rollen kommt.

Währenddessen verlaufen die Angelegenheiten in Algerien immer schlechter und Dunant plant die Konstruktion einer weiteren, noch größeren *Matroschka*, der diejenige von Mons-Djémila, die inzwischen brüchig ist, einverleibt werden kann. Ist das nicht genau die Zeit, in der die großen Kapitalkonzentrationen für große Entwicklungsprojekte das Rennen machen? In Zusammenarbeit mit dem Bankier Théodore Vernes und unter Mitwirkung einiger Pariser Finanziers bereitet Dunant die Satzung der Aktiengesellschaft *Omnium algérien* vor, welche die «Förderung der Entwicklung von Industrie, Handel und Landwirtschaft in Algerien» zum Ziel hat. Das Kapital von 40 Millionen Franken soll zu 50% durch die sofortige Emission und Zeichnung der Hälfte der Aktien gedeckt werden.

Der Beginn scheint unter einem glücklichen Vorzeichen zu stehen: Im Mai 1865 ist Napoleon III. zu Besuch in Algier und Dunant bekommt von Marschall Mac Mahon eine Einladung zu einem Empfang, der zu Ehren des Kaisers veranstaltet wird. Von Paris eilt Dunant nach Algier und erhält eine Audienz beim Kaiser, den er um Unterstützung für seine Gesellschaft bittet. Seiner Aussage nach erhält er diese und wird später den Satz «Eure Gesellschaft wird von meiner Regierung Schutz erhalten» wie einen neuen, vom Herrscher ausgesprochenen Talisman wiederholen. Allerdings ist es schwer, diese Version mit einem Brief Napoleons III. aus dem gleichen Monat in Einklang zu bringen. Darin teilt er Dufour mit, in Algier Dunant getroffen zu haben, der ihm seiner Meinung nach keine «klaren und detaillierten Pläne» unterbreitet hat. Dem Kaiser zufolge reicht es nicht, Luftschlösser zu bauen, man muss auch zeigen, dass man diese realisieren kann. Und abschließend bemerkt er: «Ich werde ihm jeden Schutz gewähren, den er wünscht, aber auch in diesem Fall ist es notwendig, dass er genau weiß, was er will.» Schutz gibt es, wie man sieht, aber nur unter bestimmten Bedingungen.

Tatsache ist, dass die gefürchtete Konkurrentin, die *Société Générale Algérienne*, kurze Zeit später die Unterstützung der französischen Regierung erhält. Diese Gesellschaft wird von Saint-Simonisten gegründet, die den Plan Enfantins (1852) einer *Société Générale de la colonisation de l'Afrique* wieder aufgenommen haben. Ihr Ziel ist es, die in Konzession erhaltenen 1000 Hektar zu nutzen und Algerien durch Straßen, Häfen, Eisenbahnstrecken und Industrieansiedlungen zu modernisieren. An der Spitze der sich in Gründung befindenden *Société*, die mit einem Kapital von 100 Millionen ausgestattet sein wird, stehen zwei sehr solide Persönlichkeiten: Paulin Talabot, der Direktor der Eisenbahngesellschaft Paris-Mittelmeer, und Louis Frémy, der Gouverneur der *Crédit Foncier de France*. Die beiden Projekte unterscheiden sich im Grunde kaum voneinander, aber es gewinnt die größere Zuverlässigkeit der *Société* und das *Omnium* von Dunant ist eine Totgeburt. Dunant befindet sich in einer unangenehmen Lage, aber noch hängt er nicht in den Seilen und kämpft in zwei Richtungen.

Einerseits verlässt Dunant Paris und den Bankier Vernes – auf diesem Handelsplatz hat sein Unternehmen ausgespielt – und wendet sich nach Genf, um die letzte missglückte *Matroschka* durch eine neue zu ersetzen: die *Compagnie Algérienne*. Dazu werden alte und neue Teilhaber seiner Gesellschaften zusammengerufen: General Dufour, der Bruder Daniel, Graf d'Angeville und Alexandre Pictet, Vorsitzender und stellvertretender Vorsitzender der *Crédit Genevois*, sowie Théodore Necker und weitere Gesellschafter. Der Ruf dieser namhaften Personen vereint sich mit dem persönlichen Ansehen des Rotkreuz-Gründers, der noch in jenem September 1866 in Berlin mit größter Ehre empfangen wurde…

Wie soll er aber Gesellschafter und Zeichner davon überzeugen, dass die neue Gesellschaft nicht unausweichlich von der *Société Générale Algérienne* zermalmt wird? Das ist die zweite Front, an der Dunant kämpft. Er sucht nach jeder Art von Unterstützung, um einen der sehr begehrten Posten im Verwaltungsrat der *Société Générale Algérienne* zu bekommen. Denn in dieser Funktion könnte er zeigen, dass die *Compagnie Algérienne* nicht in Konkurrenz zur *Société Générale Algérienne* steht, sondern eine mit diesem Unternehmen verbundene Gesellschaft ist. In diesem Fall könnten die beiden in Zukunft eventuell sogar fusionieren. Die Zeichner könnten dann seiner Gesellschaft Vertrauen entgegenbringen. Dieses Vorhaben ist nicht unmöglich: Zwei seiner Gesellschafter werden einige Monate später tatsächlich in den Verwaltungsrat berufen. Für Dunant, dem dies nicht gelingt, wird es aber zu spät sein. Die *Compagnie Algérienne* kommt nicht in Fahrt. Auch in Genf zweifeln inzwischen einige Leute am Rotkreuz-Gründer, obwohl er bisher immer Erfolg hatte. Obwohl die Aktien stark angepriesen und beworben werden, wird weniger als die Hälfte gezeichnet. Doch die Hälfte ist notwendig, damit die Gesellschaft das operative Geschäft aufnehmen kann. Das *Omnium* und die *Compagnie Algérienne* gibt es nur auf dem Papier. In der Realität existiert allein die abgewirtschaftete Mühlengesellschaft von Mons-Djémila. Es ist aber nicht dieser doppelte Misserfolg, der zum Schiffbruch Dunants führt, sondern eine absurde Spekulation im Bergbau.

Im Glauben, im Mai die Unterstützung Napoleons III. erhalten zu haben, engagiert sich Dunant bei einem Unternehmen, das ihm genau von der Person vorgeschlagen wird, die am meisten zu seinem Ruin beigetragen hat: seinem Kompagnon Henri Nick. Die Steinbrüche von Felfela werden zwangsversteigert. Früher erfolgreich genutzt, sind sie nun unrentabel geworden, weil der Carrara-Marmor den teuren algerischen Marmor vom Markt verdrängt hat. Schon andere haben an diesen Steinbrüchen mit rein spekulativen Transaktionen verdient, indem sie diese gekauft und zu einem höheren Preis wieder verkauft haben. Dunant sollte wissen, dass Investitionen von über einer Million Franken notwendig wären, um die Steinbrüche von Felfela in Betrieb zu setzen. Aber obwohl er sie zum Preis von 95.000 Franken erwirbt, schätzt er ihren Wert auf 500.000 Franken.

Das böse Erwachen nach dem gegen die *Société Générale Algérienne* verlorenen Wettbewerb bringt Dunant dazu, sein Spekulationsgeschäft eilig realisieren zu wollen. Am 11. November 1865 schlägt er zusammen mit d'Angeville und Pictet, den beiden Mitstreitern und Vorsitzenden der *Crédit Genevois,* dem Verwaltungsrat der Bank folgendes Geschäft vor: Die Steinbrüche haben einen Wert von 400.000 Franken, die Dunant und Nick schon zur Hälfte bezahlt haben. Die Bank soll die übrigen, zur Deckung notwendigen 200.000 Franken zur Verfügung stellen. Die Steinbrüche werden dann einer großen Gesellschaft für 500.000 Franken verkauft – dem *Omnium Algérien*, das sich mit Unterstützung und unter der Schirmherrschaft der gleichzeitig entstehenden *Société Générale Algérienne* gründet. So lautet der Vorschlag des zuversichtlichen Dunants. Die Bank würde dann mit Aktien von *Omnium* wieder ausgezahlt werden und der Gewinn von 100.000 Franken würde je zur Hälfte an Dunant und die Bank gehen.

Das Ansehen Dunants, der sich der kaiserlichen Unterstützung rühmt, und sein Ruf als erfolgreicher Mann überzeugen den an Spekulationen gewöhnten Verwaltungsrat mit Leichtigkeit. Ohne jegliche Prüfung wird das Geschäft auf der Stelle gebilligt.

Es folgt ein Jahr voller Schwierigkeiten. Das *Omnium* wird durch die ebenso glücklose *Compagnie Algérienne* ersetzt. Der Verkauf der Steinbrüche von Felfela an eine große Gesellschaft in Algerien tritt eindeutig auf der Stelle. Aber eine allgemeine Erschütterung bringt das Geschäft auf denkbar schlimmste Weise wieder in Bewegung. Der Deutsche Krieg hat in Europa für gewaltigen Schrecken gesorgt und, wie in Paniksituationen üblich, haben die Banken den Forderungen ihrer Kunden nachkommen müssen, die schnell ihre Einlagen abheben möchten. Am 26. Dezember 1866 klagt der Verwaltungsrat der *Crédit Genevois* in einer halboffiziellen Sitzung die Schulden ein. Dunant soll die Aktien der *Compagnie Algérienne*, durch welche die Aktien des *Omnium* ersetzt wurden, in Bargeld umsetzen. Dunant ist aber nicht mehr zahlungsfähig. Und so schmilzt das Vertrauen wie Schnee in der Sonne. Der Vertrag wird aufgehoben und am 21. Februar 1867 wird eine Vereinbarung getroffen, nach der die Aktien lediglich als Garantie gehalten werden, bis das Geld zurückgezahlt wird. Vier Tage später erwähnt der stellvertretende Vorsitzende Pictet diesen negativen Posten in seinem Bericht auf der Hauptversammlung der Gesellschafter. Dunant, so das Protokoll, «hat einige Erklärungen zu seiner Beteiligung an einem Geschäft, das sehr heftig kritisiert worden war, abgegeben». Das ist das letzte Zeichen der Anwesenheit Dunants in Genf. Direkt danach reist er nach Paris und versucht dort, die Steinbrüche zu verkaufen. In seine Geburtsstadt wird er nie mehr zurückkehren.

Die sich anbahnende Katastrophe wird bereits in der Versammlung vom 25. Februar, in der über die Liquidation der *Crédit Genevois* abgestimmt wird, erkennbar: Eine Gruppe von Aktionären, die sich zwei Jahre zuvor als Aktionärsvertretung zusammengeschlossen hatte, fordert von der Bank Schadenersatz für die erlittenen Verluste, die auf mehr als eine Million Franken geschätzt werden. Die Finanzierungsgesellschaft *Crédit Genevois* stimmt der eigenen Auflösung zu und sucht damit den Ausweg in einem Konkursverfahren, aber die Aktionärsvertretung lässt die Verwalter vom Handelsgericht vorladen. Man schreibt den 17. April 1867 und der Skandal, der auf der Titelseite des „Journal de Genève" veröffentlicht wird, überrollt auch einen abwesenden Verwalter: Henry Dunant. Während des Prozesses wird unter anderem das Geschäft der Steinbrüche von Felfela thematisiert. Dieses wird von den Rechtsanwälten der Berufungskläger zum Betrug seitens Dunant aufgebauscht: Er habe «über den Wert der Steinbrüche oder besser über den Kaufpreis» gelogen. Die Verwalter geben sich als die betrogene und unschuldige Seite aus und wälzen die Schuld auf Dunant ab.

Das Urteil weist alle Forderungen der Aktionärsvertretung zurück, formuliert aber in Richtung des Verwaltungsrates sehr harte Worte, denn dessen Aktienkäufe und Vorauszahlungen an die Verwalter «gingen über jedes Maß und jeden Anstand hinaus und waren jenseits der Grenzen, die eine gewissenhafte Verwaltung hätte beachten müssen».

Über Dunant und seine Steinbrüche fällt kein Wort. Aber die Aktionärsvertretung geht vor dem Zivilgericht in Berufung. Neuer Prozess, erneute Ablehnung der Forderungen der Aktionäre. Aber nun wird alles auf den Abwesenden abgewälzt: «Das Geschäft von Felfela» wird aus dem Komplex herausgelöst. In diesem Fall stellt das Gericht eine «schwere Schuld» seitens des Verwaltungsrates fest. Deshalb müssen die Aktionäre, die Berufung eingelegt haben, für die in Zusammenhang mit diesem Geschäft erlittenen Verluste entschädigt werden. Insbesondere legt das Urteil vom 17. August 1868 fest, dass

> Herr Dunant, der seine Kollegen bewusst getäuscht hat, für den ganzen Schaden als verantwortlich erachtet werden muss, der durch diese

Affäre entstanden ist, und dass die anderen unten erwähnten Verwaltungsräte nur für je 1/7 des Schadens haften, ohne Gesamtschuldner zu sein, aber dass jeder der sechs anderen Verwaltungsräte ein Rückgriffsrecht gegen Herrn Dunant hat für alles, was aufgrund des vorliegenden Urteils gezahlt werden muss.

Ausschlaggebend für dieses Ergebnis war die Differenz zwischen dem tatsächlichen Kaufpreis (100.000 Franken) und dem, der dem Verwaltungsrat in der Versammlung vom 11. November 1865 angegeben und nachweislich protokolliert wurde (200.000 Franken).

Alles fällt also auf die Schultern des Verwalters zurück, der mit seiner Abwesenheit praktisch auf eine Verteidigung verzichtet hat. Man weiß nicht, was für ihn schlimmer ist: das Brandmal des betrügerischen Bankrotts («er hat seine Kollegen bewusst getäuscht») oder der Schuldenberg, der ihn erdrückt. Die Schulden bei der *Crédit Genevois* und der *Crédit Lyonnais* summieren sich auf über 500.000 Franken. Ganz zu schweigen von den Gläubigern, die nach dem Gerichtsurteil vom August 1868 hinzukommen. Für die erste Finanzierungsgesellschaft unterschreibt Dunant eine Vereinbarung, mit der er sich für alle von der *Crédit Genevois* erhaltenen Beträge verantwortlich bekennt und sich dazu verpflichtet, diese in kürzestmöglicher Zeit zurückzuzahlen (er wird die Schulden durch den Verkauf der Steinbrüche an die *Société Générale Algérienne* für 100.000 Franken vermindern). Was die zweite Finanzierungsgesellschaft angeht, vermeidet Dunant den Bankrott der Mühlengesellschaft von Mons-Djémila und die Enteignung der Güter seitens der *Crédit Lyonnais* nur dadurch, dass im September 1867 seine Verwandten alle ihre Rechte, Forderungen und Aktien mit großem Gesamtverlust abtreten, «unter der Bedingung, dass Henry für seine Führungsfehler, die er als Verwalter, Vorsitzender oder Eigentümer der Gesellschaft begangen haben mag, weder drangsaliert noch verfolgt wird». Dieser Verzicht wird es ermöglichen, einen Teil der Schulden bei der *Crédit Lyonnais* zu tilgen. Zudem kann die kleine *Société de l'Oued-Deheb*, die auf den Trümmern der Mühlengesellschaft mit einem Kapital von 100.000 Franken aufgebaut wird, die Güter der Mühlengesellschaft für 94.000 Franken ablösen und damit einen weiteren

Teil der Schulden bei der *Crédit Lyonnais* abbezahlen. Diese wird auf die übrigen Schulden verzichten.

Dunant hat alles, absolut alles verloren. Und nun wenden wir uns wieder der Zeit der *Exposition Universelle* zu: Hier weiß keiner der Teilnehmer der Ersten Internationalen Konferenz der Hilfsgesellschaften für Kriegsverwundete, die Henry Dunant treffen, verehren und bewundern, dass er seit drei Monaten auf einem Dachboden in Paris wohnt, dass er hungert und in völliger Armut lebt. Von diesem Moment an wird er von der Not niedergedrückt und – mehr oder weniger der Realität entsprechend – in der festen Überzeugung leben, dass Gläubiger und Feinde ständig hinter ihm her sind.

EXKURS: EIN EINZIGER SCHULDIGER? DIE AFFÄRE UM DIE CRÉDIT GENEVOIS

Wenn man die Etappen der katastrophalen Unternehmensgeschichte Henry Dunants durchgeht, ist es unvermeidlich, dass man die beträchtlichen Verantwortlichkeiten dieses Mannes feststellt, der für Vielerlei begabt war, gewiss aber nicht für Geschäfte. Er selber wird es in seiner Einsiedelei in Heiden in einem pathetisch formulierten Bekenntnis zugeben: «Ich hatte überhaupt keine Ahnung von Geschäften. Es war ein großer Fehler, mich damit zu beschäftigen. Ich bekenne es tausend Mal und bitte Gott und die Menschen voller Reue und Demut dafür um Verzeihung.»

Und doch fragt man sich: Liegt die Ursache für seinen Ruin alleine in seiner Unfähigkeit? War er wirklich der Hauptverantwortliche des Bankrotts der *Crédit Genevois*, wie es festgehalten wurde? Hat er wirklich seine Kollegen im Verwaltungsrat betrogen? Ohne in die technischen Details zu gehen, ist es hilfreich, sich hier mit den Gründen für den Bankrott der Bank genauer zu beschäftigen.

Die Finanzierungsgesellschaft *Crédit Genevois* entsteht am 6. November 1863 mit dem Ziel, «Genf direkt an der große Bewegung der europäischen Geschäfte teilnehmen zu lassen und eines der Glieder in der Kette der Finanzeinrichtungen zu sein, die

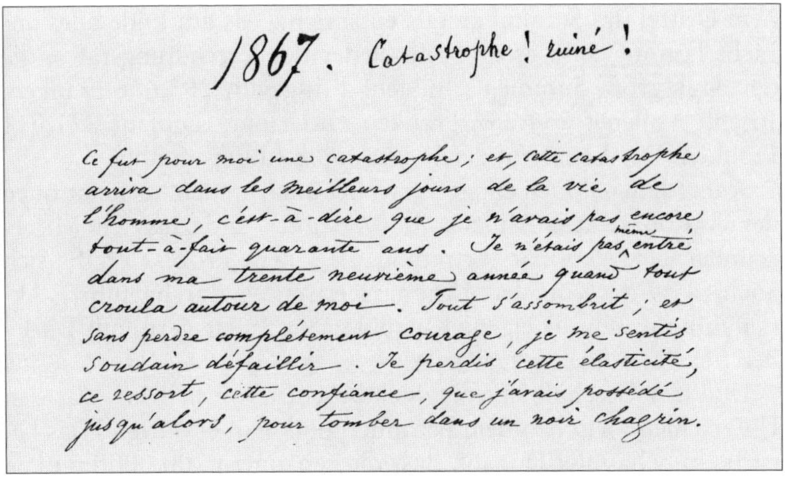
1867. Catastrophe! ruiné!

Ce fut pour moi une catastrophe; et, cette catastrophe arriva dans les meilleurs jours de la vie de l'homme, c'est-à-dire que je n'avais pas encore tout-à-fait quarante ans. Je n'étais pas même entré dans ma trente neuvième année quand tout croula autour de moi. Tout s'assombrit; et sans perdre complètement courage, je me sentis soudain défaillir. Je perdis cette élasticité, ce ressort, cette confiance, que j'avais possédé jusqu'alors, pour tomber dans un noir chagrin.

Ausschnitt in den *Mémoires* zur Katastrophe von 1867

heute die großen Geschäfte monopolisieren». Mehr als die Stadt Genf sind es einige wenige Genfer, die sich an den großen Geschäften beteiligen oder sich diesen widmen möchten. Nachdem der Verwaltungsrat aus namhaften Personen gebildet wird, werden die Aktien mit unterschiedlichen Kunstgriffen platziert – teilweise auch durch vorgetäuschte Tatsachen. So startet die Bank ohne den vorgegebenen Anteil an Stammkapital. Im ersten Jahresabschluss vom Januar 1865 stellt der Bericht des Verwaltungsrates den Aktionären eine prosperierende und vielversprechende Situation vor. Tatsächlich wird verschwiegen, dass die Bank in zwei ruinösen Geschäften investiert hat, die einen Verlust von über 450.000 Franken verursachen: eines im Verkehrsbereich und ein weiteres im Ölsektor.

Ein weiterer Grund für die Verluste, die in so kurzer Zeit zum Bankrott führen, ist die zumindest ungeniert zu nennende Verwaltungsleitung. Der Prozess wird unvorsichtige, wenn nicht sogar unehrliche Verwalter aufdecken, spekulierende Aktionäre, geschönte Rechenschaftsberichte mit dem Ziel des Betrugs der Anleger und eine skrupellose Suche nach einfachen und schnellen Profiten. Insbesondere ist die Bank mit Darlehen an die Verwalter freigiebig umgegangen. Zu einem gewissen Zeitpunkt schuldet der Vorsitzende d'Angeville der Bank 424.000 Franken, was einem Drittel des Stammkapitals entspricht. Als am Ende alles ans Licht kommt, sind es drei Mitglieder des Verwaltungsrates, die der Bank große Summen schulden: d'Angeville 293.666 Franken, Joseph Millenet 231.252 Franken und Henry Dunant 221.011 Franken. Der Erste und der Dritte sind zahlungsunfähig.

Außerdem nehmen einige Verwalter auch an den Spekulationen der Aktionäre teil. Millenet ist Verwalter und zugleich Mitbegründer der Aktionärsvertretung. Aus dem Prozess ergibt sich auch, dass der von der Aktionärsvertretung durchgeführte Aktienaufkauf, um die eigene Kursnotierung zu steigern, mit Darlehen der Bank finanziert wurde.

Und das Geschäft mit den Steinbrüchen von Felfela? Was den Unterschied zwischen dem bezahlten und dem erklärten Preis betrifft, so behauptet Dunant, dass die genannten 200.000 Franken auch die damit verbundenen Kosten enthielten. Das jedenfalls hatte ihm Henri Nick mitgeteilt.

Man wird nie erfahren, was tatsächlich passiert ist. Von seinem Kompagnon betrogen? Für seinen blendenden Erfolg bei den europäischen Herrschern „bestraft“? Naiv oder in böser Absicht (wenn ja, warum überhaupt?) bei seinem Vorschlag eines schlechten Geschäfts an die Kollegen der *Crédit Genevois*? Eines scheint sicher: Seine Abwesenheit beim Prozess hat es erlaubt, aus ihm den Sündenbock der gewaltigen Katastrophe zu machen, die zum Bankrott einer Bank führt. Nach dem, was in den beiden Prozessen ans Tageslicht gekommen ist, erscheint dies äußerst übertrieben. Gewiss trägt Dunant dafür schwere Verantwortung, andere hätten sie allerdings mit ihm teilen müssen. Schließlich kann man nur den Schlussfolgerungen des Historikers Jacques Pous beipflichten, der den ganzen Zusammenhang eingehend untersucht hat:

Letzten Endes ist es sinnlos, in dieser Affäre nach einem Sündenbock zu suchen. Die Spekulation ist der alleinige Grund. Zuerst die Spekulation Dunants mit den Steinbrüchen von Felfela, dann die der Aktionäre und ihrer Vertretung in den Vorgängen um die Kursnotierung der Aktien und zuletzt die Spekulation der Verwalter, die schon mit der Gründung der *Crédit Genevois* selbst ihre ganze Geschäftspolitik rein auf der Suche nach spekulativen Gewinnen aufgebaut haben.

Die Selbstverteidigung

Sie haben behauptet, dass ich meine Kollegen des Verwaltungsrates der *Crédit Genevois* über den Wert der Steinbrüche von Felfela getäuscht habe. Das stimmt nicht. Die Steinbrüche hatten nicht nur einen weit höheren Wert als den, für den ich sie der *Crédit Genevois* verkaufte, sondern auch als den Preis, für den die *Crédit Genevois* sie der neuen, vom Kaiser gebilligten Gesellschaft übergeben hätte. Ich habe weder jemanden betrogen, noch wollte ich jemanden über den Wert dieser Steinbrüche täuschen.

Später wurde mir die Erklärung, ich hätte die Steinbrüche für die Summe von 200.000 Franken gekauft, als großes Unrecht vorgeworfen. Das ist aber eine üble Spitzfindigkeit. In der Sitzung des Verwaltungsrates der *Crédit Genevois*, in welcher der Verkauf von Felfela stattfand, hatte ich gesagt, dass der Kauf der Steinbrüche mich etwa 200.000 Franken kosten würde, wie mir der Geschäftsführer N. in Algerien sagte, und daran glaubte ich fest. Ich wurde von diesem Letztgenannten belogen, nicht etwa über den Wert der Steinbrüche – dieser ist allgemein bekannt, das muss wiederholt werden –, sondern über den an [den Besitzer] Dolisie zu zahlenden Preis. Der Preis fiel weit niedriger aus, aber diesem mussten, wie der Geschäftsführer N. sagte, unterschiedliche Summen hinzugerechnet werden, die Dritten zu bezahlen seien, sowie beträchtliche Ausgaben unterschiedlicher Art, was sich auf etwa 200.000 Franken summierte. (aus einem Memorandum von Henry Dunant über seine Schulden, das er vermutlich in Stuttgart verfasste, bevor er nach Heiden zog)

7.

DIE UNERMÜDLICHE AKTIVITÄT HENRY DUNANTS VON 1867 BIS 1875

«Hungriger Philanthrop»: So beschreibt der Historiker Alexis François Dunant in der Zeit nach dem Bankrott. Hungrig ist der Dunant dieser Zeit sicherlich: Nach dem Untergang der *Crédit Genevois* – Auftakt seines eigenen Ruins – ist er freiwillig in die Verbannung gegangen und nach Paris geflüchtet, «auf der Suche nach irgendeinem Rettungsanker». Auf ein Leben in einer Dachkammer beschränkt, auf der Suche nach Überlebenstaktiken durchlebt Dunant eine Zeit der Depression und der psychosomatischen Reaktionen auf das erlittene Trauma. Die lang anhaltende Not wird erst 1872 nach dem Tod seines Onkels David dank dessen Hinterlassenschaft gemildert. Um das Existenzminimum der beiden Brüder zu garantieren, die in Algerien ihr ganzes Vermögen verloren haben, hatte dieser testamentarisch verfügt, dass Henry und Daniel eine monatliche Leibrente von je 100 Franken erhalten.

Ich habe das Elend kennengelernt
Ich habe selbst das Elend des Pariser Lebens kennengelernt, von welchem ich in meiner Kindheit und Jugend romantische Beschreibungen von Schriftstellern gelesen hatte: Beschreibungen, die ich damals für Ausgeburten der Phantasie hielt. Auch ich habe nach meinen finanziellen Rückschlägen das allerbescheidenste Leben geführt und jede Art Entbehrung ausgehalten. Auch ich war unter denen, die «auf der Straße ein Groschen-Brötchen in kleinen Bissen verschlingen, das sie in der Tasche verbergen», die ihre Kleider mit einer in schwarze Tinte getauchten Feder anmalen und ihren Hemdkragen mit Kreide weißen, die einen abgetragenen, lumpi-

gen, zu weit gewordenen Hut mit Papier füttern und die Schuhe tragen, die das Wasser durchlassen; die in der Schenke, wo sie essen, keinen Kredit mehr bekommen und denen abends beim Heimkommen der Zimmerschlüssel verweigert wird, weil sie ihre Miete nicht pünktlich bezahlen können; die oft ohne Licht ins Bett gehen, deren Ofen ihnen mehr Rauch als Wärme gibt und die sich den Magen verderben, weil sie nicht genügend essen oder nur Nahrung minderer Qualität zu sich nehmen. Das Grausamste aber in materieller Hinsicht ist es, wenn man ein sehr einfacher, doch würdevoller Mann ist, mitansehen zu müssen, wie die eigene Kleidung in Fetzen geht, ohne sie erneuern zu können. (*Mém.* 232 f.)

Und doch bleibt Dunant ein Philanthrop. Bei allen Versuchen, sein Geschick durch ein gutes Geschäft wieder in gerade Bahnen zu lenken, bleibt doch das Interesse für Initiativen vorherrschend, deren Ziel die Gründung eines weiteren internationalen humanitären Werkes ist. Mitten aus dem Chaos der Pariser Kommune, die kurze Zeit später blutig niedergeschlagen wird, schreibt Henry seiner Schwester Marie:

Aus diesen ganzen Ereignissen wird wahrscheinlich ein Weg erwachsen, um alle meine Schulden zurückzahlen und mir wieder einen Namen nicht nur in Frankreich, sondern in ganz Europa machen zu können. Ich war zu gutwillig und zu naiv; nun ist es an der Zeit, dass das aufhört. Mächtig und reich werde ich noch mehr Gutes als bisher tun können. Ich muss es grob ausdrücken und möchte nicht ins Detail gehen. Das Wichtige ist, dass ich im Glauben und im Herzen immer derselbe bin. Und nur das zählt.

Dunant bleibt also überaus ambitioniert in seinen Phantastereien, aber auch realistisch in der Selbstbestätigung als Philanthrop.

DREI HILFSANGEBOTE

Einstweilen nagt Dunant in den ersten Monaten seiner Zuflucht in Paris am Hungertuch. Es sind drei Freunde, die ihn aus dem tiefen Loch der Niedergeschlagenheit herauszuziehen versuchen.

Der Erste ist Jean-Jacques Bourcart, Großindustrieller aus dem Elsass und Saint-Simonist, der sich bei der Einführung der Gewinnbeteiligung der Arbeiter an seinem Unternehmen nahezu ruiniert hat. Er hat Dunant kennengelernt, als dieser werbend für den Aufbau lokaler Hilfsgesellschaften durch Frankreich reiste. Jetzt trifft er ihn in Paris wieder und ist von dessen Zustand erschüttert. Er öffnet ihm nicht nur seinen Geldbeutel, sondern wendet sich auf Rat eines Freundes, des Senators Michel Chevalier, auch an den Sekretär Napoleons III. Durch diesen wird ihm das Versprechen übermittelt, dass der Kaiser die Hälfte von Dunants Schulden übernehmen würde, wenn Dunants Freunde für die andere Hälfte aufkommen würden. Erst als Bourcart viele Jahre später den Kontakt mit Dunant wieder aufnimmt, schreibt er ihm und erklärt, weshalb dieser Versuch ins Leere gelaufen war. Zwei Briefe an Dunant mit der Darstellung des Projekts waren unbeantwortet geblieben, sodass Bourcart von seinem Vorhaben abgelassen hatte. Dazu kam, dass einige, die sich zuerst hilfsbereit gezeigt hatten, ihre Meinung nach den Blockadeversuchen aus Genf geändert hatten. Bourcart erfuhr dann, dass Dunant seine Briefe nie empfangen hatte. Waren sie verloren gegangen oder wurden sie gestohlen? Der Kaiser hatte von sich aus den Herzog d'Aumale damit beauftragt, sich in Genf über Dunant zu informieren. Der Herzog hatte erfahren, dass die Familie wohlhabend sei und dass es keine Probleme gäbe. Diese Informationen hatte ihm jedoch Gustave Moynier geliefert. Später, im Laufe der Jahre, wird Dunant eine Art Wahnvorstellung entwickeln, er werde von Feinden, Spitzeln und Gläubigern verfolgt. Es kann aber nicht behauptet werden, dass diesem Wahn jeglicher Bezug zur Realität fehlt.

Der zweite Freund ist Charles Bowles, ein amerikanischer Bankier, der während des Sezessionskrieges als Vertreter der Amerikanischen Sanitätskommission – der Vorgängereinrichtung des Roten Kreuzes – in Europa war und 1864 als amerikanischer Delegierter an der Genfer Konferenz teilgenommen hatte. Auch Bowles mischt geschäftliche Belange mit humanitärem Tatendrang und ist dazu bereit, dem Rotkreuz-Gründer zu helfen: Er stellt ihm Räumlichkeiten in der Rue de la Paix zur Verfügung, die als Sitz für unterschiedliche Initiativen nützlich sein werden.

Die unmittelbarste Initiative wird von Max Grazia vorgeschlagen, dem dritten Unterstützer Dunants. Dieser aus Rimini stammende Italiener ist ehemaliges Mitglied des Karbonari-Geheimbundes und hat 1866 ein imposantes Projekt nach Paris gebracht: die *Bibliothèque internationale universelle.* Diese sieht die Veröffentlichung einer «Sammlung aller Meisterwerke des menschlichen Geistes aller Zeiten und aller Länder in den besten Übersetzungen in französischer Sprache» vor, eine Art großes Lexikon, das dazu beitragen soll, die kulturelle Bildung der Franzosen zu erweitern und zu heben.

Dunant reagiert begeistert auf den Vorschlag des Italieners, an diesem Projekt mitzuarbeiten, und stürzt sich Hals über Kopf hinein. Dank seiner Kenntnisse bildet er ein eindrucksvolles wissenschaftliches Komitee, perfektioniert das Projekt, plant die Gründung von Nationalkomitees, welche die Werke zur Veröffentlichung aussuchen sollen, und berechnet, dass man in acht Jahren die Weltgeschichte abdecken könnte. «In meinem nächsten Brief werde ich Dir erklären, liebe Mama, wie ich für dieses Geschäft nicht acht Jahre warten muss, sondern schon bald 100.000 Francs kassieren werde.» Die Gewinne, an denen Dunant beteiligt sein wird, werden weit geringer ausfallen. Diese Initiative wird aber immerhin nicht nur Henry, sondern auch seinem Bruder Daniel Arbeit verschaffen. Dieser ist mit Frau und Kindern nach Paris gezogen, um der Arbeitslosigkeit zu entkommen, unter der er in Genf leidet. Nach der Veröffentlichung der ersten Werke folgt eine Verlangsamung und 1870 beendet der Deutsch-Französische Krieg abrupt das Projekt.

Inzwischen zeichnet sich am Horizont ein weiteres großes Geschäft ab. Dunant kennt einen gewissen Conrandy, einen Ingenieur, der das Projekt für die Reparatur und die Wiederverwendung des alten Aquädukts in Jerusalem ausgearbeitet hat. Für die

Realisierung dieses Projekts ist ein *Firman*[1] notwendig, d.h. ein Erlass von Seiner Hoheit dem Sultan. Dem Vermittler, der die Genehmigung erhält, wird eine halbe Million Francs in Aussicht gestellt. Keine Aufgabe scheint geeigneter für den früheren Stammgast von Herrschern und Adligen, der so häufig seine Fähigkeit als überzeugender Förderer großer Initiativen unter Beweis gestellt hat. Außerdem passt dieses Projekt ideal in den Rahmen der *Compagnie internationale universelle pour la rénovation de l'Orient*, der größten *Matroschka*, die sich Dunant im Jahr zuvor ausgedacht hat, um seinen Geschäften neuen Schwung zu geben, und die aus Mangel an Finanzmitteln stockt. Plante nicht die *Compagnie* eine Reihe von großen Kolonialisierungswerken?

Für die Erneuerung des Orients

Die *Société internationale universelle* müsste, nachdem sie die Handelsvertretungen in Konstantinopel und in weiteren Städten des Reiches gut ausgestattet hat, einen Hafen in Jaffa und eine Eisenbahnlinie von dort nach Jerusalem bauen. Die Landkonzessionen an dieser Eisenbahnstrecke würden von der Türkei an die Gesellschaft vergeben, die diese Grundstücke mit Gewinn insbesondere großen europäischen Finanzmännern und wohlhabenderen jüdischen Familien verkaufen würde. Ihrerseits würden diese mit der Hilfe und der Arbeitskraft ihrer Glaubensgenossen aus dem Orient, die ihr altes Vaterland noch immer leidenschaftlich lieben, landwirtschaftliche Kolonien gründen und diese gedeihen lassen. Sonderkomitees werden auf eigene Kosten ihre Glaubensgenossen aus Polen, Ungarn, Mähren, Moldau, dem Orient, Afrika usw. dorthin senden. (aus dem Programm der *Société internationale universelle pour la rénovation de l'Orient*, 1866)

Der Vertrag wird am 21. Juni 1867 unterzeichnet und Dunant wird sofort aktiv. Am 7. Juli findet die Audienz bei Kaiserin Eugénie statt, die Dunant in seinen *Mémoires* als den Moment erinnert, in dem er den Auftrag bekam, an der Ausweitung der Genfer

1 Dieser französische Begriff ist die Transposition des türkischen Wortes *ferman*, das «Auftrag, Genehmigung» bedeutet.

Konvention auf die Verwundeten von Seeschlachten zu arbeiten. Er wird es sein, der kurze Zeit später diesen Punkt in die Agenda der Ersten Konferenz der Hilfsgesellschaften aufnehmen und damit auch eine Bitte der italienischen Regierung berücksichtigen wird. Ein Detail im Bericht Dunants lässt aber vermuten, dass das Schicksal der verwundeten Matrosen zu diesem Zeitpunkt nicht Dunants Hauptsorge ist. Wie Dunant in einer Bemerkung zu seinem Bericht präzisiert, ist bei der Audienz mit der Kaiserin auch Herr Nicolas Bourée – französischer Botschafter in Konstantinopel – zugegen, mit dem «danach über Palästina gesprochen wurde». Dunant, so entnehmen wir einem Brief an seine Mutter vom 25. August, übergab am Ende der Audienz der Kaiserin ein Gesuch, das nicht nur das Projekt der Sanierung des Salomo-Aquädukts in Jerusalem, sondern auch die Kolonialisierung von 1.000 Hektar Land und den Wiederaufbau eines Krankenhauses in Jerusalem unter der Schirmherrschaft der Kaiserin beschreibt. Für jedes Projekt ist ein *Firman* durch den Sultan notwendig, welcher in Kürze nach Paris zu Besuch kommen soll ...

Der Versuch, Dunant im Gewirr seiner Kontakte mit Botschaftern, Konsuln, Generälen und Wissenschaftlern zu folgen, die zum großen Teil als Bindeglieder im weiten Netz des europäischen und türkischen Roten Kreuzes bekannt sind, wäre vergeblich. Es genügt zu erwähnen, dass die Antworten negativ sein werden: Man denkt nicht im Traum daran, ein Aquädukt zu sanieren, um dann die Leute für das Wasser zahlen zu lassen. Das Gebäude, in dem das Krankenhaus entstehen sollte, wird von der Regierung in Beschlag genommen, um daraus einen Verwaltungssitz zu machen. Und was die Landkonzessionen an Ausländern angeht: Warum sollte man die ohnehin schon schwierigen Beziehungen zu den Lokalbehörden noch weiter verkomplizieren?

Henry Dunant – wen wundert es? – lässt nicht davon ab. Die breite Propaganda, für die er in der Presse gesorgt hat, um Siedler nach Palästina zu locken, hat wenig Resonanz gefunden. Aber aus Württemberg hat sich die Tempelgesellschaft gemeldet – eine christlich-reformatorische Religionsgemeinschaft, deren Namen sich davon herleitet, dass sie ihre Aufgabe darin sieht, Gottes Tempel zu vermessen und diejenigen zu zählen, die hier beten (Offenbarung 11,1). Die aus Handwerkern und Bauern bestehende

Tempelgesellschaft sucht einen Ort, an dem sie die Erwartung und Förderung des Reiches des Friedens und der Gerechtigkeit auf Erden etablieren kann. Welcher Ort ist dafür besser geeignet als Palästina? In der Rue de la Paix findet das Treffen statt, bei dem die Vereinbarung getroffen und ein Vertrag unterzeichnet wird. Die *Compagnie*, besser gesagt Dunant, erhält 2.500 Francs als Vorschuss und ebenso viel soll später überwiesen werden, wenn der *Firman* für die Kolonialisierung von Grundstücken in der Umgebung von Nazareth vorliegt. Trotz der Nachrichten und Berichte, die Dunant über seine unternommenen Schritte gibt, wird die Wartezeit lang. So brechen zwei Kundschafter der Tempelgesellschaft – darunter der Stifter der Gesellschaft, Christoph Hoffmann, – nach Palästina auf, um direkt mit der osmanischen Regierung zu verhandeln. Es wird keine Konzession vergeben, dafür können die Templer Grundstücke und Häuser erwerben. Daher bleibt der erhoffte Massenzustrom aus, nur einzelne Familien siedeln sich an. Im Jahr 1867 sind es etwa fünfzig, im Februar des folgenden Jahres hat die Kolonie 200 Kandidaten für die Auswanderung angeworben und erwartet für den Herbst zwölf bis vierzehn neue Familien.

Wenn wir die schmerzhafte Episode des Deutsch-Französischen Krieges überspringen und direkt zum Jahr 1874 übergehen, in dem die Kontakte wieder aufgenommen werden, stellen wir fest, dass die Kolonie 200 Personen angeworben hat. Außerdem sieht die neue Tätigkeit Dunants – die *Alliance universelle*, von der später die Rede sein wird – eine dem internationalen Werk Palästinas gewidmete Sektion vor, um die er sich von England aus persönlich kümmert. Nach einem Zwischenfall aus religiöser Intoleranz den protestantischen Schulen in Palästina gegenüber bemüht sich Dunant um die Bildung eines *International Palestine and Syrian Committee*, das Christen und Juden im Nahen Osten schützen soll. Als Hoffmann später ein Kooperationsprojekt für die Erneuerung des Nahen Ostens vorschlägt, das ein Darlehen von 800.000 Francs mit der Garantie von Immobilien im Wert von 1.300.000 Francs einschließt, nimmt Dunant die Beitrittserklärungen interessierter vermögender Engländer an und verwandelt im Januar 1875 das Komitee in eine *Syrian and Palestine colonization Society*. Das Statut wird vom Initiator selbst redigiert, der sich wie immer das Amt des Sekretärs vorbehält. In einem pathetischen Brief an seine Schwester Marie sieht sich Dunant als Sekretär von «Vereinigungen, die sehr mächtig werden können bzw. schon dabei sind, es zu werden». Die Realität sieht selbstverständlich ganz anders aus: Der Spendenaufruf für die Finanzierung des Projekts kommt nicht in Gang, Hoffmann verzichtet auf seine Pläne, vertraut die Auferstehung des Nahen Ostens Gott selbst an und bedankt sich bei Dunant für alles, was er getan hat. Die Tempelgesellschaft ist großzügig: Der schon geleistete Vorschuss von 2500 Francs wird als Aufwandsentschädigung für Dunant angerechnet, dem weitere 1500 Francs zu einem günstigen Zinssatz geliehen werden. Somit nimmt das versponnene Abenteuer im Nahen Osten 1876 ein Ende. Mit einem Teil des Geldes, das er durch die Arbeit, mit der ihn seine neue Wohltäterin Leonie Kastner beauftragt, erhält, wird er das bei der Tempelgesellschaft aufgenommene Darlehen zurückzahlen.

DER KRIEG UND DIE PARISER KOMMUNE

Wir gehen einen Schritt zurück und folgen Henry Dunant in Paris bei Ausbruch des Krieges, den Frankreich infolge einer gezielten Provokation Bismarcks am 15. Juli 1870 Preußen erklärte. Das Sanitätswesen der preußischen Armee ist in seiner Ordnung, Organisation und Effizienz bei der Versorgung der Heeresintendanz vorbildlich und wird vom sehr gut ausgestatteten Roten Kreuz unterstützt, dessen Mitglieder in die Reihen der Armee aufgenommen sind. Im Gegensatz dazu ist die französische Armee schlecht organisiert und verfügt über keinerlei Fürsorge. Im Verlaufe des Winters werden die Verluste durch Krankheit und Erfrierungen dreimal so hoch sein wie die durch feindliches Feuer. Der Sanitätsdienst der französischen Armee hat seit der Schlacht von Solferino keine Fortschritte gemacht: die gleiche Hingabe und dieselben Mängel. Noch schlimmer ist, dass die Militärbehörden weiterhin jene Hilfsarbeit nicht anerkennen, die von Freiwilligen geleistet wird, die nicht in die Armee integriert sind. Diese riskieren zudem die Gefangennahme durch den Feind, da die Genfer Konvention die Hilfsgesellschaften als solche nicht schützt. Die französische Hilfsgesellschaft ist auf den Krieg nicht vorbereitet, aber unter der Führung des Vorsitzenden Flavigny vollbringt sie Wunder der Improvisation. Es werden einundzwanzig Ambulanzen, die in die vordersten Linien der Gefechte gesandt werden, und sechs große Feldspitäler organisiert. Das grundlegende Problem ist aber, dass die Genfer Konvention weder der Öffentlichkeit noch der Armee bekannt ist.

So verschreibt sich der kranke, bedürftige und arbeitslose Dunant wieder der Sache der Verwundeten und setzt sich in einer Reihe erfolgloser Versuche für diese ein. Er wendet sich an Senator Anatole Brénier, dessen Rede aber im Senat niemand Aufmerksamkeit schenkt. Weiterhin richtet er sich an den Innenminister, der zwar die Respektierung der privaten Ambulanzen zusichert, aber die Konvention gar nicht erwähnt. Kaiserin Eugénie schlägt er in einer Audienz vor, einigen Städten in der Umgebung von Paris neutralen Status zu verleihen, damit hier Verwundete aufgenommen werden können. Diese letzte Idee scheint auf Resonanz zu stoßen und wird vom Innenminister an den General Louis-Jules Trochu, Gouverneur von Paris, weitergereicht. Es bleibt aber keine Zeit, da der Belagerungsring geschlossen wird: Das Kaiserreich unterliegt am 1. September in Sedan und wird vier Tage später mit der Ausrufung der Dritten Republik in Paris gestürzt. Dunant versucht es mit der neu gebildeten Regierung noch einmal, trifft dazu den Außenminister Jules Favre und bittet ihn, die Genfer Konvention publik zu machen. Endlich wird im Ministerrat darüber diskutiert und ein Teil der Konvention wird im französischen Amtsblatt veröffentlicht. Die Wirkung übersteigt jede Erwartung. Die Pariser entdecken das Rote Kreuz und hissen die Fahne überall, um sich Rettungsinseln zu schaffen: Das humanitäre Zeichen wird zu einem Mittel des Selbstschutzes, das auch dann unberechtigt verwendet wird, wenn man keine Verletzten beherbergt. Ebenso wird das Symbol benutzt, um kriminelle Taten zu verdecken. Jedenfalls weht das rote Kreuz zu Recht über dem Louvre und auf den Dächern verschiedener öffentlicher Gebäude, die in Spitäler verwandelt wurden und Verletzte aufnehmen.

Während der Belagerung wohnt Dunant in einem Zimmer eines luxuriösen Hotels in der Rue de la Ville-l'Évêque. Es wird ihm vom Besitzer kostenlos zur Verfügung gestellt, nur damit die Fahne des Roten Kreuzes – und, um nichts Falsches zu machen, auch die der Schweiz – als Schutz an seinem Balkon weht, da der Einmarsch der Preußen erwartet wird. Für das tägliche Überleben Dunants sorgt die Güte von Miss Morton, einer englischen Jüdin, die ein kleines Restaurant in der Nähe der Kirche La Madeleine betreibt. Sie wird ihm über die ganze Zeit der Belagerung und der Kommune Kredit geben.

In dieser Lage am Rande des Überlebens stürzt sich Dunant in manch zweifelhaftes Geschäft, wie zum Beispiel jenes, worüber er seiner Schwester Marie im Juli und August berichtet. Es geht hierbei um die Herstellung von blutstillender Watte mit Eisenchlorid, die den europäischen Hilfsgesellschaften angeboten und verkauft werden soll. Aber vor allem widmet er sich jener Art von Hilfe, die ihm am meisten liegt: Am 21. September gründet er die *Association de Prévoyance*, die sich als Unterstützerin der internationalen Hilfsgesellschaft für Kriegsverwundeten anbietet. Die Grafen de Flavigny, Sérurier und Beaufort, jeweils Vorsitzender, stellvertretender Vorsitzender und Sekretär der französischen Hilfsgesellschaft, sind stellvertretende Vorsitzende der neuen Vereinigung, deren Ziel die Hilfe für die leidenden Zivilisten ist. Dunant übernimmt das Amt des Vorsitzenden. Viele reiche und wohlhabende Pariser treten der Vereinigung bei, die den Druck von 100.000 Broschüren mit dem Statut der Vereinigung und einem Appell an die Pariser Bevölkerung veranlasst. Einige Tausende blutstillende Pflaster werden erworben, um sie unter den Verteidigern der Stadt zu verteilen. Man stellt Pergamentschilder her, auf die die Daten zur Identifizierung der Soldaten geschrieben werden, die diese am Hals tragen sollen (Empfehlung der Pariser Konferenz von 1867, die von den Franzosen ignoriert wurde). Der Winter ist besonders hart und die Soldaten sind schlecht ausgestattet. Die Vereinigung wird mittels einer «Kommission für wärmende Kleidung» große Mengen Kleidungsstücke sammeln, die Dunant in den Räumlichkeiten aufbewahrt, die ihm in den inzwischen verlassenen kaiserlichen Gebäuden zur Verfügung gestellt wurden. Sie werden an diejenigen verteilt, die sie benötigen. Mehrere Kommandanturen werden ihm ihre Dankbarkeit dafür ausdrücken. Am Ende der Belagerung werden sich die Unkosten der Vereinigung auf 8000 Francs belaufen. Sämtliche Mitglieder werden sich der Bemühung entziehen, diese Kosten zu decken.

Dunant tritt persönlich als Vermittler zwischen der republikanischen Regierung und den Mitgliedern der Hilfsgesellschaft auf. Letztere sind Orléanisten – also Anhänger der Monarchie – und erkennen daher die Republik nicht an. Er stellt sich auch bei der preußischen Kommandantur vor, um sich für einige Verletzte zu verwenden, die als Heckenschützen angeklagt wurden und daher Gefahr laufen, erschossen zu werden. Er wird gut empfangen und erhält das, worum er gebeten hat, sodass später der Verdacht auf ihn fällt, er könne ein preußischer Spion sein.

Nach dem Waffenstillstand zwischen Frankreich und Preußen nimmt die Aktivität Dunants nicht ab. In Paris, wo sich die Föderierten der Kommune gegen Thiers Regierung mit Sitz in Versailles erhoben haben, wird die Hilfsgesellschaft nicht mehr anerkannt und für illegal erklärt. Der Verantwortliche der Ambulanz der Champs Élysées, Dr. Chenu, wird verhaftet. Der Vorsitzende Flavigny, «blass und erschöpft», fleht um Dunants Hilfe. Dieser beherbergt ihn in seinem Zimmer und erhält für ihn im Schweizer Konsulat einen Pass auf den Namen Flavini. Einem neuen scharlachroten Siegel gleich verwendet er mit Kaltblütigkeit und bewundernswertem Mut seinen Schweizer Pass, um gesuchten Personen die Flucht aus Paris zu ermöglichen. Ein Bahnangestellter bringt ihm jedes Mal seinen wertvollen, vielseitig verwendbaren Ausweis zurück. Dunant führt seine Vermittlungsarbeit weiter. Zusammen mit seinem Freund, dem Baron Dutilh de la Tuque, nimmt er Kontakt zu drei «Generälen» des Zentralkomitees auf, die sich zur Aufnahme von Verhandlungen mit der republikanischen Regierung bereiterklären. In Versailles aber werden sie von Thiers ignoriert und bei ihrer Rückkehr unter Vorwurf des Verrats vom blutrünstigen Kommunarden-Polizeipräfekten Raoul Rigault verhaftet.

Dunant sieht mit Grauen das nahende blutige Ende des Konflikts. Seine *Mémoires* enthalten Seiten kalter Distanz gegenüber dem, was er während der «blutigen Woche» vom 21. bis zum 28. Mai sieht, berichtet und – nach Überprüfung der Quellen – anmerkt. Barrikaden, Erschießungen, Massaker, Brandstiftungen auf beiden Seiten werden von Dunant mit der gleichen Abscheu

Brennendes Pariser Rathaus während der «blutigen Woche»

verurteilt. Obwohl er eine tiefgreifende Abneigung gegen jede Revolution hat, ergreift er für keine Seite Partei. Vielmehr als von Konfliktparteien spricht Dunant hier aber von einem «riesigen Menschenschlachthof».

Die Kommune und das Pariser Volk

Unter solchen Umständen wird der Mensch zu einem wilden Tier. Die konservativen Krämer, die während der ganzen Zeit der Kommune schreckliche Angst hatten, diese raubgierigen und feigen Kleinbürger, deren Dummheit sprichwörtlich ist, waren die Eifrigsten im Denunzieren, Schimpfen, Festnehmenlassen aller Personen, die mehr oder weniger am Aufstand teilgenommen hatten oder von denen lediglich angenommen wurde, sie wären der Kommune gegenüber wohlwollend gewesen.

Im Grunde genommen ist in meinen Augen kein so großer Unterschied zwischen den Aufständischen der glorreichen drei Tage von 1830, die von denselben Bürgern so sehr angepriesen und besungen werden, vor allem aber auch zwischen den Revolutionären vom Februar 1848, die den besten König vom Thron stießen, und den Leuten der Kommune. Ich spreche ganz im Allgemeinen, denn es waren gewiss auch Verbrecher dabei; und die Lehren, der Geist und der Typus der egalitären, radikalen Jakobiner widern mich an, erregen in mir Entsetzen und waren mir schon immer zutiefst unsympathisch. Daher kann ich frei reden: Als reiner Aristokrat lege ich großen Wert darauf, gerecht, unvoreingenommen und unparteiisch in meinen Urteilen zu sein und wenn ich sage, was ich gesehen und gehört habe ohne …[2] Das war das gleiche Pariser Volk, der gleiche Mut, der gleiche besessene Enthusiasmus und die gleichen Abirrungen. Um so schlimmer für diejenigen, die darüber schockiert sind. (*Mém.* 295-296)

DIE ALLIANCE UNIVERSELLE

Als es nach den letzten Erschießungen der Kommunarden an der Mauer der Föderierten („Mur des Fédérés") auf dem Friedhof Père Lachaise still wird, schlägt das französische Rote Kreuz der Thiers-Regierung Henry Dunant als verdienstvolle Person vor, sowohl auf internationaler Ebene als auch für die Taten zum Wohl der Stadt Paris. Der Vorsitzende Flavigny, der sich auch für seine Rettung bei Dunant revanchieren möchte, schlägt vor, dass ihm die Summe von 200.000 Francs zugewiesen wird. Dunant lehnt das aber ab und bittet darum, dass jeder Schritt in diese Richtung unterlassen wird. Die Beauftragten seiner Gläubiger haben das Recht, jede Summe von Dunants Guthaben abzuheben, bis seine Schulden getilgt sind. Dunant will dies verhindern – nicht, weil er seine Schulden nicht bezahlen will, sondern weil dann die Angelegenheit in der Presse publik würde und er die Ehrbarkeit verlieren würde, die er in Frankreich noch genießt.

Obwohl Paris nach der blutigen Niederschlagung der Kommune erschöpft und Frankreich nach dem Krieg mit Preußen zerschlagen ist, bricht Dunants *Société de Prévoyance* nicht zusammen, sondern verwandelt sich. So entsteht durch die Unterstützung früherer und neuer Mitglieder die *Alliance universelle de l'ordre et de la civilisation.* Zu ihnen zählen General Beaufort, Frédéric Passy (dieser ist insbesondere am Problem der internationalen Schiedsgerichtsbarkeit interessiert und wird später zusam-

2 Unvollendeter Satz im Manuskript.

men mit Dunant den ersten Friedensnobelpreis erhalten), Monsignore Dupanloup (ein liberaler Katholik und Bischof von Orléans), Ferdinand de Lesseps und Baron Dutilh de la Tuque. Das Programm der *Alliance* besteht in einem weitreichenden moralischen und humanitären Engagement. Speziell bedeuten Ordnung und Zivilisation, dass die Arbeiter einerseits vor der Ausbeutung durch die Arbeitgeber und andererseits vor der Politik der Internationalen Arbeiterassoziation geschützt werden sollen.

Konkret entwickelt die *Alliance* zwei Wirkungsfelder von großer Relevanz: Das eine betrifft die Situation der Kriegsgefangenen, das andere die Einrichtung eines internationalen Gerichtshofes zur Kriegsprävention.

Die *Alliance* hat ihren Sitz in den Räumlichkeiten in der Rue de Clichy 43. Diese wurden von Léonie Kastner, einer reichen Witwe, die Dunant kennengelernt hatte und mit der ihn über zehn Jahre eine innige Freundschaft verbinden wird, zur Verfügung gestellt. Dunant übernimmt unentgeltlich das Amt des Sekretärs und stellt Madame Kastners jüngeren Sohn Frédéric als freiwilligen Assistenten ein. Wieder einmal ist Dunant Korrespondenzsekretär. Dunant sendet Briefe an seinen sehr breiten Bekanntenkreis und initiiert die Entstehung nationaler Sektionen von Bel-

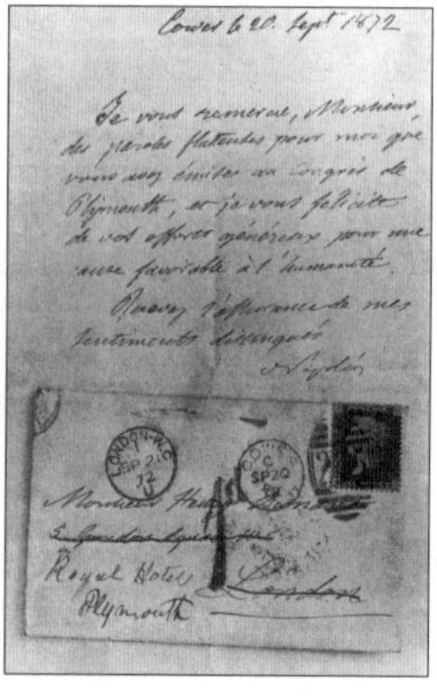

Schreiben des Kaisers Napoleon III. aus dem Exil mit dem Dank an Henry Dunant für das Lob auf dem Kongress von Plymouth

gien bis in die Vereinigten Staaten. Er gibt ein Bulletin heraus, für das er sämtliche Artikel selber redigiert, und sammelt Spenden. Er versucht, wichtige Schirmherren zu gewinnen, wie den ehemaligen französischen Kaiser, der in England im Exil lebt. Dunant und Madame Kastner – auch sie leidenschaftliche Bonapartistin – geben die Hoffnung nicht auf, dass Napoleon III. eines Tages wieder zum Kaiser der Franzosen wird ... Napoleon III. lehnt selbstverständlich die Bitte ab, schreibt allerdings eigenhändig einige Zeilen, die große Wertschätzung für das ausdrücken, was Dunant zugunsten der Kriegsgefangenen unternimmt. Dunant wird dieses Zeugnis als Schatz unter den Dokumenten aufbewahren, die seine Verdienste nachweisen, und wird es auf Karten drucken lassen.

Madame Kastner, die Dunants Arbeit verfolgt, hat die prekären wirtschaftlichen Verhältnisse ihres Günstlings schnell erkannt und lässt ihm jeden Tag eine Mahlzeit aus einem nahe gelegenen Restaurant zukommen, für Dunant häufig die einzige Mahlzeit des Tages.

Unter diesen Umständen wird der erste Kongress der *Alliance* vorbereitet, der vom 3. bis zum 8. Juni 1872 in Paris stattfindet. Unter dem Vorsitz Amédé Thiers', Mitglied des *Institut de France*, wird der Kongress mit einem Bericht über ein Projekt eröffnet, das als Basis für eine diplomatische Konvention zwischen zivilisierten Staaten in Bezug auf Kriegsgefangene dienen kann. Dunant ist selbst nicht anwesend, aber die Vorschläge, auf denen das Projekt basiert, das bereits für die Konferenz der Hilfsgesellschaften von 1867 ausgearbeitet wurde, stammen von ihm. Zur Frage der Schiedsgerichtsbarkeit wird eine Sonderkommission gebildet, die mit der Recherche und der Dokumentation der gesamten französischen und internationalen Rechtsprechung zu diesem Thema beauftragt wird.

Ein ständiges internationales Komitee wird gegründet, dessen Vorsitz Dunant übernimmt und dessen Hauptinteresse und unmittelbares Engagement sich auf das Thema der Kriegsgefangenen konzentriert.

Hier erscheint es sinnvoll, einen Schritt zurückzugehen, um in der Geschichte des Roten Kreuzes und im Lebenslauf Dunants Vorzeichen ausfindig zu machen, die dieses Interesse für das Schicksal der Kriegsgefangenen belegen.

Im Hauptquartier Napoleons III. in Cavriana hat sich Dunant vier Tage nach der Schlacht von Solferino für die Freilassung der österreichischen Ärzte, die von den Franzosen gefangen genommen worden waren, eingesetzt.

Zu Beginn der Genfer Konferenz von 1863 hatte Henry Dunant etwa 40 Briefe und Beitrittsbekundungen vorgetragen. Zuletzt hatte er längere Passagen aus dem Brief Prinz Anatole Demidoffs, des russischen Staatsrats, vorgelesen, der während des Krimkriegs eine Zentralstelle für die Sammlung und Sortierung der Korrespondenz und die Hilfe für Kriegsgefangene organisiert hatte.

Der Kriegsgefangene

Während der großen Kriege vor 1815 war ein Kriegsgefangener nahezu ein vergessener Mensch. Die Kommunikationsschwierigkeiten in Gebieten, die vom Krieg zerstört waren, ließen es als seltenes Glück erscheinen, wenn ein Brief mehrere Monate nach dessen Versand ankam. Heute gibt es aber keinen Landstrich mehr, welcher der Post nicht zugänglich ist. Nun ist die Korrespondenz der Trost des Gefangenen und das Mittel, um seinen Mut und seine Resignation auszudrücken: Sie ist das, was ihn mit seinem Exil versöhnt und ihn ohne feindliche Vorurteile das Land schätzen lässt, in welches das Schicksal ihn geführt hat. (aus dem Brief Prinz Demidoffs an die Genfer Konferenz, 1863)

Der Bitte, diese Frage in das Programm der Konferenz aufzunehmen, war damals aufgrund der Notwendigkeit, die Kräfte nur auf die Hilfe für Kranke und Verletzte zu konzentrieren, nicht entsprochen worden.

Obwohl Dunant 1867 bei der Internationalen Konferenz der Hilfsgesellschaften in Paris nicht im Namen des IKRK sprach, dem er nicht mehr angehörte, fand er einen Weg, einen Bericht über die Leiden der Kriegsgefangenen vorzutragen. Um diese Leiden zu mildern, schlug er die Bildung von nationalen Komitees mit fünf Aufgaben vor:

1. die Behandlung von Kriegsgefangenen zu überwachen;
2. als Vermittler für die Korrespondenz zwischen Kriegsgefangenen und ihren Familien zu wirken;

3. bessere Bedingungen für die Rückreise in die Heimatländer nach Ende der Gefangenschaft herzustellen;
4. die Bestattung der verstorbenen Gefangenen zu organisieren, die Familien zu benachrichtigen und über alle Toten und Vermissten Buch zu führen;
5. die Verbundenheit des Gefangenen mit dem Volk, gegen das er gekämpft hat, zu fördern.

Der hervorragende Beitrag wurde zwar zu den Konferenzakten «zugelassen», hatte aber keinerlei Folgen.

Die Zweite Internationale Konferenz der Hilfsgesellschaften in Berlin nimmt 1869 das Thema wieder auf. Dabei wird dem Wunsch Ausdruck verliehen, im Kriegsfall eine Stelle für die Korrespondenz und den Informationsaustausch einzurichten, sodass das Korrespondieren und das Empfangen von Hilfssendungen erleichtert wird.

Während des Deutsch-Französischen Krieges wird dieser von der Berliner Konferenz ausgegangene Wunsch vom IKRK schnell verwirklicht: Dieses richtet in Basel neben den schon bestehenden Hilfsgesellschaften für Verwundete ein internationales Hilfskomitee für Kriegsgefangene ein. Da das IKRK von der Genfer Konvention nicht mit diesem Tätigkeitsfeld beauftragt wurde, hat es dafür gesorgt, dass jenes Hilfskomitee selbstständig ist. Trotzdem kommen die darin tätigen Personen, beginnend mit dem Vorsitzenden, General Dufour, aus dem Umkreis des IKRK. Name und Symbol dieser parallelen Tätigkeit werden in Anlehnung an das Rote Kreuz gewählt: ein grünes Kreuz. Dank des Einsatzes von etwa vierzig Freiwilligen leistet dieses Hilfskomitee eine unermessliche Arbeit, löst sich aber am Ende des Krieges wieder auf.

Dunant, der zur Frage der Kriegsgefangenen einen theoretischen Beitrag mit hoher Relevanz geleistet hat und vielleicht auch die praktische Umsetzung maßgeblich beeinflusste, schwebt hingegen eine ständige Einrichtung nach dem Muster des Roten Kreuzes vor. Von der belgischen Sektion der *Alliance* darin ermutigt, beruft er eine diplomatische Konferenz zur Frage des Schutzes von Kriegsgefangenen ein, die in Brüssel unter der Schirmherrschaft des belgischen Königspaares stattfinden soll.

Damit öffnet sich ein neuer, verschlungener Weg, der in eine große Enttäuschung münden wird.

Unterdessen beabsichtigt ein Pariser Komitee, dem Graf Flavigny angehört, eine Spendenaktion zu organisieren, um Dunant mit finanziellen Mitteln für die Fortführung seines Werkes auszustatten. Dunant lehnt zwar auch dieses Angebot ab, ist aber an dem Vorschlag interessiert, dass diese Spendenaktion in England organisiert wird – zumal er seit einiger Zeit dieses Land besuchen möchte. Vermittelt durch seine Schwester Marie erhält er Hilfe von seinem Bruder Pierre-Louis und reist nach London. Die schlecht organisierte Spendenaktion wird zu keinerlei Ergebnissen führen. Dafür aber hat Dunant im August erneuten Erfolg bei einer Konferenz in London, auf der er über sein Vorhaben zum Schutz von Kriegsgefangenen berichtet und die sich eines großen Publikumszuspruchs und breiten Echos in der Presse erfreut. Er erhält ein Glückwunschschreiben von Florence Nightingale und wird dazu eingeladen, eine solche Konferenz auch in kleineren Städten zu organisieren, aber ... wer soll dafür aufkommen? Dunant lehnt die Einladungen ab und begründet dies mit seinem Gesundheitszustand, was zweifellos kein weit hergeholter Vorwand ist. Anschließend wendet er sich verzweifelt an Henry Richard, den Vorsitzenden der *Peace Society*, die ähnliche Ziele wie die *Alliance* verfolgt. Dieser stellt ihn als Sekretär an, allerdings ohne Vergütung, da der stolze Philanthrop nicht erwähnt hat, dass ihm selbst die Mittel zur eigenen Ernährung fehlen.

Für die *Peace Society* hält er einen wichtigen Vortrag zur internationalen Schiedsgerichtsbarkeit auf einem Kongress in Plymouth. Bei seiner Rede bekommt er einen Schwächeanfall, der auf die andauernde Unterernährung zurückzuführen ist.

Am Ende der Kräfte

Ich war völlig mittellos und riskierte, dem Hunger zu erliegen. Meine Lage hatte mich auf diesen Weg gebracht: Morgens nahm ich im Hotel die einzige Mahlzeit, bestehend aus Tee und kaltem Fleisch, zu mir. Das war alles. Wenn ich nicht irgendwohin eingeladen wurde, übersprang ich Mittag- und Abendessen. Dieser Zustand dauerte 15 Tage an. Niemand bemerkte es. In dieser Lage schrieb ich an Herrn Henry Richard, den Vorsitzenden der Londoner Peace Society, um ihm meine Dienste zu offerieren. (*Mém.* 326)

Dunant gelingt es trotz allem, sich ein Existenzminimum in England zu verschaffen, das seine neue Wirkstätte geworden ist: einige Aufgaben als Vertreter, die Gastfreundschaft verschiedener Personen und ein ihm von Madame Kastner übermittelter Auftrag, von dem später die Rede sein wird.

So führt Dunant das Projekt zugunsten der Kriegsgefangenen fort, indem er das bewährte Vorgehen wiederholt, das schon zur Genfer Konvention für Verwundete und Kranke im Krieg geführt hat. So wie sich aus der *Société d'Utilité publique* das IKRK herauslöste, kommt es nun dazu, dass in einem nahezu gleichen Verfahren «ein internationales Exekutivkomitee für die Verbesserung des Loses der Kriegsgefangenen» zum operativen Arm der *Alliance* wird. Graf d'Houdetot wird Vorsitzender und Henry Dunant ist – wie nicht anders zu erwarten – der internationale Sekretär. Nach dem Vorbild der Genfer Erfahrung hat sich das Exekutivkomitee zur Aufgabe gemacht, die Gründung nationaler Hilfsgesellschaften für Kriegsgefangene zu fördern und zugleich den Text für eine Konvention zum Schutz der Kriegsgefangenen vorzubereiten, der auf einer internationalen diplomatischen Konferenz vorgestellt werden soll.

Die Berichte des Exekutivkomitees stoßen aber bei den europäischen Regierungen und Höfen auf eine Vielzahl von halben Versprechungen und verschlossenen Türen, sodass die Umsetzung des Vorhabens ins Stocken gerät. Der Tagungsort der geplanten diplomatischen Konferenz wird Stück für Stück von Brüssel nach Paris, von dort nach London und dann wieder nach Paris verlegt, wo er für den 4. Mai 1874 – so scheint es – endgültig festgelegt wird. Der Grund für diese Unsicherheit ist insbesondere einer Tatsache geschuldet: Während Kaiser Napoleon III. die Schirmherrschaft für die einstige Genfer Diplomatische Konferenz übernommen und somit die Teilnahme der weiteren Länder garantiert hatte, scheint in diesem Fall keine Regierung dazu bereit, die neue Initiative solchermaßen zu unterstützen. Das Exekutivkomitee, das ein prägnantes «Projekt der *Alliance*» als Diskussionsbasis ausgearbeitet hat, entschließt sich dazu, bei der Einladung der Regierungen zur diplomatischen Konferenz selbstständig zu agieren, auch wenn man sich der Schwachstellen dieses Vorgehens bewusst ist.

Das Exekutivkomitee wird in dieser Stimmung am 25. April, nur zehn Tage vor der Eröffnung der Konferenz, von einer plötzlichen Nachricht überrascht. Zar Alexander II. hat sein Interesse für die Angelegenheit der Kriegsgefangenen bekunden lassen: Russland beabsichtigt, diese Frage in eine internationale Konvention zu integrieren, die eine allgemein gültige Regelung über Sitten und Gepflogenheiten im Krieg verabschieden soll. Das Exekutivkomitee jubelt – endlich Licht am Horizont! Russland kündigt ein «russisches Projekt» an und beruft vom 27. Juli bis zum 27. August 1874 eine diplomatische Konferenz nach Brüssel ein. Die Beziehungen zum Exekutivkomitee der *Alliance* scheinen dazu zu führen, dass es durch die Verbindung beider Ansätze zu einer Aufwertung des Projekts kommt. Die Pariser Konferenz, die auf den 18. Mai verschoben wird, wird als Vorbereitung auf die Konferenz in Brüssel angesehen. Die Pläne der *Alliance* und Russlands sollen zu einem einzigen Projekt verschmelzen, die *Alliance* wird in Brüssel eine wichtige Rolle spielen und jene Regierungen einladen können, die von der russischen Diplomatie nicht erreicht werden.

Das Erwachen ist ziemlich bitter. Das Exekutivkomitee wird über das russische Projekt nie Genaueres erfahren. Russland lässt die Pariser Konferenz absagen, da nur sehr wenige Regierungen ihre Teilnahme zugesagt haben. Die *Alliance* wird nicht einmal nach Brüssel eingeladen, wo am 27. Juli der Vorsitzende, Baron Alexandre de Jomini, bei der Eröffnung der Konferenz erklärt, dass nur die Delegierten, die Regierungen vertreten, Stimmrecht haben. Private Gesellschaften und ihre Mitglieder werden hingegen weder als Mitglied noch als Sachverständige anerkannt.

Dunant scheint die Wendung, die diese Sache nehmen würde, geahnt zu haben. Geschickt hat er im letzten Moment auf ein anderes Pferd gesetzt. Ohne mit dem Exekutivkomitee der *Alliance* zu brechen, das in Brüssel aus Geldmangel nicht vertreten sein wird, hat er sich als Vertreter der englischen *Anti-Slavery Society* nach Brüssel schicken lassen. In Brüssel stützt er sich auf die dynamische belgische Sektion der *Alliance*, die auf Baron Auguste Lambermont als Delegierten ihrer Regierung zählen kann. Durch diesen gelingt es Dunant, der Konferenz ein «belgisches Projekt» vorzuschlagen, das er eigens zur Frage der Kriegsgefangenen verfasst hat. Die 13 Artikel dieses Projekts werden aber von der Konferenz abgelehnt, da Diplomaten und Militärs sich dagegen wenden. Ein schwacher Trost bleibt immerhin: Die Artikel werden in die Konferenzprotokolle aufgenommen.

Zwar entsteht bei der Brüsseler Konferenz viel wertvolles Gedankenmaterial, doch hat Russland insgesamt einen zu weiten Horizont abgesteckt. Schließlich fällt sie mangels Ratifizierungen durch: Keines der teilnehmenden Länder gönnt einem anderen den Ruhm eines großen Erfolgs im humanitären Bereich. 1875 kündigt England offiziell an, dass es eine Ratifizierung ausschließt. Die Protokolle der Brüsseler Konferenz, die zu einem späteren Zeitpunkt wieder ausgegraben werden, bleiben also zunächst wirkungslos.

Für Dunant und seine Mitstreiter stellt der Abschluss der Konferenz das Ende eines großmütigen Versuches dar. Das Exekutivkomitee löst sich auf und die nationalen Hilfsgesellschaften für Kriegsgefangene scheitern von Anfang an. Für Dunant bedeutet dies eine doppelte Enttäuschung. Einerseits schwindet der Traum, den Genfer Erfolg zu wiederholen. Die Frage der Kriegsgefangenen wird fünfzig Jahre warten müssen, bevor sie 1929 in den Aufgabenbereich des Internationalen Komitees des Roten Kreuzes integriert wird.

Andererseits schwindet für Dunant auch die Aussicht, die Position anzunehmen, von der er Ende 1873 bereits hoffnungsvoll seiner Schwester Marie geschrieben hatte: «Wenn die Gesellschaft der Kriegsgefangenen sich so stabil verankert, wie ich es hoffe, und wenn London endgültig als Sitz bestimmt wird, werde ich eine feste und gut entlohnte Stelle als aktiver Sekretär des Komitees haben.»

Noch einmal drückt also ein schwerer Misserfolg einen Mann nieder, der dabei ist, seine physischen Ressourcen, seine Schaffenskraft und seine Energiereserven zu verbrauchen.

Mit den Aktivitäten der *Alliance* wird auch die Recherche zur Schiedsgerichtsbarkeit eingestellt, welche als Mittel zur Beilegung von internationalen Kontroversen angewendet werden sollte, damit weniger Kriege entstehen. In Zusammenhang mit dieser Frage, die auch von anderen erörtert wurde, möchten wir Dunants besondere Idee hervorheben, die er seit der Konferenz in

Plymouth im Jahr 1872 verfolgte: die Einrichtung eines hohen internationalen Schiedsgerichtshofes, der durch eine internationale Konvention geschaffen und von nationalen Schiedsgerichtskomitees gefördert werden sollte. Dunant sah voraus, dass die Idee der Schiedsgerichtsbarkeit, «von vielen als eine selbstlose Utopie betrachtet, vielleicht schon bald eine diplomatische Praxis wird, deren Anwendung von Dauer und Gesetzmäßigkeit geprägt sein kann. Denn die Utopie von heute wird häufig schon morgen zur Realität.» Nun wird aber auch diese Recherche eingestellt, die Dunant erst viele Jahre später wieder aufnimmt.

Von seinen Ideen ist noch eine der weniger bedeutenden übrig geblieben, gleichsam ein Restbestand, den Dunant in seiner permanenten Suche nach der Chimäre eines internationalen humanitären Werkes versucht feilzubieten.

Im Briefwechsel zwischen Dunant und Reverend Millard, dem Sekretär der *Anti-Slavery Society*, kann man den Verlauf dieses letzten Versuches verfolgen. Schon vor der Brüsseler Konferenz hat Dunant eine Kommission der englischen Sektion der *Alliance* zur Frage der Sklaverei gegründet. Obwohl die Sklaverei von den Kolonialmächten (zuerst von England im Jahr 1808) abgeschafft wurde, wird sie noch in vielen Teilen der Welt praktiziert. Die Kommission (sprich: Dunant) hat ein Memorandum zu dieser Frage geschrieben und versucht damit, sich bei der *Anti-Slavery Society* Achtung zu verschaffen. Ziel ist es, den Sklavenhandel, der mit der Seeräuberei verglichen wird, auf internationaler Ebene zu verurteilen. Die Tore der *Society* stehen offen und ihre Hilfsbereitschaft geht so weit, dass sie Henry Dunants Reise nach Brüssel finanziert, damit das Thema in die Agenda der Konferenz aufgenommen wird. Nach der Enttäuschung von Brüssel reist Dunant nach Deutschland und kehrt aus Berlin mit der Ankündigung zurück, die deutsche Regierung würde eine internationale Konferenz gegen die Sklaverei unterstützen, die in London stattfinden soll. Die *Society* ist stark daran interessiert und erklärt sich bereit, zusammen mit der *Alliance* eine Delegation zu bilden. Dafür stellt sie Mittel in der Höhe von 200 Pfund bereit. Es wiederholen sich nun Verspätungen, Verschiebungen und Verweigerungen. Offensichtlich existiert in dieser Zeit großer Instabilität in Europa kein Interesse für solch ein Thema und der müde Botschafter der humanitären Sache besitzt nicht mehr den Elan früherer Zeiten. Die *Anti-Slavery Society* nimmt den Misserfolg zur Kenntnis und schreibt an Dunant im Februar 1875 einen Brief, mit dem sie seine Beteiligung an dem *Joint Venture* auf ziemlich schroffe Art und Weise für beendet erklärt. Dunant antwortet mit einem letzten Brief. Dieser ist, wie der Sekretär Millard bemerkt, emotional aufgeladen und voller Unterstreichungen; teilweise fehlt dem Inhalt der Bezug zur Realität. Es sind also schon Elemente vorhanden, welche die Korrespondenz des alten Dunants aus Heiden kennzeichnen werden. Müde, enttäuscht und krank, verfällt er schon jetzt in Depressionen. Im folgenden Jahr wird sich auch das Palästina-Unternehmen mit einem katastrophalen Ergebnis zerschlagen. So finden die vielen fehlgeschlagenen Versuche Dunants, auf der europäischen Bühne wieder zur Hauptperson im Kampf für die humanitäre Sache zu werden, ein Ende. Daraufhin zieht sich Henry Dunant in sich selbst zurück.

EXKURS: DIE ENTWICKLUNG DES ROTEN KREUZES

Wenn man die Geschichte Henry Dunants nach seinem abrupten Austritt aus dem IKRK verfolgt, kann man die Gesamtentwicklung des Roten Kreuzes nicht ignorieren. Dabei spielt Gustave Moynier eine entscheidende Rolle. Der große Gestalter des Werkes und Gegner Henry Dunants war vierzig Jahre lang Vorsitzender des IKRK und verkörperte es gleichsam.

Um einen Eindruck der außergewöhnlichen Entwicklung des Roten Kreuzes zu vermitteln, werden wir uns darauf beschränken, die wesentlichen Punkte des Miteinanders der gesamten Bewegung und ihrer Organisationsform zu skizzieren und die Aufmerksamkeit auf das Wirken des IKRK innerhalb dieser Entwicklung zu konzentrieren.

Zuerst muss ein entscheidender Punkt hervorgehoben werden. Nach 1870 zeichnen sich bei der Suche nach dem Weg, dem Krieg und den davon verursachten Schäden entgegenzutreten, zwei unterschiedliche Positionen ab. Die eine Position, auf die wir bei der Behandlung der Genfer Konvention schon gestoßen sind, strebt danach, alle Kriegsschäden zu mildern. Dies geschieht durch Hilfeleistungen für Verwundete und Kranke, die später auf die Verwundeten von Seekriegen und auf Kriegsgefangene, dann auch auf Zivilisten, Flüchtlinge usw. ausgeweitet werden. Diese Position wird von Genf vertreten und kann als die Strömung definiert werden, die sich für die Linderung der Kriegsschäden einsetzt.

Die andere Position strebt danach, Abkommen zu fördern, die den Krieg begrenzen, da dieser inzwischen – anders als die Kriege des 18. Jahrhunderts – die Bevölkerungen in Mitleidenschaft zieht. Wichtiger als die Schäden zu behandeln, ist diese Richtung, der Versuch, diesen Schäden vorzubeugen. So wird zum Beispiel die Figur des Soldaten als Person mit Rechten und Pflichten umrissen. Davon abgegrenzt werden Milizsoldaten, unabhängige Banden und Heckenschützen, die sich durch nichts von Zivilisten unterscheiden und aus dem Hinterhalt den Krieg und die daraus entstehende Gewalt unkontrolliert ausbreiten. Später wird sich diese Position damit beschäftigen, besonders verheerende Waffenformen zu begrenzen, wie beispielsweise Sprenggeschosse und Giftgase. Diese Position, die aus der von Zar Alexander II. einberufenen Brüsseler Konferenz von 1874 hervorgeht und zu den Haager Friedenskonferenzen führt, wird von der Stadt Den Haag vertreten und kann als Strömung definiert werden, die sich für die Eindämmung der Kriegsschäden einsetzt.

Das Rote Kreuz und insbesondere das IKRK nahmen an den Konferenzen, welche die beiden parallelen Wege markierten, teil und gestalteten diese mit, ohne sich dabei mit der einen oder anderen Position vollständig zu identifizieren.

Nach dem Deutsch-Französischen Krieg von 1870 geriet das Rote Kreuz in die schwerste Krise seiner Geschichte. Gravierender und großer Schaden entstand vor allem durch die fehlende oder mangelhafte Anwendung der Genfer Konvention seitens der französischen Armee und den Missbrauch des Symbols des Roten Kreuzes, mit dem unrechtmäßiger Schutz geleistet oder kriminelle Handlungen gedeckt wurden. Diese wurden dem Roten Kreuz angelastet, das zudem bezichtigt wurde, eine undurchführbare Idee zu vertreten – immer öfter in der Absicht, die Genfer Konvention loszuwerden. Nach den ersten beiden internationalen Konferenzen von Paris (1867) und Berlin (1869) schlugen verschiedene Ansätze, den Dialog unter den nationalen Hilfsgesellschaften wieder aufzunehmen, fehl. Auch der Versuch, anlässlich der Wiener Weltausstellung im Jahre 1873 eine internationale Konferenz der Hilfsgesellschaften einzuberufen, wurde von der österreichischen Regierung niedergeschmettert. Diese war weit davon entfernt, die internationalen Bindungen der Hilfsgesellschaften stärken zu wollen. Ganz im Gegenteil: Sie arbeitete an einer Aufhebung der Genfer Konvention, um sich der im Jahre 1864 übernommenen Verpflichtungen zu entledigen.

Inzwischen verabschiedete aber die Brüsseler Konferenz, die 1874 unter russischer Schirmherrschaft stattfand, die sogenannte Brüsseler Deklaration. Obwohl die darin genannten Beschlüsse von den Regierungen nicht ratifiziert wurden und dadurch nicht zu einem verbindlichen völkerrechtlichen Vertrag führten, wurden damit grundlegende Prinzipien aufs Tapet gebracht, die später von den Vertretern der Strömung der Eindämmung der Kriegsschäden weiterentwickelt wurden.

Erst nach fünfzehn Jahren wurden die internationalen Kontakte wieder aufgenommen. Die Initiative einer neuen internationalen Konferenz der Hilfsgesellschaften wurde schließlich von Gustave Moynier ergriffen. Zum zwanzigjährigen Jubiläum der Genfer Konvention berief das IKRK die Konferenz in der gleichen Stadt mit einem Rundbrief ein. Darin wurde folgender Wunsch zum Ausdruck gebracht: «[Die Konferenz] wird wie eine Feuerstelle wirken. Ihre Wärme wird das Wohlwollen wieder aufleben lassen, das Menschen füreinander empfinden müssen, die gleichzeitig – wenn auch an unterschiedlichen Orten – den Sieg der Ideen des Roten Kreuzes anstreben». Ob dieser Wunsch erfüllt werden würde, war durchaus fraglich, denn die Hilfsgesellschaften hatten sich in den zurückliegenden 15 Jahren nur auf den Schlachtfeldern getroffen. Selbst innerhalb des IKRK stieß Moynier auf Widerstand, aber er konnte seine Idee durchsetzen, die sich durch die Wiederankurbelung der gemeinsamen Arbeit als erfolgreich erwies.

Die Genfer Konferenz von 1884, die sich erstmals den Namen «Internationale Konferenz des Roten Kreuzes» gab, war ein Erfolg. Sie wurde mit einer öffentlichen herzlichen Würdigung der Arbeit eröffnet, die das IKRK in den vergangenen anderthalb Jahrzehnten geleistet hatte, um das Rote Kreuz zusammenzuhalten. Es wurde dann vereinbart, die Struktur der Bewegung mit Hilfe einer «Delegiertenkommission» zu festigen. Durch diese neue Kommission sollte gesichert werden, dass für jedes Zentralkomitee ein eigener Delegierter mit Stimmrecht an internationalen Konferenzen teilnehmen kann: So würden Mehrheitsbeschlüsse ermöglicht, die auch für die Minderheit verbindlich sind. Die Kommission wird in Zukunft bei jeder internationalen Konferenz aktiv sein. In Genf wird die folgende Konferenz einberufen, die 1887 in Karlsruhe stattfinden soll. Von diesem Zeitpunkt an werden die internationalen Konferenzen regelmäßig alle fünf Jahre abgehalten.

Aus den Reihen jener, die danach strebten, den Kriegsschäden vorzubeugen, war es wieder ein Zar, der die Initiative ergriff. Zar Nikolaus II. berief eine internationale Konferenz zu den schon 1874 in Brüssel behandelten Themen ein, um diese in eine internationale Konvention umzusetzen. So kam es 1899 zur Ersten Haager Friedenskonferenz. Die Versuche, die militärischen Budgets und den Einsatz gewisser Waffen wie Aerobomben, Dum-Dum-Geschosse und Giftgas zu begrenzen, scheiterten an der notwendigen Einstimmigkeit. Erfolgreich war hingegen die Verabschiedung eines «Haager Abkommens betreffend die Gesetze und Gebräuche des Landkriegs». Auf Basis der Brüsseler Deklaration und des Oxford Manuals (eines von Moynier ausgearbeiteten Handbuches, das sich zum Ziel setzte, die Regierungen zur Einführung einer besseren Gesetzgebung im Rahmen ihres Kriegsrechts zu veranlassen) stellte das Haager Abkommen sorgfältig zusammen, was hinsichtlich der militärischen Praxis im Kriegsrecht der Großmächte üblich war. Im Vergleich zur absoluten Innovation, die in Genf 1864 so überraschend gelang, als der Neutralisierung der Helfer zugestimmt wurde, ist das nichts. Aber auch die akribische Zusammenstellung von dem, was zu jener Zeit gebräuchlich war, führte zu Fortschritten im positiven Recht. Das Haager Abkommen kodifizierte beispielsweise die Möglichkeit, dass Hilfsgesellschaften sich um Kriegsgefangene kümmern konnten. Doch es wurde nicht genau angegeben, welche Gesellschaften dies leisten sollten – es mussten nicht zwangsläufig die Gesellschaften des Roten Kreuzes sein. Weiterhin reglementierte es die Tätigkeit der Informationsstellen, die in Kriegszeiten aktiviert werden sollten, ohne allerdings den Zuständigen für ihre Aktivierung festzulegen. Man wird bis zur Internationalen Rotkreuz-Konferenz in London im Jahr 1907 warten müssen: Erst hier wird beschlossen, dass diese Verantwortung dem IKRK übertragen wird, das schon mehrmals Aufgaben in diesem Bereich übernommen hat. Auch die Frage der Kriegsgefangenen wird von der Londoner Konferenz wieder aufgenommen: Die Verantwortung für dieses weite Wirkungsfeld wird, zunächst vorläufig, den nationalen Gesellschaften des Roten Kreuzes übergeben. Endgültig wird ihnen diese Aufgabe erst 1912 in der Konferenz von Washington anvertraut. Gerade rechtzeitig: Der Erste Weltkrieg steht bevor ...

Das wichtigste Ergebnis der Ersten Haager Friedenskonferenz war das «Abkommen betreffend die Anwendung der Grundsätze der Genfer Konvention von 1864 auf den Seekrieg». Diesem Abkommen waren unterschiedliche Versuche der Reglementierung und Initiativen von kriegführenden Ländern vorangegangen, die den Helfern bei Seeschlachten aufgrund einer bilateralen Vereinbarung Neutralität zugesprochen hatten, beispielsweise kurz zuvor im Krieg zwischen den Vereinigten Staaten und Spanien. Für den Abschluss dieser bilateralen Vereinbarung war die Initiative des IKRK der Auslöser gewesen. Dieses bewegte den Schweizerischen Bundesrat dazu, als Vermittler eines derartigen Vorschlags zu agieren. Konkretes Zeichen der Dankbarkeit für die Rolle des IKRK ist die Tatsache, dass das erste Hospitalschiff der Vereinigten Staaten auf den Namen *Moynier* getauft wurde. Nun wurde die Anwendung des Neutralitätsprinzips der Helfer auf Seekriege in Den Haag zu einem abschließenden Ergebnis geführt und zum ersten Mal wurden die Hilfsgesellschaften des Roten Kreuzes genannt, die dazu befugt wurden, Hospitalschiffe auszurüsten. Diesen wurde die gleiche Neutralität zuerkannt wie den Sanitätsschiffen der Armee.

Die Erste Haager Konferenz, explizit «Friedenskonferenz» genannt, hatte eine grundlegende Bedeutung in der Geschichte des Kriegsrechts. In weiteren Haager Konferenzen, die dieser ersten folgten, wurde eine ganze Reihe von Projekten und Vorschlägen verwirklicht, die in den vorausgegangenen Jahrzehnten ausgearbeitet worden waren.

DIE ÜBERARBEITUNG DER KONVENTION

Ein weiterer Meilenstein in der Geschichte des Roten Kreuzes war die Genfer Konferenz im Jahr 1906, die vom IKRK einberufen wurde, um die Genfer Konvention zu überarbeiten.

Seitdem der Austausch zwischen den Hilfsgesellschaften begonnen hatte, war die Notwendigkeit deutlich geworden, die Genfer Konvention zu ändern oder gar neu zu fassen, da diese einige Lücken und Zweideutigkeiten enthielt. Die Erste Internationale Konferenz von Paris im Jahr 1867 hatte einige Wünsche formuliert, woraufhin das IKRK bereits im Jahr 1868 eine diplomatische Konferenz einberufen ließ, um diese zu realisieren. Das IKRK hatte jedoch festgelegt, dass die Genfer Konvention nicht angerührt werden durfte: Der einzig akzeptable Weg sah vor, dass zwar Punkte hinzugefügt, schon existierende Passagen aber nicht geändert werden durften. Moynier befürchtete nämlich, dass eine Neufassung der Konvention diese außer Kraft setzen würde, falls einer der Unterzeichner von 1864 die neu entstehende Konvention nicht ratifizieren würde. So hatte in Genf die diplomatische Konferenz eine Reihe zusätzlicher Artikel gebilligt, die das IKRK selbst vorgeschlagen hatte – die wichtigsten Punkte behandelten die Ausdehnung der Neutralität auf die Helfer in Seekriegen. Die zusätzlichen Artikel blieben jedoch unwirksam, da einige der teilnehmenden Staaten sie nicht ratifizierten.

Es folgten weitere Ansätze, die Genfer Konvention zu ändern. Es gab, wie schon erwähnt, den Versuch der österreichischen Regierung im Jahr 1873. Wie dieser hatten auch andere Versuche das Ziel, sich der Konvention und der damit zusammenhängenden Verpflichtungen zu entziehen. Andere wollten hingegen die Konvention in weitreichende Projekte allgemeiner Kodifizierung einbinden, wie dies auf der Brüsseler Konferenz vom 1874 geschah. Unter dem eisernen und autoritären Vorsitz Moyniers stand das IKRK diesen Versuchen immer entschieden ablehnend gegenüber und konnte so die Genfer Konvention unversehrt bewahren.

Nun kam die Zeit, in der viele nützliche und sinnvolle Projekte ausgereift waren. Das internationale Klima hatte sich geändert und einige Länder hatten bereits die zusätzlichen Artikel von

1868 angenommen, obwohl diese nicht ratifiziert worden waren. Moynier selbst hatte eine wichtige Studie verfasst, *La révision de la Convention de Genève. Étude historique et critique*. Während der Ersten Haager Friedenskonferenz unterband der IKRK-Sekretär Édouard Odier den mehrfach wiederholten Versuch, die Genfer Konvention zu ändern. Dafür gab er aber das Versprechen, dass das IKRK «so schnell wie möglich» eine diplomatische Konferenz für die Überarbeitung der Genfer Konferenz einberufen würde.

Nachdem verschiedene Hindernisse überwunden waren, wurde schließlich für Juli 1906 eine Diplomatische Internationale Konferenz in Genf, der Wiege des Roten Kreuzes, einberufen. Diese Konferenz wurde vom IKRK-Sekretär Édouard Odier geleitet und mit einer Rede des achtzigjährigen Gustave Moynier eröffnet, den man zum Ehrenvorsitzenden der Konferenz ernannte. In einer konstruktiven und kooperativen Atmosphäre begann die Konferenz mit den Fragen, die – mehr oder weniger ausgesprochen – schon seit 1864 im Raum standen und endlich einer deutlichen Formulierung bedurften.

1864 hatte man sich bemüht, die Neutralität der Helfer sowie der Sanitätseinrichtungen und -ausrüstungen festzulegen. Dabei wurde es als selbstverständlich angesehen – schnell jedoch durch die Realität widerlegt –, dass auch Verwundete und Kranke als neutral zu behandeln seien. Ihnen widmete sich die neue Konvention gleich zu Beginn: Schon im 1. Artikel formulierte sie die eindeutige Festlegung, dass die «verwundeten oder kranken Soldaten unabhängig von ihrer Staatsangehörigkeit von der kriegführenden Seite, die sie in ihrer Gewalt hat, respektiert und versorgt werden müssen». Nachdem dieses Hauptprinzip präzisiert war, bekräftigte die neue Konvention absolut unmissverständlich die Neutralität des gesamten Hilfsapparats.

Die Vorrechte, die dem militärischen Sanitätspersonal bereits zuerkannt wurden, dehnte man jetzt auf das «Personal der freiwilligen Hilfsgesellschaften [aus], die von ihren Regierungen entsprechend anerkannt und autorisiert wurden, vorausgesetzt, dass besagtes Personal den Kriegsgesetzen und -vorschriften untersteht». Aufgrund der entschiedenen Opposition der französischen Delegation, die vom Kriegsminister Marschall Randon geleitet und beeinflusst wurde, welcher *Un Souvenir de Solferino* so schlecht aufgenommen hatte, konnte diese ausdrückliche Neutralisierung der Hilfsgesellschaften nicht in die Konvention von 1864 aufgenommen werden. Nachdem die Neutralisierung also lange Zeit ungeregelt in einem Schwebezustand verblieben war, wurde sie jetzt endlich klar bestätigt. Zum ersten Mal erhielt das Rote Kreuz *de jure* den Anspruch, vor Ort zu sein. *De facto* hatte das Rote Kreuz trotz fehlender ausdrücklicher Anerkennung seit über dreißig Jahren auf den Schlachtfeldern gewirkt.

In die Neufassung wurden auch die schon seit den ersten Konferenzen der Hilfsgesellschaften (Paris 1867 und Berlin 1869) formulierten Wünsche aufgenommen. So wurde der Informationsaustausch über Verletzte, Tote und Gefangene festgeschrieben, der in der Praxis schon seit geraumer Zeit umgesetzt wurde und zum ersten Mal während des Deutsch-Französischen Krieges von 1870 im Rahmen der kühnen, vom IKRK geförderten Initiativen verwirklicht wurde. Zudem wurde festgelegt, dass der Sieger, der ein Schlachtfeld in Besitz nimmt, für den Schutz der Toten und der Verletzten vor Plünderungen und Misshandlungen die Verantwortung trägt.

Die neue Konvention versuchte auch, das Schutzzeichen des Roten Kreuzes zu vereinheitlichen, das bei den islamisch geprägten Ländern weiterhin unbeliebt war, die darin ein christliches Symbol sahen. Im Rahmen dieses Vorhabens wurde die offizielle Version des Ursprungs dieses Zeichens noch einmal verdeutlicht: Der Hintergedanke sei die Umkehrung der Farben der Schweizer Fahne – als Zeichen der Anerkennung für die der diplomatischen Konferenz von 1864 von Genf gewährte Gastfreundschaft. Dies war keine befriedigende Erklärung für islamisch geprägten Länder. So ratifizierte beispielsweise die Türkei die Konvention und behielt sich vor, das Zeichen des roten Halbmondes weiter zu verwenden.

Wichtiger aber als die verfehlte Vereinheitlichung des Symbols erscheint dessen Schutz, weil das Zeichen des Roten Kreuzes – insbesondere 1870 im Deutsch-Französischen Krieg, aber nicht nur dort – Gegenstand jeder Art von Missbrauch gewesen war. Die neue Konvention führte Verordnungen ein, welche die Verwendung des Symbols durch Privatleute verboten, und unter-

Das Pult des Vorstandes bei der Genfer Konferenz von 1906

stellte den notwendigen Schutz vor jedem Missbrauch und die strafrechtliche Verfolgung in Friedens- und in Kriegszeiten den Kriegsgesetzen.

Das «Genfer Abkommen vom 6. Juli 1906 zur Verbesserung des Loses der Verwundeten und Kranken der Streitkräfte im Felde» war also das Ergebnis einer langen Irrfahrt, die durch Sandbänke und Felsen gefährdet wurde und die das IKRK – insbesondere sein Vorsitzender Gustave Moynier – in den sicheren Hafen einer Neufassung lenken konnte. Mit dieser Überarbeitung wurde die erste außergewöhnliche, wenn auch unvollständige Version von 1864 erweitert und präzisiert.

In den Abschlussreden am Ende der Konferenz wurde das Verdienst für diesen Erfolg gewürdigt: Bei der Unterzeichnung der zweiten Genfer Konvention erwies Paul Revoil, französischer Botschafter in der Schweiz und erster französischer Delegierter, Gustave Moynier als einzigem noch anwesenden Mitverfasser der ersten Konvention seine Ehrerbietung. In seinen letzten Sätzen blitzte auch der Name des Abwesenden auf: «Die Verbindung zwischen den Völkern für die wirksamste Milderung der Kriegsschäden wurde gerade wieder gefestigt. Sie wird sich nie lösen. Ehre sei denen, die diese zusammen mit Moynier und Dunant als Erste geknüpft haben!»

DAS INTERNATIONALE KOMITEE UND DIE ROTKREUZ-GESELLSCHAFTEN

Eine letzte, wichtige Anmerkung betrifft das Verhältnis zwischen dem IKRK und den Hilfsgesellschaften, die seit 1872 Rotkreuz-Gesellschaften hießen. Es handelte sich um ein komplexes Verhältnis, das sich in der Praxis ohne einen präzise definierten Rahmen entwickelte.

Die internationalen Konferenzen waren – bereits seit dem ersten Zusammentreffen in Paris – die Autorität, die sich mit der Einrichtung des IKRK befasste. Dabei ging es mehr darum, an dieses Gremium Aufgaben zu delegieren und ihm Kompetenzen zu übertragen, als darum, dessen Dasein zu regeln, denn dieses wurde ohnehin für selbstverständlich gehalten. Das IKRK bekam so die Aufgabe, das halbjährlich erscheinende internationale Bulletin zu verfassen, das zu einem wichtigen einheitsstiftenden Bindeglied zwischen den nationalen Gesellschaften wurde. Zudem wurde dem IKRK die Kontrolle über den korrekten Beitritt jeder nationalen Gesellschaft zur Genfer Konvention übertragen; insbesondere sollte es den Eintritt neuer nationaler Gesellschaften überprüfen, die nur dann zugelassen wurden, wenn die zuständigen Regierungen zu den Unterzeichnern der Genfer Konvention zählten.

Das IKRK ging vorsichtig und zugleich wagemutig über das hinaus, was die Mandate der Genfer Konvention vorsahen. Ein Beispiel dafür sind die Korrespondenz- und Informationsaustauschstellen, die die nationalen Gesellschaften des IKRK umgehend unterstützten, noch bevor diese neuen Einrichtungen offiziell festgeschrieben wurden. Vor allem aber widmete sich das IKRK seiner wichtigen einheitsfördernden Aufgabe. Trotz der unvermeidbaren Spannungen unter den nationalen Hilfsgesellschaften, welche die aktuellen Konflikte widerspiegelten, gelang es dem IKRK, als bindende Kraft zu wirken und die Einheit der Rotkreuz-Bewegung zu gewährleisten.

Aber trotz aller inneren Entwicklung behielt das IKRK seine Unabhängigkeit und seine Bindung an Genf bei.

Lange Zeit blieb die Zahl der Mitglieder unverändert. Nach den ersten Umbesetzungen, die durch den Rücktritt Dunants

(1867) und den Tod Maunoirs (1869) notwendig wurden, kam es zur Aufnahme weiterer Mitglieder, stets durch das Wahlverfahren der Kooptation. Es gab auch den Versuch, die rein protestantische Zusammensetzung des IKRK durch die Einführung eines katholischen Vertreters offiziell aufzubrechen. Dieser Vorschlag wurde in genau begründeter Form von Moynier abgelehnt, der die Wahl eines Katholiken durch Kooptation nur dann für durchführbar hielt, wenn zwei Kandidaten die gleichen Voraussetzungen hätten. Er akzeptierte aber nicht, dass das IKRK eine Person nur in seiner Eigenschaft als Vertreter des Katholizismus berufen sollte, weil dies unangebrachte konfessionelle Fragen in das Komitee hineingetragen hätte.

Auch später, in der langen Phase der Reorganisation des Roten Kreuzes, die mit der Gründung der Liga der nationalen Rotkreuz-Gesellschaften begann, bewahrte sich das IKRK seine Unabhängigkeit und Neutralität. Ende 1918 schlug der Präsident des US-amerikanischen Roten Kreuzes, Henry P. Davison, vor, einen Zusammenschluss der nationalen Rotkreuz-Gesellschaften in Form eines Komitees zu gründen. Dieser Vorschlag stieß beim damals von Gustave Ador, dem Nachfolger Moyniers, geführten IKRK auf Kritik, weil es die Koordinierung auf die Gesellschaften der Länder begrenzte, die aus dem Ersten Weltkrieg als Sieger hervorgegangen waren. Im folgenden Jahr startete mit der Gründung der Liga der Rotkreuz-Gesellschaften die mühselige Suche nach einem Gleichgewicht zwischen der Liga, dem IKRK und den Internationalen Konferenzen. Die unterschiedlichen Ansätze – vom Dualismus bis hin zum Zusammenschluss, von der Koordination bis hin zur Komplementarität – bargen die Gefahr, Risse in ein Werk zu bringen, das bis dahin eine starke Einheit aufrechterhalten hatte, obwohl ein klar definierter rechtlicher Rahmen fehlte. Am Ende wurde in einem Entwurf, den Max Huber, der dritte Vorsitzende des Komitees, zusammen mit dem stellvertretenden Vorsitzenden der Liga, Oberst Paul Draudt, ausarbeitete, die passende Vereinbarung zur Verteilung der Zuständigkeiten, zur Vorrangstellung der Internationalen Konferenzen und zur maßgeblichen Zentralstellung des IKRK gefunden. Die XIII. Internationale Konferenz konnte so am 25. Oktober 1928 die Statuten des Internationalen Roten Kreuzes beschließen. In diesem Jahrzehnt voller

Spannungen gelang es dem IKRK, einen flexiblen und zugleich strengen Kurs zu verfolgen. Dabei bedeutete Flexibilität, dass das IKRK den nationalen Gesellschaften und ihrer internationalen Organisation weitgehende Autonomie zuerkannte. Gleichzeitig war Strenge geboten, damit die grundlegenden Prinzipien des geschaffenen Werkes eingehalten wurden. Zwei dieser Prinzipien betrafen direkt das IKRK: Seine Unabhängigkeit und seine Neutralität konnten nur durch die Zusammensetzung seiner Mitglieder garantiert werden. Noch heute besteht das IKRK aus Schweizer Staatsbürgern, die zu diesem ehrenvollen Amt durch Kooptation berufen werden.

Die Rotkreuz-Bewegung und ihre Organisationsstruktur
Die Rotkreuz-Bewegung, die sich mehrere Jahrzehnte lang auf die Basis internationaler Konferenzen, die in gewissen Abständen einberufen wurden, gestützt hat, institutionalisierte sich als internationale Nichtregierungsorganisation im Jahre 1928. Gegenwärtig wirkt die Internationale Rotkreuz-Bewegung durch das Miteinander von Organisationen, die sich auf Grundlage verschiedener Regelungen und doch in Rückbindung an die gemeinsame Anerkennung der folgenden sieben Grundsätze gebildet haben: Menschlichkeit, Unparteilichkeit, Neutralität, Unabhängigkeit, Freiwilligkeit, Einheit und Universalität. Die Bewegung umfasst folgende Organisationen:

- das Internationale Komitee des Roten Kreuzes,
- die Internationale Föderation der nationalen Rotkreuz- und Rothalbmond-Gesellschaften und
- die nationalen Rotkreuz- und Rothalbmond-Gesellschaften.

Die Bewegung hat sich mit drei Organen ausgestattet: der Internationalen Konferenz, dem Delegiertenrat und der Ständigen Kommission. Das Statut, das sie leitet, wurde 1986 von der XXV. Internationalen Konferenz in Genf ratifiziert und von der XXVI. und der XXIX. Internationalen Konferenz (beide in Genf, jeweils 1995 und 2006) novelliert.

Das *Internationale Komitee des Roten Kreuzes* ist eine privatrechtliche Vereinigung, die durch ihren Hauptsitz in Genf dem Schweizer Recht untersteht. Das Komitee ist von der Schweizer Regierung unabhängig und bewahrt seine Neutralität auf politischer, religiöser und ideologischer Ebene. Es besteht aus bis zu 25 Schweizer

Staatsbürgern, die durch Kooptation gewählt werden, und hat sich mit drei Organen ausgestattet: der Versammlung, dem Direktorat und dem Versammlungsrat.
Das IKRK finanziert sich durch freiwillige Beiträgen der nationalen Gesellschaften, durch die Regierungen, welche die Genfer Abkommen von 1949 unterzeichnet haben, und mittels Spenden von Privatpersonen.
Das IKRK ist dazu bevollmächtigt, die neuen nationalen Gesellschaften anzuerkennen, sowie die Vereinbarkeit der Änderungen zu überprüfen, die schon anerkannte Gesellschaften an den eigenen Statuten vorzunehmen beabsichtigen.
Zu den Hauptaufgaben des IKRK zählt, die Normen des humanitären Völkerrechts bekannt zu machen, das seinen Ursprung in der Genfer Konvention von 1864 hat, sowie das Völkerrecht zu vervollkommnen und zu entwickeln. Im Kriegsfall hat das IKRK die grundsätzliche Aufgabe, die Opfer von Kampfhandlungen zu schützen, und wirkt als Vermittler zwischen diesen und den Staaten. Dem IKRK steht es zu, die Lage von Kriegsgefangenen zu überwachen, auch bei Unterredungen ohne Zeugen. Außerdem ist es gegenüber der Zivilbevölkerung in besetzten Gebieten dafür verantwortlich, Hilfsmittel zu befördern und sich zu vergewissern, dass diese tatsächlich verteilt werden.

Die *Internationale Föderation der nationalen Rotkreuz- und Rothalbmond-Gesellschaften* ist die Nachfolgeorganisation der 1919 in Paris gegründeten Liga der nationalen Rotkreuz-Gesellschaften. Ihr gehören heute 186 nationale Gesellschaften an. Ihre Hauptorgane sind die Generalversammlung, welche aus den Delegationen der nationalen Gesellschaften besteht, und das Sekretariat.
Die Föderation ist eine privatrechtliche Vereinigung und fällt in die Kategorie der internationalen Nichtregierungsorganisationen.
Zu den Hauptaufgaben der Föderation zählen die Gründung und Entwicklung neuer nationaler Gesellschaften, die Koordinierung der nationalen Gesellschaften untereinander und die Organisation der Hilfe für Katastrophenopfer auf internationaler Ebene.

Die Aufgaben der *nationalen Gesellschaften* gehen weit über die ursprünglichen Ideen hinaus, die nur eine Verbesserung des Loses der im Krieg verwundeten Soldaten vorsahen: Heute passen sie sich den Bedürfnissen der unterschiedlichen Länder an, stützen sich dabei aber noch immer auf die ursprünglichen Prinzipien des Roten Kreuzes. Die Voraussetzungen für eine Mitgliedschaft im Internationalen Roten Kreuzes wurden von der XVII. Internationalen Konferenz in Stockholm 1948 festgelegt. Eine der Hauptvoraussetzungen ist, dass die Hilfsorganisation als einzige nationale Gesellschaft auf dem gesamten Gebiet eines Staates tätig ist, der die Genfer Konventionen von 1949 unterzeichnet hat.

Die geltenden Konventionen der Internationalen Rotkreuz-Bewegung

Die unterschiedlichen Konventionen, welche die ursprüngliche Genfer Konvention von 1864 ersetzt, verbessert und vervollständigt haben, sind 1949 von einer neuen diplomatischen Konferenz in Genf in vier Abkommen neu ausformuliert und gebilligt worden:

I. Genfer Abkommen zur Verbesserung des Loses der Verwundeten und Kranken der Streitkräfte im Felde
II. Genfer Abkommen zur Verbesserung des Loses der Verwundeten, der Kranken und der Schiffbrüchigen der Streitkräfte zur See
III. Genfer Abkommen über die Behandlung der Kriegsgefangenen
IV. Genfer Abkommen über den Schutz von Zivilpersonen in Kriegszeiten.

Die vier Abkommen wurden von drei Zusatzprotokollen ergänzt, die im Jahr 1977 und 2005 verabschiedet wurden.

Das I. Zusatzprotokoll (1977) über den Schutz der Opfer internationaler bewaffneter Konflikte verbessert den Schutz der zivilen Opfer und erweitert den Anwendungsbereich auf bewaffnete Konflikte, in denen Völker gegen Kolonialherrschaft und ausländische Besatzungsmächte sowie rassistische Regimes kämpfen, und bezieht sich dabei auf die Charta der Vereinten Nationen.

Das II. Zusatzprotokoll (1977) über den Schutz der Opfer nicht internationaler bewaffneter Konflikte vervollständigt die Regeln, die für den Fall eines Zivilkriegs innerhalb eines einzigen Landes vorgesehen sind.

Das III. Zusatzprotokoll (2005) über die Annahme eines dritten Schutzzeichens führt zusätzlich zu den beiden traditionellen Schutzzeichen des roten Kreuzes und des roten Halbmondes das neue Zeichen des roten Kristalls ein: Dieser ist ein roter Rahmen in Form eines auf der Spitze stehenden Quadrats auf weißem Grund, den die internationalen Gesellschaften in Sondersituationen verwenden können, um ihre Aufgabe zu erleichtern.

8.

VERSCHOLLEN UND GERETTET

Léonie Kastner, geborene Boursault, ist Witwe eines Musikers, der im Paris des Zweiten Kaiserreiches erfolgreich war. Zudem hat sie ein beträchtliches Vermögen von ihrer Familie väterlicherseits geerbt. Sie wird Dunants Rettungsanker, der ihn davor bewahrt, in Depression zu versinken. Madame Kastner trifft Henry Dunant in Paris, als das Projekt der *Alliance* gerade seinen Anfang nimmt. Aber erst nach einem Treffen im englischen Brighton wird die Bekanntschaft zu einer dauerhaften Bindung zwischen einer unaufdringlichen Wohltäterin und einem ebenso stolzen wie hilfsbedürftigen Mann. Dort besucht die leidenschaftliche Bonapartistin den im Exil lebenden Kaiser Napoleon III. Dieser stellt ihr unter anderem die Frage: «Was ist aus Dunant geworden?» Der einstige Kaiser vertraut ihn ihrer Großzügigkeit an. Madame Kastner stellt für Dunant in Paris nicht nur die Räumlichkeiten für den Sitz der *Alliance*, ein Quartier und ein Minimum an Verpflegung zur Verfügung, sondern betraut ihn 1872 auch mit der Vermarktung des Pyrophons. Bei diesem Musikinstrument, das von ihrem jüngsten Sohn Frédéric erfunden wurde, handelt es sich um eine «Orgel mit singenden Flammen». Ihr Prinzip geht auf die Produktion der Töne durch Gasverbrennung zurück: Die Töne können je nach Menge des austretenden Gases und Form der Glasröhren, in denen die Flamme brennt, moduliert werden. Das eigenartige Musikinstrument weckte das Interesse verschiedener Musiker, unter ihnen César Franck und Richard Wagner. Dunant wirbt überzeugt und engagiert dafür, vor allem während seiner Aufenthalte in England in den Jahren 1873-1874 und 1885-1887. Aber das Instrument kann nicht Fuß fassen und ein weiteres Scheitern fügt sich in die Reihe der negativen Erfahrungen Dunants ein. Für diesen Versuch, der ganz im Zeichen der Liebe zu ihrem Sohn steht, gibt Léonie Kastner – so erfahren wir es von

Dunant – insgesamt die Unsumme von etwa 100.000 Francs aus.

Mit dem Ende der *Alliance* und der anderen Initiativen beginnt eine düstere Zeit – Hauptquelle für Informationen über diese Periode ist die Korrespondenz mit Rudolf Müller, dem Dunant von 1877 an über 500 Briefe schrieb. Aus diesen und aus den später verfassten Manuskripten erfahren wir, dass Dunant und Madame Kastner 1877 zusammen in Italien sind, später in Lugano. Hier steigert sich Henry Dunant zunehmend in einen gefährlichen Verfolgungswahn, der ihn quält – egal, ob auf wirklichen oder imaginären Gründen beruhend.

Der unsichtbare Feind
Das beklommene Gefühl eines drohenden Unbekannten, eines unsichtbaren Feindes, den man nicht bekämpfen kann, weil man ihn weder greifen noch deutlich beschreiben kann, wird zu einer fixen Idee, einer ständigen Sorge und einer dumpfen Unruhe, also einer Qual, die man nicht anhalten kann. (*Mém.* 340)

Verleumdungen über das Verhältnis eines mittellosen Vagabunden mit einer acht Jahre älteren Witwe sind wahrscheinlich: Er würde sich aushalten lassen und hätte es auf das Vermögen der Witwe abgesehen. Ist es hingegen sicher, dass ein Geschenk der preußischen Königin Augusta an Moynier umgeleitet wird, weil dieser behauptet, dass Dunant nichts benötigt, da er von einer Dame ausgehalten wird?

Möglich sind auch Verleumdungen, von Dunant selbst berichtet, er sei mit der Kasse seines Arbeitgebers Moynier getürmt oder sei nicht der Autor von *Un Souvenir de Solferino* und habe den Text von einem französischen Offizier gekauft, um ihn dann als eigenes Werk drucken zu lassen. Entspricht hingegen die Verfolgung durch die nicht näher identifizierten Ultramontanisten (Katholiken) der Realität? Nach Meinung Dunants hätten diese «eine ständige Überwachung» von Léonie Kastner organisiert, weil diese Voltaire-Anhängerin ist und Priester verabscheut – eine Verfolgung, die dann auf Dunant übertragen worden wäre.

Gewiss kann man feststellen, dass die Verleumdungen und Anfeindungen seiner Gegner sich in die Psyche eines Mannes graben, der sein seelisches Gleichgewicht verloren hat. Die aus diesem Gefühl der ständigen Verfolgung aufkeimende Angst verursacht die Gefühlsausbrüche im Briefwechsel mit dem treuen Freund Rudolf Müller, aber auch Zornausbrüche. Beispielhaft dafür ist die Entscheidung, im Jahr 1877 in Lugano *Jésuites et Français*[1] zu veröffentlichen. Dieses Pamphlet hatte Dunant in Rom geschrieben und aus seinen *Mémoires* erfährt man, dass er es mit der Zustimmung und den Geldmitteln von Madame Kastner veröffentlicht: Es ist radikal antikatholisch und voller Groll, auch gegenüber den Franzosen, unter deren ständiger und aufdringlicher Überwachung er zu leiden meint.

Die Geheimpolizei
Wenn Ihr nach Heiden kommt, werde ich Euch noch von allen anderen Niederträchtigkeiten berichten, die sie mir angetan haben, und darüber, wie mich die Pariser (aus Rache, weil sie mich für einen preußischen Spion hielten) von ihrer Geheimpolizei überall und auch in Deutschland (wo es viele Jesuiten gibt) verfolgen ließen, indem sie das Gerücht verbreiteten, ich sei ein *Nihilist*, ich hätte an der Kommune, an der *Internationalen* teilgenommen, ich wäre einer der Führer der Internationalen gewesen (der anarchistischen roten Arbeiter), nur weil das Rote Kreuz in Frankreich vor dem Krieg von 1870 die Internationale genannt wurde!!! Bin ich der Märtyrer des Werkes oder bin ich es nicht? (Brief an Rudolf Müller vom 3. Juni 1892)

Unter anderem aufgrund des Gefühls, fortlaufend Gegenstand von Verfolgungen zu sein, irrt Dunant durch Europa, ohne jemals einen sicheren Ort zu finden. In den Jahren 1877-1878 wird er von Madame Kastner begleitet, aber nach 1880 entscheiden sie, sich nicht mehr zu sehen, um der üblen Nachrede ein Ende zu setzen. Doch setzt sich ihre Korrespondenz und die jährliche Finanzierung fort, mit der Madame Kastner die Aufenthalte in Thermalbädern bezahlt, wo Dunant sich behandeln lässt. Sie werden

1 Im Deutschen wäre der Titel: *Jesuiten und Franzosen.* (Anmerkung der Übersetzerin)

sich bis zum Tod von Léonie Kastner im Jahr 1889 nicht wieder treffen. Es ist nicht ausgeschlossen, dass Henry für Léonie Liebesgefühle hegte, aber – wie er selbst vehement behauptet hat – er war nie ihr Liebhaber: Der demütigende soziale Unterschied widersprach seinem Ehrgefühl und verhinderte so eine andere Beziehung als Freundschaft und Dankbarkeit.

Im Jahr 1877 hält sich Dunant einige Zeit im Haus von Pastor Ernst Rudolf Wagner in Stuttgart auf. Mit diesem alten Freund, den er nun wiedergefunden hat, hatte er in den Fünfzigerjahren während der Gründungsphase des CVJM häufig Kontakt. In Stuttgart lernt er den jungen Philologen Rudolf Müller kennen, an den er sich in tiefer Freundschaft bindet, die mit regelrechter Hingabe erwidert wird. In einem seiner Briefe stellt Dunant sich als Apostel Paulus dar und bittet den Freund, sein Timotheus zu sein.

Im Jahr 1878 durchwandert er Österreich zu Fuß, es treibt ihn bis nach Griechenland und in die Türkei. Im Herbst 1879 ist er in London, nachdem er aus Stuttgart überstürzt wieder abgereist ist, Richtung Amsterdam und Rotterdam, «immer von dem „Gesindel" verfolgt, von dem Ihr wisst».

Aus den Briefen an Rudolf Müller kann man weitere Orte erschließen, in denen Dunant sich während seiner Irrfahrt kürzer oder länger aufhält: Triest, Innsbruck, Badenweiler (Baden), Basel, London, Baden (Aargau), Warmbrunn (Schlesien), Seewis (Graubünden), Heiden und Lindenbühl (Appenzell).

Wir verzichten hier darauf, den schwer nachvollziehbaren Verlauf seiner Ortsveränderungen zu rekonstruieren, und halten nur die Tatsache fest, dass sich gegen Ende der Achtzigerjahre sein Aktionsradius verkleinert, als würde er von einem unbekannten Zentrum angezogen. Im Jahr 1887 verzichtet er auf eine geplante Reise, bei der er die Ansiedlungen der Tempelgesellschaft in Palästina besuchen wollte, und entscheidet sich, in der Schweiz zu bleiben. Nach einigen Aufenthalten in Graubünden wird er mehrmals nach Heiden, dem kleinen und ruhigen touristischen Ort in der Nähe des Bodensees, zurückkehren. 1881 war er hier zum ersten Mal und schließlich lässt er sich im Jahr 1887 an diesem Ort endgültig nieder. Zuerst nimmt er in der Pension Paradies Quartier. Dort wird Dr. Altherr erstmals gerufen, um Dunant zu behandeln, den er erschöpft und in einem erbärmlichen Zustand vorfindet. Dann seine endgültige Zufluchtsstätte: Von 1892 bis zu seinem Tod, 18 Jahre lang, wird er in zwei Eckzimmern der zweiten Etage des Bezirksspitals von Heiden leben, das Dr. Altherr leitet.

Dr. Hermann Altherr,
Leiter des Spitals und
Dunants behandelnder Arzt

Wir halten kurz inne, um seinen Gesundheitszustand genauer zu begreifen. Dunant litt an einem Ekzem an der Hand, das ihm das Schreiben manchmal tagelang unmöglich machte. Sein Magen war von der dürftigen und ungesunden Ernährung mitgenommen und verursachte ihm Bauchschmerzen. Insbesondere aber hatte er im Verlauf der Jahre, der Enttäuschungen und der Widrigkeiten eine manisch-depressive und paranoide Psychose entwickelt. Dies ist es, was Dr. Altherr festellte, der Henry Dunant behandelte und die jährliche Diagnose seines Patienten im Spitalregister eintrug. In der Sprache der Zeit schrieb er von Melancholie und Verfolgungswahn.

Aus der kleinen, von seinem Onkel David verfügten Leibrente von monatlich 100 Franken, die ihm seit dessen Tod im Jahre

Das Bezirksspital Heiden, die letzte Zufluchtsstätte Henry Dunants

1872 zustand, zahlte Dunant dem Spital drei Fanken pro Tag. An diese einzige Einnahmequelle hatte er sich auch in der Zeit seines Umherirrens stolz gehalten. Später wird er in Heiden eine Unterstützung vom Schweizer Roten Kreuz erhalten, die ihm aus Neuchâtel von Schatzmeister de Montmollin geschickt wird. Dunant verwendete diese Mittel nicht und ließ sie, in der Absicht, sie später zu nutzen, auf ein Konto der Heidener Sparkasse überweisen. Von 1897 an wird er eine durch die Zarenmutter Marija Fjodorowna aus Russland verfügte Jahresrente erhalten, die ihn aus den permanent beschränkten Verhältnissen herausholen wird, in welchen er sich befindet. Andere kleinere Geschenke, die er als Almosen betrachtete, lehnte er ab. Hingegen hätte er gerne eine Ehrengabe der europäischen Staaten verliehen bekommen, die dem Werk des Roten Kreuzes so viele Wohltaten verdankten, so wie Florence Nightingale eine beträchtliche Zuwendung von ihrem Land bekommen hatte. Mit dieser Gabe gedachte er, seine Gläubiger endlich abzufinden. Aber diese Hoffnung wird sich nie erfüllen.

Eine ständige Hilfe erreichte Dunant durch das Rote Kreuz von Winterthur. Infolge eines Artikels von Rudolf Müller im „Ulmer Tagblatt“, mit dem er um Unterstützung für den vergessenen großen Mann bat, hatte die Sektion von Winterthur eine «Dunant-Kommission» gebildet, um moralische und finanzielle Unterstützung für ihn zu organisieren. Dunant schätzte diese Solidarität und Unterstützung seitens des Roten Kreuzes von Winterthur so sehr, dass er darum bat, Ehrenmitglied dieser Sektion zu werden. Seine Bitte wurde erfüllt. Dem Vorsitzenden Otto Herdel wird er im Jahr 1897 schreiben: «Ich vergesse nie, dass Winterthur sich als Erstes wieder an den Werkgründer erinnern wollte. Mit Dankbarkeit bewahre ich diese Erinnerung.»

In der ruhigen Umgebung seines Rückzugsorts in Heiden erhält Henry Dunant eine angemessene Kost, ständige ärztliche Betreuung und Schutz durch das Personal. Hier sind die Diakonieschwester Elise Bolliger und die Köchin Emma Rubeli die einzigen Personen, die mit Dr. Altherr Zugang zu seinen beiden Zimmern haben. Dadurch findet er das Maß an Ruhe, das es ihm erlaubt, eine sowohl intensive als auch kontinuierliche Tätigkeit auszuüben, sodass er sich der Lektüre und dem Schreiben widmen kann. Seine Familie, mit der er während der ganzen Zeit sowohl im brieflichen als auch – dank der gelegentlichen Besuche des Neffen Maurice Dunant – im direkten Kontakt steht, abonniert für ihn das „Journal de Genève", das es ihm gestattet, sich auf dem Laufenden zu halten. Zusätzlich lässt ihm sein Freund Jean-Jacques Bourcart per Post Bücher zukommen. Und Dunant schreibt. Am Ende werden es Tausende beschriebener Seiten sein, vor allem einige Dutzend große Hefte mit braunem oder blauem Einband und eine Unmenge loser Blätter. Diese durfte nur Rudolf Müller aufräumen, wenn er Dunant einmal im Jahr für eine oder zwei Wochen besuchte und das Chaos reduzieren durfte, das in dem als Arbeitszimmer genutzten Raum herrschte.

In den ersten Jahren seines endgültigen Aufenthalts in Heiden beginnt Dunant an *L'Avenir Sanglant*[2] zu schreiben. In diesem unvollendeten Werk, an dem er in den folgenden Jahren immer wieder arbeiten wird, entwirft er eine düstere Prophezeiung für die Zukunft Europas.

Der wissenschaftlichen Barbarei entgegen
Man wird zerstören, um nicht selber zerstört zu werden; und wenn die Unmenschen einmal entfesselt sind, wird alles nicht mehr aufzuhalten sein. In ihrem Zweikampf, der über die Jahrhunderte hinweg wieder und wieder aufgenommen wurde, sind die Kämpfer nun für den neuen Konflikt bereit, für einen Kampf bis zum Äußersten – dabei entschlossen, den Rest Europas mit sich zu reißen, vielleicht sogar die ganze Welt. [...] Willentlich oder unwillentlich werden in diesen Konflikt die zivilisierten Völker hineingezogen werden, die ihre strahlende, aber trügerische Zivilisation vergessen und zurück in die Barbarei fallen werden: die wissenschaftliche Barbarei. Und mitten in diesem Riesengewühl werden alle Rassen mehr oder weniger die entsetzlichen Folgen ertragen. (*L'Avenir Sanglant*, Fragment)

Nun schreibt Dunant eine weitere Fassung von *Un Souvenir de Solferino* mit einigen Ergänzungen. Er arbeitet mit dem Grund-

2 Im Deutschen wäre der Titel: *Die blutige Zukunft.* (Anmerkung der Übersetzerin)

schullehrer Wilhelm Sonderegger, der die Fassung ins Deutsche übersetzt, zusammen. Später wird Dunant mit ihm brechen, weil er ihn beschuldigt, eine Manuskriptseite verschwinden lassen zu haben und daher mit seinen Feinden unter einer Decke zu stecken. Im gleichen Zeitraum vertraut er seinen Heften die Erinnerungen eines außerordentlich intensiven Lebens an. So entstehen seine *Mémoires*, ein weiteres unvollendetes Werk.

Henry Dunants Mémoires
Erst 1970 wurden einhunderteinundzwanzig große, handgeschriebene Hefte in einigen Kisten unter Bergen von Zeitungsausschnitten im Getreidespeicher des Hauses der Familie Dunant entdeckt, wo sie zusammen mit weiteren persönlichen Gegenständen Henry Dunants gelandet waren. Dieses Material wurde in das Archiv Henry Dunant der Bibliothèque de Genève überführt, wo sich schon etwa dreißig Hefte zu den Anfängen des Roten Kreuzes, der Entwicklung des Werkes in Frankreich und Deutschland sowie einige Fragmente zum Krieg von 1870 befanden.
Die wiedergefundenen Hefte enthalten die Schriften Henry Dunants aus der Zeit 1892-1908 sowie Entwürfe von nie vollendeten Werken. *L'Avenir Sanglant* ist das am weitesten fortgeschrittene von ihnen. Weiterhin finden sich darin Exzerpte und abgeschriebene Artikel sowie die Passagen in der dritten Person, die später von Rudolf Müller übersetzt und veröffentlicht werden, und schließlich noch verstreute Erinnerungen. Aus diesem ungeordneten Material beabsichtigte Dunant, Texte für die Veröffentlichung seiner Erinnerungen zu entnehmen – dafür hatte er ein Inhaltsverzeichnis erstellt, das in sieben Teile in chronologischer Reihenfolge gegliedert war.
Maurice Dunant, Testamentsvollstrecker seines Onkels, hatte schon 1918 eine Auswahl der ersten Hefte veröffentlicht. 1971 stellte Professor Bernard Gagnebin von der Universität Genf aus dem ungeordneten Konvolut der kurz zuvor entdeckten Hefte den Band zusammen, der heute als Henry Dunants *Mémoires* bekannt ist. Dafür verwendete er Texte aus siebenundzwanzig Heften, wählte unter zwischen sich wiederholenden Versionen einer Episode oder eines Themas und ordnete die Fragmente eher nach Themen als nach chronologischer Reihenfolge.
Die Kriterien, nach denen Professor Gagnebin die Texte auswählte,

wurden wegen ihrer Willkür, einer Reihe von Fehlern und Auslassungen von Professor Jean-Daniel Candaux, dem Vorsitzenden der *Société Henry Dunant*, kritisiert. Man erwartet nun eine neue Fassung der *Mémoires*, da das Statut dieser 1975 gegründeten *Société* «die Veröffentlichung einer kritischen Edition der kompletten Werke Henry Dunants» ausdrücklich vorsieht.

In dieser letzten Phase seines Lebens besteht ein Hauptantrieb des Einzelgängers aus Heiden in dem unbändigen Drang, seine Rolle als Rotkreuz-Gründer zu beanspruchen und wieder zur Geltung zu bringen. Deshalb entwickelt er die Idee einer Publikation, die ihm erlauben soll, die Dinge wieder ins rechte Licht zu rücken. Sie soll den verschiedenen von Moynier verfassten Werken zum Roten Kreuz entgegengestellt werden, in denen die Mitwirkung Dunants fast vollständig getilgt wurde. Es handelt sich um die Geschichte der Anfänge des Roten Kreuzes auf Basis einer umfassenden Dokumentation, die er aufbewahrt hat. In seinen Manuskripten sind ganze fünf Fassungen von Passagen dieser Geschichte entdeckt worden. Diese Passagen sind dadurch zu identifizieren, dass Dunant hier in der dritten Person über sich selbst schreibt. Um der Veröffentlichung keine zu subjektive und apologetische Note zu verleihen, soll diese nicht unter seinen Namen erscheinen. Der bereitwillige Stuttgarter Professor wird sich also nicht nur auf die Übersetzung beschränken, sondern der Geschichte Dunants, die 1897 veröffentlicht wird, auch seinen Namen leihen[3].

Ein fragwürdiger Kunstgriff, um seine eigene Version der Dinge mit dem Ansehen eines ernsten und objektiven Wissenschaftlers zu bemänteln? Und wenn: Jedenfalls dürfen wir nicht vergessen, dass der Mann, der auf einem solch indirekten Weg nach Ansehen sucht, seinen Ruf vollkommen verloren und keine eigene Stimme mehr hat. In jedem Fall wird sich die *Entstehungsgeschichte des Roten Kreuzes* weiter Verbreitung und großer Beliebtheit erfreuen. Das ist auch der Tatsache zu verdanken, dass inzwischen

3 MÜLLER, RUDOLF: *Entstehungsgeschichte des Roten Kreuzes und der Genfer Konvention mit Unterstützung ihres Begründers J.H. Dunant.* Stuttgart: Greiner & Pfeiffer, 1897.

ein wesentliches Ereignis stattgefunden hat: Der vergessene Philanthrop ist wieder aufgetaucht.

Die zum Mythos angewachsene Version dieses Ereignisses berichtet von einem zufälligen Treffen am Ufer des Bodensees zwischen einem jungen Journalisten und einem alten Mann, der ihm die Schönheiten des Ortes beschreibt. Während der Unterhaltung erfährt der Journalist, dass sein Gesprächspartner der Rotkreuz-Gründer Henry Dunant ist. Verblüfft, ihn noch am Leben zu finden, interviewt er ihn und veröffentlicht später seinen Scoop.

Georg Baumberger

In der Tat aber findet das Treffen in einem deutlich weniger zufälligen Rahmen statt. Georg Baumberger, 1895 Chefredakteur der Zeitung „Die Ostschweiz", wurde von jenen Personen informiert und angeregt, die in der Ostschweiz an der Rehabilitierung des Einzelgängers von Heiden arbeiteten. Er veröffentlicht einen leidenschaftlichen «Appell an die Völker und die Regierungen», damit diese den Rotkreuz-Gründer, der eine volle Rehabilitierung verdient, aus dem Elend befreien. Tief bewegt schreibt ihm Dunant, um sich dafür zu bedanken, und geht auf den Vorschlag des Journalisten ein, der ihn persönlich kennenlernen und mehr erfahren möchte. Das Treffen findet am 7. August 1895 im Spital statt. Dunant legt dem Neuankömmling den ganzen Tag lang Dokumente, Schriften und Passagen aus seinen Erinnerungen vor. Baumberger bittet Dunant um eine Zusammenfassung des Werkes, die ihm als Basis dienen wird. Außerdem bittet er um die Zustimmung, die *Reportage*, die er für die Zeitschrift „Über Land und Meer" vorbereiten möchte, mit Fotos ergänzen zu dürfen. Zuversichtlich stimmt Dunant zu. In den nächsten Tagen arbeitet er unermüdlich an der Zusammenstellung von Daten, Dokumenten und Zitaten. Er schreibt sie ab und sendet sie nahezu täglich an Baumberger, zusammen mit Begleitschreiben, die eine vertrauensvolle Offenheit diesem neuen Freund gegenüber zeigen. Baumberger wird nur wenig von dieser Dokumentation verwenden, die ihn teilweise erst nach der Veröffentlichung des

Artikels Anfang September erreicht. Dunant betonte den aristokratischen Charakter seiner Treffen an den europäischen Höfen. Baumberger kürzte diesen Teil und erinnerte an die Karriereetappen des Greises aus Heiden, indem er ihn in seiner ganzen Lebensechtheit abbildete: in der vorbehaltlosen Hingebung seines Lebens, in seiner Weigerung, Almosen anzunehmen, und in seiner einzigen Bitte, dass ihm endlich Gerechtigkeit wiederfährt. Der von unterschiedlichen Zeitungen veröffentlichte Artikel mit einem Bild aus der später berühmt gewordenen Portraitserie des Fotografen Otto Rietmann, für den Dunant gerne Modell gestanden haben soll, entfaltet eine außergewöhnliche Wirkung. Henry Dunant, der hier als unbestrittener Gründer des Roten Kreuzes dargestellt wird, betritt plötzlich wieder die europäische Bühne. Endgültig aus der Vergessenheit gerettet, begibt er sich auf den langen und schweren Weg seiner vollständigen Rehabilitierung.

DER FEMINISTISCHE HORIZONT

Wir müssen an dieser Stelle einen Schritt zurückgehen, um über das allmähliche Wachsen der Gedanken und Aktivitäten Dunants nach seiner Stabilisierung in Heiden Rechenschaft abzulegen. Aus der Schrift *L'Avenir Sanglant*, die er Ende der Achtzigerjahre beginnt, und aus dem Briefwechsel mit Sara Bourcart (1893), der Tochter seines langjährigen Freundes aus dem Elsass, geht eine neue humanitäre Idee des unermüdlichen Visionärs hervor: die Verbesserung der Lage der Frauen.

Dunant ist seinem Wesen nach konservativ. Auch in seiner Konzeption des Roten Kreuzes, das ausschließlich in einem männlichen Umfeld entstanden ist, hat er den Frauen im Gegensatz zu den Männern nur eine helfende Rolle bei den anstehenden Aufgaben zugedacht. Nun aber, nachdem er insbesondere das Elend von Frauen in der Hölle des belagerten Paris und während seiner entbehrungsreichen Zeiten in England persönlich kennengelernt hat, hat sich sein Denken weiterentwickelt.

Das Elend der Frauen

An einem Sommertag ging ich um 4 Uhr morgens aus, um ein wenig reine Luft außerhalb von London zu atmen. Nachdem ich einige Brötchen, die ich meiner Tasche entnahm, gegessen hatte, kam ich, von der hochstehenden Sonne etwas ermüdet, zurück und traf gegen Mittag in Seven Oaks auf eine einfache Frau mit einem großen geschlossenen Korb. Sie fragte mich, ob ich ihr etwas abkaufen wolle, und zeigte mir ihren Korb voller Häkelarbeiten, kleiner Stickarbeiten und sehr gut gelungener kleiner Gegenstände aus Karton. Sie schien sehr aufgewühlt zu sein und fing an, voller Verzweiflung zu sprechen: „Ich habe an diesen Sachen gestern den ganzen Tag und den ganzen Abend gearbeitet, fast bis Mitternacht. Ich habe kaum geschlafen, weil ich im Morgengrauen aufgestanden bin, um sie in London zu verkaufen. Ich habe die Stadt Viertel um Viertel durchquert, habe gefleht und inständig gebeten, aber ich habe nichts, überhaupt nichts verkauft. Doch ich bin Witwe und habe zwei Kinder, die darauf warten, dass ich ihnen etwas zu essen bringe. Eine Nachbarin hat mir versprochen, sie würde für sie sorgen, aber sie ist genauso arm wie ich und kann mir nicht helfen. All den Damen und Herren habe ich gesagt, dass ich nichts habe, was ich meinen Kindern zu essen geben kann! Sie wollten nichts kaufen – und doch sind das keine teure Dinge und es sind nützliche Sachen dabei. Was wird wohl aus mir! Sie haben nichts kaufen wollen! Und dann wollen sie einem das Evangelium predigen!" Genau das waren ihre Worte. (aus *L'Avenir Sanglant*, „Der Schrei der Enterbten der Gesellschaft")

Die absolute Notwendigkeit, die Lage der Frauen zu verbessern, bewegt Dunant dazu, die Familie als den Ort zu benennen, in dem sie geschützt werden sollen: nicht etwa als Objekt irgendeiner Fürsorge, sondern als aktives Subjekt mit der Aufgabe, Hüterin des heimischen Herdes zu sein, und als letztes Bollwerk der Familie. Dunant sagt dies nicht ausdrücklich, weist aber der Frau eine vorherrschende Stellung zu, in dem Maße, in dem er sie als einzige Person betrachtet, die das Überleben der Familie sichern kann.

Diese Ansicht markiert einen tiefen Umbruch in Dunants Denken. In der apokalyptischen Vision, die eine blutige Zukunft erahnen lässt, hat er jedes Vertrauen in den männlichen Teil der Menschheit verloren, der von Eigennutz, militaristischer Mentalität und der Ausübung roher Gewalt angetrieben wird. Nun hat er seine Hoffnung und sein Vertrauen in die andere Hälfte der Menschheit gesetzt – in deren Gaben der Liebe und Friedfertigkeit, der Hingabe und Sanftmut.

Selbstverständlich kann die Bewegung, die er sich vorstellt, nur international sein. Ein Zentralkomitee soll in Zürich gegründet werden, nachdem sich eine internationale Liga von kleinen lokalen Komitees gebildet hat. Das Zentralkomitee soll die Aufgabe haben, nationale Komitees entstehen zu lassen und die einzige Waffe zu propagieren, die etwas bewirken kann: die pazifistische Offensive von Frauen aus der ganzen Welt gegen Militarismus und Krieg.

Es geht nicht um vage Bestrebungen, sondern um ein Programm, das Druck auf die Regierungen ausüben soll, um konkrete Reformen zu erreichen. Dunants Ausgangspunkt war die Wohltätigkeit gegenüber Schwächeren, Verletzten und Sterbenden gewesen; nun nähert er sich einem Anspruch auf Gerechtigkeit für den übervorteilten Part der Menschheit. Das Zentralkomitee soll Gruppen bilden, die Druck auf die verschiedenen Regierungen ausüben, damit diese Reformen durchführen und die schlimmsten Ungerechtigkeiten gegenüber Frauen abschaffen. Ziele sind: größeren Anspruch der Ehefrauen auf das Ergebnis ihrer Arbeit anzuerkennen; den Mann daran zu hindern, das Vermögen und die persönlichen Einkünfte der Frau zu verprassen; die Gleichheit der Rechte der Elternteile in der Kindererziehung zu erreichen; den Verlust der Rechtsfähigkeit der Braut aufzuheben; die Rechtsgleichheit der Geschlechter zu erreichen.

Diese Forderungen der Gleichberechtigung werden von einer Reihe von Vorschlägen zu Maßnahmen sozialer Absicherung begleitet: Die einzelnen Nationalkomitees sollen sich dazu verpflichten, einen Kapitalstock zu bilden. Damit ließen sich ein Mindestbetrag für jedes weibliche Mitglied bei Eheschließung, ein jährlicher Zuschuss zur Kindererziehung und eine soziale Grundsicherung für Notfälle wie Krankheit, Arbeitsunfähigkeit, Alter in Einsamkeit usw. finanzieren.

Dabei muss hervorgehoben werden, dass das ganze Vorhaben

ausschließlich in der Hand von Frauen liegen sollte, Männer waren nur zugelassen, um finanzielle Unterstützung zu leisten.

Das Projekt kommt nicht über eine Vorstufe hinaus. Sara Bourcart, die das Zürcher Komitee organisieren sollte, ist zwar sehr bemüht, ihr fehlt aber das Naturell, um die Sache anzutreiben. Außerdem zieht sie sich nach ihrer Heirat aus diesem Unternehmen zurück. Ebenso wenig gelingt es der niederländischen Korrespondentin Pauline Gendre, ein Komitee in Utrecht zu gründen.

Aber Dunant gibt sich nicht geschlagen – auch dies ein Zeichen seiner wiedergewonnen, fortschreitenden öffentlichen Präsenz. In die *Entstehungsgeschichte des Roten Kreuzes* hat er seine neuen Überzeugungen eingefügt und hier hat er die Idee der «Damen des Grünen Kreuzes» lanciert, die sich in den Großstädten auf freiwilliger Basis um die Organisation von Beratungsstellen kümmern sollten. In diesen «Oasen der moralischen und materiellen Errettung» sollten Frauen betreut werden, die durch einen Notfall ihre Familie verlassen mussten und in der Stadt Mitgefühl, Rat und Hilfe brauchen, um eine Arbeit zu finden. Und Dunant beharrt auf diesem neuen Projekt.

Die Zeitungen nehmen diese Vorschläge wieder auf, man diskutiert und sammelt Zuspruch und 1899 gründet Julia Belval in Brüssel die erste Gesellschaft des Grünen Kreuzes. Mit Bezug auf Dunant schreibt Maurice Belval: «Seine in den Wind gestreute Idee ist hier gelandet. Zum Glück hat sie ein Stück fruchtbaren Boden gefunden, wo sie aufkeimen konnte, und dank des Engagements gewisser Damen, die ich nicht nennen werde, wurde sie realisiert: Der Baum ist gepflanzt worden.»

Doch auch hier wird kein Wald entstehen. Die Brüsseler Gesellschaft existiert drei Jahre lang, dann wird das Bäumchen auf einen stärkeren Stamm gepfropft: den Nationalrat der Belgischen Frauen. Nirgendwo sonst finden sich Spuren von weiteren Organisationen und Dunant muss sogar auf das Zeichen des grünen Kreuzes verzichten, das schon von den Hilfsgesellschaften für Kolonialsoldaten in Anspruch genommen wird.

Eher als von einem Ende könnte man in diesem Fall von der Übertragung einer Hauptsorge auf ein neues Feld reden. Im Feminismus Dunants steht der Kampf um den Frieden im Mittelpunkt. Nun führt dieses Ziel Dunant dazu, sich in die pazifistische Bewegung einzugliedern, die sich im letzten Jahrzehnt des 19. Jahrhunderts weit entwickelt hat. Entscheidend für diesen Richtungswechsel ist noch einmal die Begegnung mit einer Frau.

Zum Jahrestag der Schlacht von Solferino hatte ihm die Winterthurer Sektion des Roten Kreuzes im Jahr 1892 zwei Bände des antimilitaristischen Romans *Die Waffen nieder!* der Baronin von Suttner zukommen lassen. Dunant schätzte sowohl das Geschenk als auch die rührende Erinnerung an den «Samariter von Solferino», die darin enthalten ist. Erst 1895 ergreift er aber die Initiative und schreibt an Bertha von Suttner, um ihr eine gemeinsame Initiative vorzuschlagen.

Als böhmische Gräfin Kinsky geboren, wechselte Bertha von Suttner später durch ihre Ehe in den österreichischen Adel. Sie war eine Frau mit großer Bildung und starkem Charakter. Als Gründerin der *Österreichischen Gesellschaft der Friedensfreunde* gehörte sie zu den Hauptvertretern des Pazifismus des ausgehenden 19. Jahrhunderts und verschrieb sich ganz und gar leidenschaftlich der Sache des Friedens. Die Baronin antwortet sofort auf den Brief Dunants. Sie findet bewundernde und ehrerbietige Töne für den Rotkreuz-Gründer und sieht in ihm und seinem Werk die Vorzeichen der pazifistischen Bewegung.

Von diesem Moment an entwickelt sich ein intensiver Briefwechsel voller Achtung und Freundschaft, Schmiede gemeinsamer Initiativen, wenn auch mit wichtigen Unterschieden in ihrer generellen Ausrichtung. Gemeinsam arbeiten sie die Idee eines *Aufrufes an die Völker des Ostens* aus. Diesen schreibt er voller Anteilnahme, weil er sich sowohl dem Nahen Osten durch seine früheren Projekte als auch dem Fernen Osten, wo Japan und Siam dem Roten Kreuz beigetreten waren, verbunden fühlt. Der Vorschlag eines gemeinsamen Engagements für den Frieden beginnt mit einer demütigen Geste der Anerkennung der Unrechtstaten, die die Europäer den Völkern des Ostens angetan haben.

Unsere europäischen Vorfahren, Barbaren Euch gegenüber
In diesem Schreiben wenden sich die Europäer, die den Krieg bekämpfen, an die Asiaten aller Rassen, Nationen, Bekenntnisse und Meinungen, um sie aufzufordern, mit ihnen brüderlich am Friedenswerk der gesamten Erde mitzuarbeiten.
Unsere sogenannte europäische Civilisation kommt uns vom Osten; Ihr seid uns um viele Jahrhunderte vorausgegangen. Vor allem müssen wir offen zugeben, und wir wollen es mit tiefer Beschämung gestehen, dass während einer Reihe von Jahrhunderten unsere europäische Vorfahren sich nur zu oft als Barbaren den Euren gegenüber erwiesen haben. Statt aus Eurer alten Civilisation Nutzen zu ziehen und Euch in die Bahn eines weisen, friedlichen Fortschritts zu lenken, haben sie ungerechterweise Euren Glauben, Eure Gesetze, Eure Traditionen verachtet und sich oft habsüchtig und grausam gezeigt.
Vergesset und verzeihet ihnen dieses Gebahren, das untrennbar war von der Gewaltherrschaft, die leider bis heutzutage die Welt regiert hat. (aus dem *Aufruf an die Völker des Ostens*)

Den *Aufruf* liest 1897 Bertha von Suttner auf dem Friedenskongress von Hamburg vor. Er stellt das erste, wenn auch nicht persönliche, Wiederauftreten Henry Dunants auf der Weltbühne dar. Dunant ist somit auf der Zielgerade seines Weges einer vollständigen Rehabilitierung angekommen. Um das letzte Stück des Weges noch zu ebnen, stellt Dunant allerdings seine eigene Vergangenheit ganz unter ein pazifistisches Vorzeichen, nicht ohne eine gewisse Selbstverklärung. Dem norwegischen Stabsarzt Hans Daae, der einer der Hauptunterstützer seiner Kandidatur für den Friedensnobelpreis sein wird, schreibt er Folgendes:

> Letztlich war mein großes Hauptziel, zu zeigen, was der Krieg ist, damit alle Leser Abscheu davor empfinden. Deshalb verfasste ich 1861 [*sic*] mein Buch *Un Souvenir de Solferino*. Ich hoffte, dass ich mit diesem praktischen, wenn auch nicht direkten Mittel, ein wenig zur Verbreitung der Ideen von internationalem Frieden, Schiedsgerichtsbarkeit und Vermittlung beitragen könnte. […] In der Tat war es die Abscheu vor dem Krieg, die mich nach Solferino geführt hatte.

Aber inzwischen geht seine intensive Zusammenarbeit mit Bertha von Suttner weiter, wenn auch mit unterschiedlichen Akzentsetzungen. Die Baronin ist radikal und zielt darauf, das rote Kreuz, das für die Begrenzung der Kriegsschäden steht, durch die weiße Fahne zu ersetzen, welche die Abschaffung des Kriegs selbst bezweckt. Die Aufsehen erregende Friedensinitiative des Zaren Nikolaus II. hat eine diplomatische Konferenz zum Ziel, welche «die wirksamsten Mittel [sucht], um allen Völkern die Vorteile eines echten und dauerhaften Friedens zu sichern und vor allem ein Ende für die aktuelle Entwicklung der Aufrüstung zu schaffen» und führt 1899 zur Ersten Haager Friedenskonferenz. Die Baronin ist über das Programm verärgert, das unter Punkt 5 die Ausweitung der Genfer Konvention auf den Seekrieg vorsieht, und schreibt an Dunant: Schluss mit der Reglementierung des Krieges! Dunant soll sich mit seiner Autorität als Rotkreuz-Initiator zu Wort melden, um zu dessen Überwindung aufzurufen…

Dunant ist grundsätzlich nicht einverstanden: Für ihn ist das Rote Kreuz ein entscheidender Übergang auf dem Weg zur Abschaffung des Krieges – oder besser gesagt, in Hinblick auf die Begrenzung des Krieges. Im Grunde bleibt Dunant bei seiner düsteren und apokalyptischen Vision eines totalen Ausbruchs der «wissenschaftlichen Barbarei», die er mit der Veröffentlichung einiger Passagen aus seinem *L'Avenir Sanglant* wieder thematisiert hat. Im Bereich des Möglichen liegt, sich für die Schiedsgerichtsbarkeit einzusetzen. Zu diesem Thema hat er einen bemerkenswerten Kommentar zur Einberufung der Konferenz durch den Zaren geschrieben: Auf der einen Seite entwickelt und präzisiert er darin sein Projekt zur Schiedsgerichtsbarkeit, das er 1872 in Plymouth vorgetragen hatte, auf der anderen richtet er einen leidenschaftlichen Aufruf an die Weltöffentlichkeit – der einzige Hebel, den man gegen die Gefahr des Krieges ansetzen kann.

Bevor es zu spät ist

Wacht aus Eurer Trägheit auf, aus Eurer schuldhaften Gleichgültigkeit, aus Euren nichtigen, provinziellen Streitereien, die häufig absolut spitzfindig sind. Macht die Augen auf, die Ihr sonst vor der Gefahr verschließt. Es gibt erhebende Stunden auf dem Zifferblatt der Geschichte: Verpasst nicht die Gunst des Augenblicks und dieses günstige Jahr. Dieses Jahrhundert soll nicht zu Ende gehen, ohne dass überall eine große und friedliche Volksbewegung ans Licht tritt, die sich für die Abrüstung und den Frieden einsetzt. Die Zahl der Anhänger wird in die Millionen gehen. Es ist Eure Meinung, welche die Meinung Eurer Regierungen, Parlamente und Ministerien bestimmt, wenn Ihr die Mehrheit seid. Es ist also notwendig, dass überall Mehrheiten entstehen, die sich eindeutig zugunsten des Friedens aussprechen. In dieser Hinsicht riecht Eure Trägheit nach Feigheit, Eure Gleichgültigkeit nach Dummheit, Euer Widerstand nach Faulheit und Ignoranz – noch schlimmer: Das ist ein Verbrechen. Bevor es zu spät ist, wacht auf! (aus *Der Vorschlag von Seiner Majestät dem Zaren Nikolaus II.*)

Zum Thema der internationalen Schiedsgerichtsbarkeit muss ein kurioses Detail erwähnt werden. Von seinem unstillbaren Durst nach Anerkennung getrieben, hatte Dunant 1896 durch seinen Freund Baumberger anfragen lassen, ob er «ein kleines Zeichen des Wohlwollens des Papstes, [...] eine Zeile Seiner erlauchten und verehrten Hand» erhalten könne. Baumberger hatte diese Sache dem St. Gallener Bischof Augustinus Egger vorgetragen, der sofort den Nutzen einer indirekten Schirmherrschaft durch den Vatikan erkannt hatte, welche die öffentliche Meinung beeinflussen könnte. Der Kardinalstaatssekretär Mariano Rampolla hatte sich dieser Meinung angeschlossen. Und in der Tat kam aus Rom schon drei Wochen später ein Portraitfoto von Papst Leo XIII. mit der eigenhändigen Widmung *Fiat pax in virtute tua Deus*. Das an dieser Stelle interessante Detail ist Henry Dunants Anfrage, die im Vatikanischen Archiv aufbewahrt wird. Darin bringt er diesen überraschenden Wunsch vor: «Wenn der Papst die Entscheidungen zur Schiedsgerichtsbarkeit zwischen allen Länder aller Kontinente in allen Fragen, in denen Uneinigkeit herrscht, als Souverän treffen würde, wäre der Krieg de facto abgeschafft.» Dass es dabei nicht lediglich um eine *Captatio Benevolentiae*[1] handelte, scheint durch den darauf folgenden Brief-

1 Auf Deutsch: «Erlangen des Wohlwollens». (Anmerkung der Übersetzerin)

wechsel zwischen Dunant und Bischof Egger nachweisbar. Daraus geht hervor, dass Dunant sich darüber beklagte, dass der Papst zur Haager Konferenz nicht eingeladen wurde, und dass er sogar gewünscht hätte, dass diesem der Vorsitz der Konferenz übertragen wird. Ausgehend vom alten Groll gegenüber Jesuiten und der radikalen Abqualifizierung jeder kirchlichen Institution, kann diese 180-Grad-Wendung Dunants in Richtung Kirche und Katholizismus nur verwundern. Andererseits kann man dies als Versuch deuten, auf der Suche nach einer noch sehr unsicheren universellen Basis für die Institution der Schiedsgerichtsbarkeit fündig zu werden.

Aber zurück zur Konferenz. Jetzt, als die Arbeit in Gang kommt, scheint Dunant über eine andere Person daran teilzunehmen: In Briefen an Bertha von Suttner äußert er Ratschläge und nennt Personen, mit denen man sich in Verbindung setzen soll. Zudem sendet er einen eigenen Beitrag zum 8. Programmpunkt, der die internationalen Schiedsgerichtsbarkeit thematisiert. Diesen lässt die Baronin in der täglichen Chronik der Konferenz veröffentlichen, die an die Konferenzteilnehmer verteilt wird ...

Schließlich wird die Haager Konferenz zum Thema der Schiedsgerichtsbarkeit nicht mehr als die Formulierung eines Wunsches erreichen. Trotzdem müssen die Hauptergebnisse der Konferenz, von denen bereits die Rede war, für Dunant äußerst befriedigend gewesen sein.

DER FRIEDENSNOBELPREIS

Das Jahrhundert geht dem Ende entgegen und Dunant wird inzwischen als einer der Hauptkandidaten für den Friedensnobelpreis gehandelt. Ende der Achtzigerjahre hatte er in *L'Avenir Sanglant* geschrieben: «Die Wissenschaft hat uns zu Krupp-Kanonen, Torpedos, Dynamit und dem ganzen Rest geführt; wahrscheinlich hält sie für uns noch ganz andere Überraschungen bereit, welche die Zukunft zu unserem Unglück offenbaren wird.» Er konnte damals noch nicht ahnen, dass eben jener Erfinder des Dynamits, Alfred Nobel, ausgerechnet unter dem Einfluss der Baronin von Suttner mit einem Teil seines Vermögens einen Preis für die Person oder die Einrichtung stiften würde, die «am meisten oder am besten für die Verbrüderung der Völker und die Abschaffung oder Verminderung der stehenden Heere sowie für die Veranstaltung und Förderung von Friedenskongressen gewirkt hat». Genauso wenig konnte er ahnen, dass das norwegische Parlament zwei Jahre nach Nobels Tod bei der Erfassung der eingegangenen Vorschläge für die erste Preisverleihung seinen Namen einbeziehen würde. Vieles hat zu dieser Kandidatur beigetragen: seine jüngsten Schriften – insbesondere in der Zeitschrift der pazifistischen Bewegung „Die Waffen nieder!" –, die Veröffentlichung der *Entstehungsgeschichte des Roten Kreuzes* und die Beiträge für die Friedenskonferenzen von Hamburg und Den Haag. Vor allem aber war es die intensive Unterstützung zweier Freunden des einsamen Alten: des alten Freundes Rudolf Müller und des neuen Freundes Hans Daae. Letzterer ist als Militärarzt im Griechisch-Türkischen Krieg an der Front gewesen und weiß um den unersetzlichen Wert des Roten Kreuzes. Sein Briefwechsel mit Dunant beginnt 1898 und reicht zeitlich weit über die Preisverleihung hinaus. Daae sucht im selben Jahr Dunant in Heiden auf, trifft Rudolf Müller in Stuttgart und führt zusammen mit ihm die Kampagne zugunsten Dunants. Offiziell wird seine Kandidatur von Prinzessin Gabrielle Wiesniewska vorgeschlagen, die in Frankreich der *Alliance universelle des femmes pour la paix par l'éducation* mit fünf Millionen Mitgliedern vorsitzt. Dieses Vorhaben ist nicht leicht umzusetzen: zum einen, weil es andere verdienstvolle Kandidaten gibt, und zum anderen, weil die Gründung des Roten Kreuzes an sich keine ausreichende Voraussetzung für die Preisverleihung darstellt. Aber Dunant liefert Hans Daae eine umfassende Dokumentation seines Engagements für die internationale Schiedsgerichtsbarkeit und den Schutz der Kriegsgefangenen – ein Engagement, das Dunant als kontinuierliche Fortsetzung der Initiative Zar Nikolaus II. und dessen Einberufung der Haager Friedenkonferenz sieht.

Schließlich wird 1901 der erste Friedensnobelpreis je zur Hälfte an Henry Dunant und an Frédéric Passy, der unerwartet von Bertha von Suttner als Kandidat favorisiert wurde, verliehen. Für Dunant, der seit Solferino den Horizont seiner humanitären Berufung stetig erweitert hatte, stellt der Preis, der alle seine Erwartungen übersteigt, die höchste weltweite Anerkennung seines Werkes und seiner Gedanken dar.

Dies bedeutet aber nicht, dass die alten internen Auseinandersetzungen überwunden sind ...

EXKURS: VISIONÄR UND VORLÄUFER

Aus dem, was bisher berichtet wurde, erscheint eindeutig, dass Henry Dunant ein großer Visionär gewesen ist, ein Mann mit genialen Eingebungen von schier unvorstellbaren Möglichkeiten. Zwar kommen prinzipiell dem Wort «Visionär» ambitiöse Ansprüche zu, aber in Dunant wirkten eine Beharrlichkeit, eine Sturheit den Hindernissen gegenüber und eine kommunikative Überzeugungskraft, die diesem Wort die ganze darin enthaltene Kraft einer Person verleihen, die ihren Zeiten voraus ist. Das spiegelt der schon erwähnte Spruch Dunants: «Die Utopie von heute wird häufig schon morgen zur Realität.»

Ausgehend von der imposanten humanitären Einrichtung, die das Rote Kreuz heute in der Welt darstellt, können wir die außerordentliche Erkenntnis in den beiden Fragen am Ende von *Un Souvenir de Solferino* ermessen. Hier offenbaren sich gleichsam zwei Seiten eines kleinen Keils, der in einen winzigen Riss in der kompakten Mauer des Krieges eingeschlagen wurde, der wieder und wieder hineingetrieben wurde, bis er langsam den Durchgang freilegen konnte und somit unverhoffte Möglichkeiten eröffnete.

Als Henry Dunant jene Idee eines anderen aufnahm – Dr. Bastings Idee der Neutralität –, die für die Realisierung und die Tätigkeit der Hilfsgesellschaften unabdingbar war, ergriff er sie und lancierte sie gerade rechtzeitig, um sie zum integralen Bestandteil des Projektes zu machen. Dabei spielte keine Rolle, dass sein Vorgehen fragwürdig war und seine Kollegen des IKRK irritierte.

Die Kontinuität und der Fortbestand der Hilfsgesellschaften in Friedenszeiten stellten den Trumpf des Projektes dar. Diesem fügte er ein besonderes Element hinzu, das neue Wirkungsfelder eröffnete. Seine Idee war, dass das Rote Kreuz sich in Friedenszeiten nicht nur auf die Hilfsaktionen in Kriegszeiten vorbereiten, sondern auch Hilfe bei Naturkatastrophen leisten sollte, auch wenn dies ein ganz anderes Aufgabengebiet ist.

Die Ausdehnung der Hilfe auf Kriegsgefangene ist ebenfalls eine Idee, die Dunant von anderen übernommen hat, insbesondere von Prinz Demidoff. Dunant konnte sie aber klarer fassen und entwickeln und kämpfte hartnäckig und verbissen dafür, auch wenn er die Realisierung nicht mehr erleben konnte.

Die Genialität dieser Eingebungen fällt besonders dann auf, wenn man sie mit der von Gustave Moynier eingenommenen Position vergleicht. Der große und unermüdliche Rotkreuz-Organisator war zwar ein mit Ausdauer und Standhaftigkeit begabter Mann, jedoch ohne visionäre Kraft.

Obwohl Moynier von der ursprünglichen Idee Dunants begeistert war, wies er das Neutralitätskonzept zurück, weil er dieses für nicht realisierbar hielt. Aus diesem Grund lehnte er ab, es auf die Agenda der Genfer Konferenz von 1863 zu setzen.

Ebenso sprach sich Moynier 1867 auf der Ersten Internationalen Konferenz der Hilfsgesellschaften in Paris definitiv gegen den Vorschlag aus, dass die Hilfsgesellschaften sich in Friedenszeiten mit Naturkatastrophen beschäftigen – aus Angst, sie würden dann ihre zentrale und grundlegende Aufgabe vernachlässigen, nämlich sich für den Einsatz in Kriegszeiten vorzubereiten.

Moynier hielt die Ausweitung der Hilfe auf Kriegsgefangene, die im Brief Demidoffs bei der Genfer Konferenz von 1864 gefordert wurde, für nicht akzeptabel. Seiner Meinung nach hätte das von der eigentlichen Aufgabe des Roten Kreuzes, nämlich der Hilfe für Verwundete und Kranke im Krieg, abgelenkt. Es ist wahr, dass Moynier in Anbetracht des auf das IKRK ausgeübten Druckes zur Zeit des Deutsch-Französischen Krieges 1870 akzeptierte, die Parallelorganisation des Grünen Kreuzes einzurichten, die viel für die Kriegsgefangenen beider Seiten leistete. Aber nach Ende des Krieges ließ er zu, dass das Grüne Kreuz sich auflöste, und ging auf Abstand zu den Aufgaben, die nicht in der Genfer Konvention vorgesehen waren. Erst bei der Genfer Konferenz von 1906, mehr als dreißig Jahre später, wird das IKRK – offiziell noch vom alten Moynier, in der Praxis aber bereits von Gustave Ador geleitet – in der neu verfassten Konvention auch die Verantwortung für Kriegsgefangene als eine der zusätzlichen Aufgaben verankern.

Ohne Moyniers organisatorische Fähigkeit wäre das Rote Kreuz nicht entstanden und hätte nicht überleben können. Trotzdem gebührt die Palme des genialen Entwurfes von Anfang bis Ende dem Visionär Dunant.

Der Genfer Philanthrop war aber nicht nur ein Träumer. In einigen seiner Visionen, obgleich nicht realisiert, war er auch Wegbereiter.

Man denke nur an die Tatsache, dass das Projekt der *Bibliothèque Internationale Universelle*, das von Dunant als Mittel konzipiert worden war, «viele Vorurteile zu zerstören, [...] die Bindung und Nähe unter den Ländern zu vervielfachen, [...] die Herrschaft des Friedens und des Rechts zwischen den Menschen einfacher und dauerhafter zu machen», zwar nur zum kleinsten Teil realisiert wurde, aber die Vorwegnahme des Werkes der UNESCO darstellt. Die Organisation der Vereinten Nationen für Erziehung, Wissenschaft und Kultur wurde am 16. November 1945 in London unter anderem mit dem Ziel gegründet, «zur Wahrung des Friedens und der Sicherheit beizutragen, [...] durch Erhaltung und Schutz des Welterbes an Büchern, Kunstwerken und Denkmälern der Geschichte und Wissenschaft [...] durch Einführung geeigneter Formen internationaler Zusammenarbeit mit dem Ziel, alle Veröffentlichungen weltweit frei zugänglich zu machen». Bevor das Internet alle Programme revolutionierte, hat die UNESCO in den ersten vierzig Jahren ihres Bestehens fast tausend Meisterwerke der Menschheit in englischer und französischer Sprache veröffentlicht.

Die Idee, die Gelegenheiten für Auseinandersetzungen durch internationale Schiedsgerichtsbarkeit zu begrenzen, ist im 19. Jahrhundert mehrfach aufgetaucht. Es sei hier nur an die Projekte des Amerikaners William Ladd (*An Essay on a Congress of Nations*, 1840) und des Franzosen Jean-Jacques de Sellon (*Mes réflexions*, Genf, 1929) erinnert. Aber Henry Dunant entwickelte für das Projekt eine besondere Struktur: Ihm schwebten eine regelmäßig tagende, internationale Versammlung und ein ständiges Büro für die Behandlung der vorgelegten Fälle vor. Damit ist er zweifelsohne einer der Vordenker der Gründung der Vereinten Nationen mit ihren beiden ständigen Einrichtungen, der Generalversammlung und dem Sicherheitsrat.

Gewiss hat Henry Dunant die Frauenbewegung nicht erfunden und er hat sich den Schutz der Frau – mehr als die Emanzipation – in einem konservativen Rahmen vorgestellt. Jedoch gehört er mit seiner Formulierung von Rechtsansprüchen zu den Vorläufern der imposanten Bewegung der Frauenemanzipation, die das 20. Jahrhundert durchzog.

Unter einem besonderen Aspekt, der erwähnenswert ist, wurde die Eigenschaft des Genfer Philanthropen als Wegbereiter ebenfalls untersucht: Mit Sicherheit war Henry Dunant auch ein Vorreiter des Zionismus.

Im Rahmen seiner Initiativen, seine finanziellen Probleme zu lösen, haben wir auf Dunants Projekt einer *Société Internationale Universelle pour la Rénovation de l'Orient* (1866) unter ihren wirtschaftlichen Aspekten hingewiesen. Viel wichtiger als diese Aspekte, die sich schließlich erübrigen, ist der allgemeine Rahmen des Projekts. Von kurzer Dauer ist auch die bonapartistische Perspektive, die eine politische Unterstützung dieser Erneuerung des Orients dem französischen Kaiser anvertraute. Aber zwei Perspektiven bestimmen dauerhaft das Programm des Genfer Visionärs.

Die erste bezieht sich auf die Bedingung für die Erneuerung des Orients, deren Anfang und Kernpunkt für Dunant in Palästina liegt. «Dank der Tätigkeit der Société Universelle pour l'Orient», so formuliert Dunant im Programm der Gesellschaft, «würden diese entstehenden Kolonien die diplomatische Neutralität nach dem Beispiel der Schweizerischen Eidgenossenschaft erhalten. Dies würde durch ein Abkommen zustande kommen, das durchaus gewisse Ähnlichkeiten mit der in Genf unterzeichneten Konvention zugunsten der Ambulanzen, des Sanitätspersonals und der verwundeten Soldaten hätte.»

In der zweiten, grundlegenden Perspektive geht es um das Zusammenleben zweier Völkern und zweier Staaten in Palästina.

Ismael und Israel

Die Versöhnung der beiden Stämme Ismaels und Israels, das heißt die Versöhnung von Arabern und Juden, und die Gründung eines arabischen Reiches sind für das Abendland ebenso wichtig wie für

die Wiederherstellung der ursprünglichen Situation im Orient. Dies war dem durchdringenden Geist Napoleons I. nicht entgangen, dessen enormes Ansehen im ganzen Orient erhalten ist und dessen Überlegungen in diesem Zusammenhang anscheinend vollständig mit den Angaben der Bibel im Einklang stehen. Hier steht, dass Abrahams Sohn Ismael das Land zwischen Tigris und Euphrat bis nach Ägypten hin zukommt.
Die Bibel legitimiert das Prinzip der Nationalität und aus ihren Äußerungen selbst scheint klar hervorzugehen, dass die Nachfahren Ismaels, ebenso wie die Isaaks, die entsprechenden Gebiete schließlich zurückgewinnen müssen. Die Zukunftsprophezeihungen der Heiligen Schrift stimmen mit dieser Vorstellung Napoleons überein und zeigen uns die beiden alliierten Völker wie zwei alliierte Brüder, die sich gegenseitig schützen. (aus dem Programm der *Société Internationale Universelle pour la Rénovation de l'Orient*, 1866, einziges vorhandenes Exemplar, Kapitel VI).

Für die Verwirklichung dieser Gedanken hat sich Dunant nicht nur auf seine Fähigkeiten als Verfasser von Projekten und Statuten beschränkt. Sein Brief vom 24. August 1897 dokumentiert ein beeindruckendes Netz von Kontakten, das von dem unermüdlichen Verfechter einer jüdischen Initiative geknüpft wurde und das die «territoriale Wiederherstellung einer israelitischen Nationalität» erlauben sollte. Dunant hat dafür alles Menschenmögliche unternommen. Er hat sogar die Möglichkeit erwogen, der Eitelkeit der schwerreichen jüdischen Finanzmänner zu schmeicheln, denen er die Verleihung von Adelstiteln, basierend auf judäischen Ortsnamen, seitens des französischen Kaisers vorschlug. Er warb innerhalb der jüdischen Einrichtungen für seine Ideen, seit 1865 als zahlendes Mitglied der *Alliance Israélite Universelle* und später der *Anglo-Jewish Association* unter dem Vorsitz von Baron Henry de Worms. Vergeblich.

Aber jetzt, dreißig Jahre später, hat sich etwas bewegt. Wir wissen nicht was, aber wir wissen, dass Dunant darauf voller Enthusiasmus antwortet. Der zitierte Brief beginnt mit einem Ausruf: «Ja! Tausendmal ja; seit 50 Jahren schon warte ich auf diesen Augenblick.» Vielleicht handelte es sich um eine Einladung zum Ersten Zionistenkongress, der kurz darauf stattfindet. Als Antwort auf dieses uns unbekannte Angebot schickt Dunant seinem Korrespondenten – so präzisiert der Brief – «drei jüdische Aktenbündel» mit einem Teil seiner «Dokumentation zur zionistischen Frage». Tatsache ist, dass Dunant vier Tage später an dem Zionistenkongress teilnimmt und sich unter den vielen jüdischen und nichtjüdischen Honoratioren wie unter seinesgleichen fühlt. Seine Anwesenheit bezeugt das Protokoll des Basler Zionistenkongresses vom 29. August 1897. Alle Historiker des Zionismus zählen ihn von diesem Zeitpunkt an zu den Vorläufern der Bewegung. Die erste Person, die ihm diese Ehrung zuerkennt, ist Dr. Max Nordau, der ihm wenige Tage nach dem Kongress seine höchste Anerkennung schriftlich übersendet.

Dr. Max Nordau, zusammen
mit Theodor Herzl Gründer
der Zionistischen Weltorganisation

Prophetischer Zionismus

Mein Herr und sehr verehrter Meister,
erlauben Sie mir, Ihnen zu danken: für Ihre höchst interessanten Dokumente und für Ihre Biographie, mit der Sie mich beehrt haben und die Sie mir direkt oder indirekt haben zukommen lassen. Von Paris aus werde ich Ihnen die Dokumente zurücksenden und diesen einige Beobachtungen hinzufügen, die sich schon jetzt im Ausdruck der Dankbarkeit und Bewunderung zusammenfassen lassen. An dem Tag, an dem sich der Zionismus so weit durchgesetzt haben wird, dass er zurückblicken und sich mit seiner eigenen Geschichte und seinen Vorläufern beschäftigen kann, wird auf Ihre wunderbar hellsichtige Initiative und auf die Großzügigkeit eines echten Christen und Menschheitsfreundes verdientermaßen Licht fallen. In der Tat haben Sie ein so großes Recht auf ewige Anerkennung durch die Menschheit und Ihre Rolle in der Geschichte der Zivilisation ist so gewichtig und ruhmreich, dass Ihre Taten als sozusagen prophetischer Zionist in ihrer Grandiosität Ihre anderen Arbeiten in Ihrem schönen Leben fast untergehen lassen.
Empfangen Sie, mein Herr und verehrter Meister, den tiefen Respekt Ihres ergebenen Dieners.
Dr. Max Nordau (Brief vom 31. August 1897 aus Basel)

Mit den Ideen der Neutralisierung Palästinas, der Gründung zweier Staaten auf diesem Gebiet – einem israelitischen und einem arabischen – und des friedlichen Zusammenlebens zweier Völker kommt Henry Dunant nicht nur der zionistischen Bewegung zuvor. Zugleich ist er Vordenker der heutigen Initiativen mit der immer schwächer werdenden Hoffnung, den glühenden Brandherd des Nahost-Konfliktes zu löschen.

Ein gemeinsamer Grundzug kennzeichnet diese Visionen und Vorwegnahmen. In dem Jahrhundert, in dem sich die Nationalitäten festigen, die sich so häufig bis aufs Messer bekämpfen, vertritt Dunant das Konzept der Universalität, das sich durch alle seine Projekte zieht. Wenn auch noch von einem eurozentristischen Hintergrund dominiert, beschreibt Dunant das Ideal der parteiübergreifenden, kosmopolitischen, internationalen Begegnung der unterschiedlichen Kulturen, wo Unterschiede anerkannt, begrüßt, geschätzt und aufgewertet werden. Dabei hat er ein Wachstum der Menschheit in Brüderlichkeit und Frieden im Blick. Es ist genau diese Perspektive, mehr noch als die nur prophetischen Visionen von *L'Avenir Sanglant,* die aus Dunant trotz all seiner Widersprüche einen der immerwährenden Bezugspunkte für den Weg der Menschlichkeit macht.

9.

1910: DAS FINALE

«Dieses Komitee [das IKRK]», schreibt 1907 Moynier in seinem letzten Werk zum Roten Kreuz, «war, wie man sich vorstellen kann, davon zutiefst alarmiert und dachte, seine letzte Stunde habe geschlagen.»

Die lähmende Angst, dass die Insolvenz der *Crédit Genevois* nicht nur eines seiner Mitglieder in den Skandal zieht, sondern dass das ganze IKRK befleckt und hinabgezogen würde, erklärt diese Haltung des Vorsitzenden, auch wenn sie diese nicht rechtfertigt. Moynier setzte sich sein ganzes Leben lang nicht nur dafür ein, dass man zum ehemaligen IKRK-Sekretär dauerhaft auf Abstand geht, sondern auch dafür, die Rolle Henry Dunants bei der Gründung des Roten Kreuzes kleinzureden und die Erinnerung an die Person Dunants auszulöschen. Diesen ziemlich abstoßenden Aspekt der Persönlichkeit Moyniers haben Paolo Vanni und seine Forschungsgruppe der Universität Florenz ans Licht gebracht.

Zunächst schrieb Moynier im August 1867 dem Vorsitzenden der Ersten Internationalen Konferenz der Hilfsgesellschaften, die in Paris kurz vor ihrer Eröffnung stand, und wies darauf hin, dass Henry Dunant das IKRK nicht mehr vertrete. Obwohl er dessen Anwesenheit an der Konferenz nicht verhindern könne (Dunant war noch immer stellvertretender Vorsitzender), würde er nicht an einer Sitzung teilnehmen, der auch Dunant beiwohne. Des Weiteren schrieb er verschiedene Briefe an nationale Hilfsgesellschaften, um Henry Dunants Verhalten tadelnd anzuprangern und die Empörung des IKRK auszudrücken, das sein Vertrauen in solch ein Subjekt gesetzt hatte. Als Dunant 1872 nach England abreiste, schrieb Moynier der britischen Rotkreuz-Gesellschaft, um sie vor dem ehemaligen Komitee-Mitglied zu warnen.

Es existiert hingegen kein Beweis für die Behauptung, dass ein Rundbrief zum Fall Dunant geschrieben und allen nationalen Rotkreuz-Gesellschaften zugeschickt wurde. Ebenso wenig ist irgendeine Handlungen dokumentierbar, mit der sich Moynier gegen Hilfe, die für Dunant bestimmt war, verwahrt hätte.

Das Kleinreden der Rolle Dunants bei der Gründung des Roten Kreuzes und das Auslöschen seiner Person wurde von Moynier bei jeder Gelegenheit betrieben und kann in seinen Schriften nachgeprüft werden. In den unterschiedlichen von Moynier zwischen 1873 und 1907 verfassten Werken zur Rotkreuz-Geschichte wird der Name Henry Dunants so gut wie nie genannt.

Dieses Werk des Leugnens und Auslöschens, verbunden mit dem Verschwinden Dunants nach 1875, führte in der öffentlichen Meinung zum regelrechten Tod der Person. In der Zeit, als er sich nach Heiden zurückgezogen hatte, lösten die Wiederentdeckung Dunants durch Baumberger und sein erster Brief an die Baronin von Suttner Erstaunen aus, weil er für tot gehalten wurde.

Eine Episode zeigt deutlich, wie dicht der Schleier des Vergessens war, der über Dunant ausgebreitet wurde. 1889 verfasst der Schriftsteller Maxime Du Camp das Bändchen *La Croix-Rouge de France,* das große Verbreitung findet. Darin stellt er die Vorgeschichte der Genfer Konvention dar und berichtet ausführlich über die Initiative des neapolitanischen Arztes Ferdinando Palasciano, der 1861 einen Appell zur Neutralisierung der Verwundeten veröffentlicht hatte. Daraus schließt er mit leichtfertiger Sicherheit, dass «Doktor Palasciano de facto der Gründer des Roten Kreuzes ist».

Dunant erfährt davon, reagiert aber nicht unmittelbar darauf. Später informiert ihn der Sekretär der Reimser Sektion der Rotkreuz-Gesellschaft, Ferdinand Lambert, mit dem er in Briefwechsel steht, darüber, dass Dr. Georges-Henri Colleville von der Académie Nationale de Reims damit beauftragt wurde, eine Arbeit über die *Historique de la Croix-Rouge* vorzulegen. Er fordert Dunant dazu auf, die Gelegenheit zu nutzen, um den Fehler richtigzustellen, der mit dem Werk Du Camps verbreitet wurde. Und es ist, als würde Dunant aus einer tiefen Trägheit erwachen. Fieberhaft arbeitet er monatelang, um Dr. Colleville die notwendigen Unterlagen zur Verfügung zu stellen. Colleville übernimmt Dunants

Thesen vollständig und legt sie im Juni in der Konferenz vor der Reimser Académie dar. Danach publiziert er sie in einem am 2. September 1890 veröffentlichten Bändchen, das einen Brief Henry Dunants als Vorwort enthält. Es ist das erste Mal nach zwölf Jahren, dass ein Schriftstück des wieder ins Leben zurückgekehrten Autors von *Un Souvenir de Solferino* erscheint. Und es ist der Anfang eines neuen Versuchs Dunants, aus der Vergessenheit heraus- und den Verfälschungen seines Andenkens entgegenzutreten.

Gustave Moynier
Ende des Jahrhunderts

Moynier versucht ein letztes Mal, ihn zu verleumden, als die beiden schon kurz vor der Zielgerade ihres Lebens stehen. Es ist 1905. Dunant, dem der Friedensnobelpreis verliehen wurde, wird überall in Europa als Rotkreuz-Gründer gefeiert und anerkannt. Kurz zuvor hat er die siebte und letzte Auflage von *Un Souvenir de Solferino* herausgegeben, die einige Zusätze und Änderungen enthält. Armer Moynier! Seine unversöhnlichen Vorurteile werden durch die Lektüre dieser Varianten, die er peinlich genau registriert, wieder entfacht. Er schlägt dem IKRK vor, mit den notwendigen Präzisierungen dagegenzuhalten. Das wird ihm aber ausgeredet, weil das Ansehen des IKRK keinen direkten Schaden nimmt. Moynier wendet sich also mit einem Brief an die *Société d'Histoire et d'Archéologie de Genève*, deren Mitglied er ist. Mit diesem Brief will er die Gesellschaft zur kritischen Wachsamkeit gegenüber den feierlichen Ehrungen aufrufen, welche die Stadt Genf Henry Dunant widmen wird. Des Weiteren bittet er darum, dass die Gesellschaft Klarheit schafft: «Es sollte mit gebührender Achtung daran erinnert werden, dass Herr X den Entwurf eines schönen und genialen Werkes mit weltweiter Geltung auf seinem Konto verbuchen kann, aber sicher nicht dessen Realisierung oder Gründung, wie er es sich anmaßt, und dass er sich zudem bekanntermaßen als Hochstapler und Fälscher [*escroc et faussaire*] erwiesen hat.» Die Gesellschaft antwortet darauf, dass sie nicht in der Lage ist, in der Debatte eine Position zu beziehen. Sie sei aber dazu bereit, eines ihrer Mitglieder an einer Sitzung teilnehmen zu lassen, damit es in eigener Verantwortung seine Gründe darlegen kann. Moynier bereitet zwar seinen Vortrag vor, scheint aber das Angebot nicht wahrgenommen zu haben. Das Publikum, das auf diese Unterschiede nicht achtet, beschert der inzwischen viel verkauften neuen Auflage von *Un Souvenir de Solferino* großen Erfolg.

Dunant hat nie direkt auf Moyniers Angriffe reagiert, betrachtete ihn aber als wichtigsten Vertreter des nebulösen Kreises, den er «meine Feinde» nannte.

Bis zum Ende trennt sie eine unversöhnliche Auseinandersetzung um den Titel des Rotkreuz-Gründers. Dieser Titel wird von dem einen persönlich und von dem anderen in seiner Eigenschaft als Vorsitzender, der 1867 in Paris die dem IKRK verliehene Medaille bekommen hat, beansprucht. Aber Dunant und Moynier müssen als die beiden großen Urheber des wichtigsten humanitären Werks, das in den letzten zwei Jahrhunderten geschaffen wurde, anerkannt werden. Sie spielten dabei jedoch unterschiedliche Rollen: Henry Dunant war Gründer und Förderer, Gustave Moynier Gestalter und Bewahrer des Roten Kreuzes. Ohne Zweifel gehört die zündende Idee dem Zeuge der Schlacht von Solferino; ebenso verdankt die Genfer Konvention ihre Realisierung der unglaublichen Werbung und Förderung dessen, der zu den verschiedenen europäischen Höfen reiste. Ebenso zweifelsfrei wäre das Werk ohne die organisatorische Beständigkeit des IKRK-Vorsitzenden nicht entstanden. Möglicherweise wäre es ohne die hartnäckige Verteidigung durch den, der jahrzehntelang als sein Hauptschöpfer galt, schon nach den ersten Misserfolgen gescheitert.

Es kann als ausgleichende Gerechtigkeit der Geschichte angesehen werden, dass derjenige, der für einige Jahrzehnte vom Schatten des anderen verdeckt wurde, heute weltweit bekannt ist, während jener, der jahrzehntelang zum Nachteil des anderen den Titel des Gründers für sich beanspruchte, heute fast völlig vergessen ist. Mit Blick auf den Ausgleich, der 1928 anlässlich des 100. Geburtstages Dunants erfolgen wird, kommen wir an dieser Stelle dazu, die letzten Ereignissen festzuhalten, welche die beiden verbinden: Die Universität Heidelberg verleiht 1903 beiden die Ehrendoktorwürde und beide erreichen das Ende ihres Lebensweges im selben Jahr, 1910, Moynier am 21. August, Dunant am 30. Oktober.

Zum Mittelpunkt unserer Untersuchung zurückkehrend, schließen wir mit einigen letzten Bemerkungen zu Henry Dunant.

Nach der Nobelpreis-Verleihung hat Dunant Anerkennungen, Preise und Auszeichnungen erhalten, die hier nicht aufgelistet werden sollen. Aber sie bezeugen seine inzwischen vollständige Rehabilitierung.

1904 lud der Zar Dunant ein, Ehrenvorsitzender der internationalen Konferenz der Rotkreuz- und Rothalbmond-Gesellschaften zu sein, die in Moskau stattfinden würde. Begeistert wollte er annehmen und sich wieder auf die Reise machen, musste dann jedoch darauf verzichten, weil er merkte, dass er nicht mehr die notwendige Kraft dafür aufbringen konnte.

1906 erhielt er anlässlich jener Konferenz, in der die Genfer Konvention neu verfasst wurde, ein Telegramm, das von der Konferenz selbst formuliert wurde. Darin wurde ihm die Anerkennung für die «mit dem Werk *Un Souvenir de Solferino* ausgelöste Idee» und für die «unermüdliche Tätigkeit, die maßgebend zur Schaffung des Abkommens für internationales Recht beitrug, das man als die Genfer Konvention kennt» ausgedrückt. Da Moynier in der Konferenz noch immer eine führende Rolle einnahm, ist es selbstverständlich, dass Dunant in diesem Telegramm keineswegs als Gründer genannt wurde. Trotzdem ist es bemerkenswert, dass er so öffentlich und offiziell geehrt wurde.

Henry Dunant in Heiden – aus der Portraitserie von Otto Rietmann

1908 feierte Dunant seinen 80. Geburtstag im familiären Kreis im Spital, wo zwei Neffen aus Genf ihn besuchten. An diesem Tag erhielt er eine Vielzahl von Briefen und Telegrammen mit Glückwünschen aus allen Teilen der Welt.

Natürlich sind das Lichtblicke in der Einsamkeit, die ihn wieder umgibt, aber sie reichen nicht aus, um den Schatten der Bitterkeit zu beseitigen, der die vorherrschende Note auf der letzten Seite seiner Partitur bleibt. Ein eindeutiges Zeichen dafür ist sein in Heiden abgefasster letzter Wille, «wie ein Hund begraben zu werden», und seine genaue Anweisung, ohne religiöse Zeremonien beigesetzt zu werden.

In seinen letzten Wochen rief er den Neffen Maurice zu sich und bekam willkommenen Besuch von einem Bruder von Maurice und von ihrem Vater, Dunants Bruder Pierre-Louis.

Dunants eigenem Willen entsprechend fand die Beerdigung auf dem Zürcher Friedhof statt, wo er «ohne Zeremonie jeglicher Art» eingeäschert wurde. Seinem Wunsch folgend bat der Neffe Maurice die etwa vierzig Trauergäste, die als Vertreter der wichtigsten Einrichtungen daran teilnahmen, keine Reden zu halten.

Maurice Dunant, Neffe und Testamentsvollstrecker Henry Dunants

Testamentsvollstrecker Dunants wurde sein Neffe Maurice, in dessen Obhut auch alle seine Schriften übergingen. Weitere Teile der Erbschaft erhielten seine Betreuer im Heidener Spital als Anerkennung für die Pflege sowie die Freunde Rudolf Müller und Hans Daae. Zudem stiftete er Geld für die Einrichtung eines Freibettes im Heidener Spital für bedürftige Bürger der Umgebung. Der Rest der Nobelpreisprämie, die – damit sie nicht von den Gläubigern eingezogen werden konnte – in Norwegen deponiert war, wurde seinem Willen gemäß zugunsten von humanitären Einrichtungen in Norwegen und in der Schweiz aufgeteilt.

Mit diesem philanthropischen Bestimmungszweck endet das Leben eines Mannes, der mit leidenschaftlicher Hingabe sein Bestes zum Wohle der Menschheit gegeben hat.

EXKURS: GUSTAVE ADOR UND DIE REHABILITIERUNG HENRY DUNANTS

Wenn es auch zwischen Dunant und Moynier zu Lebzeiten nie zu einer Wiederaussöhnung kam, wurde doch innerhalb des IKRK durch die Rehabilitierung des ausgeschlossenen ehemaligen Mitgliedes das Andenken beider Männer versöhnt. Urheber dieser mutigen und edlen Initiative ist Gustave Ador. Dieser ist als Nachfolger Moyniers im Amt des IKRK-Präsidenten eine weitere Hauptfigur in der Geschichte des Roten Kreuzes.

Der junge Rechtsanwalt Ador, Genfer Bürger und Neffe Moyniers, wurde 1870 Mitglied des IKRK. Hier übte er einige Jahre das Amt des Sekretärs aus, danach nahm er die Position des stellvertretenden Präsidenten und schließlich, von 1910 bis zu seinem Tod im Jahr 1928, die des Präsidenten ein. Somit widmete Gustave Ador dem Roten Kreuz achtundfünfzig Jahre lang sein Engagement und bekleidete gleichzeitig weitere wichtige Ämter auf städtischer und nationaler Ebene, so als Mitglied des Nationalrates und 1919 als Bundespräsident. Geschätzt für seine Zuverlässigkeit, Umgänglichkeit und sein Verhandlungsgeschick, weitete er in den Jahren seiner Präsidentschaft die Aktivität des IKRK aus, nach den Grundsätzen der von seinem Onkel vorgezeichneten Spuren. Er gewährleistete:

- ein kontinuierliches Augenmerk auf die Gliederung der Bewegung und insbesondere des IKRK samt dessen neuer Rolle im System der internationalen Beziehungen;
- eine besondere Aufmerksamkeit für das Problem der Kriegsgefangenen durch die Gründung der Internationalen Zentralstelle für Kriegsgefangene – infolge seiner Beharrlichkeit und seiner diplomatischen Tätigkeit wird im Jahr nach seinem Tode in dieser Frage eine endgültige Lösung erreicht;
- ein beständiges Interesse an der Entwicklung des humanitären Völkerrechts und am Schutz des Wahrzeichens;
- ein ausgeprägtes Feingefühl für den «Geist» der Bewegung;
- eine ständige Kontrolle der Finanzierung des IKRK und seiner Unabhängigkeit;
- ein konstantes Interesse für die aktuellen medizinischen und technischen Fortschritte, welche die Arbeit des Roten Kreuzes verbessern könnten.

Gustave Ador, Moyniers Neffe und sein Nachfolger als Präsident des IKRK

Was die Position des IKRK in Bezug auf Dunant angeht, scheint Adors Ausrichtung nicht anders zu sein als die seines Onkels, obwohl sein Charakter nicht die Verbissenheit Moyniers aufweist. Es ist Ador, der 1905 zusammen mit einem anderen Mitglied (Jules Favre, direkter Nachfolger Dunants im Amt des Sekretärs des IKRK) Moynier davon abhält, die Polemik wieder zu entfesseln. Über diese Absicht schreibt er an einen seiner Briefpartner: «Ich kann nicht die Rolle seines Vormunds übernehmen. Es tut mir leid, dass er – trotz allem, was ich ihm gesagt habe – darauf besteht, den Fall Dunant weiter verhandeln zu wollen. Aber Gott behüte!» Für Ador scheint der Fall Dunant abgeschlossen. Ador und Dunant haben sich nie getroffen. Die einzige indirekte Beziehung kam dadurch zustande, dass Ador die Familie Dunant als Rechtsanwalt vor Gericht vertrat. In jenem Prozess beabsichtigten Henry Dunants Gläubiger, dem Gemeinschuldner die Leibrente, die ihm sein Onkel David testamentarisch verfügt hatte und die seine einzige Existenzgrundlage war, zu entreißen. Nachdem der Prozess für Dunant gewonnen war und die Berufungskläger zur Übernahme der Verfahrenskosten verurteilt wurden, war die Sache für Ador erledigt.

Auf der anderen Seite taucht das schon gewohnte Kleinreden der Rolle Dunants bei bestimmten Gelegenheiten auch unter der Präsidentschaft Adors auf. Im Jahr 1910 verstarben nicht nur Moynier und Dunant, sondern auch Florence Nightingale. Im „Bulletin International" wird ihrer auf zweieinhalb Seiten und einem Portraitbild gedacht. Moynier wird mit sechsunddreißig Seiten und einem Portraitbild bedacht. Zusätzlich wird ein ihm gewidmeter Sonderrundbrief versandt. An Dunant erinnert das offiziellen Organ des Roten Kreuzes auf zwei und ein Viertel Seiten ohne Abbild.

Während unterschiedlicher Gelegenheiten in den Jahren 1912-1914 taucht das Thema immer wieder auf. Das IKRK verlangt von Dunants Familie die Überlassung jeglicher Unterlagen zum

Komitee, die in ihrem Besitz sind, seien es Protokolle, Briefe usw. Maurice, Erbe und Verwalters des geistigen Nachlasses seines Onkels, willigt ein.

Dunants Familie plant, 1912 auf der Internationalen Konferenz von Washington Henrys Portrait ausstellen zu lassen. Das IKRK verlangt, dass in diesem Fall auch die Portraits von Moynier und Appia präsentiert werden. Daraufhin tritt Maurice vom Plan zurück, das Portrait seines Onkels auszustellen.

Für die nationale Rotkreuz-Konferenz der Schweiz, die 1914 anlässlich der Landesausstellung in Bern stattfinden wird, schlägt Maurice vor, dass die Portraits Dunants und Moyniers ausgestellt werden. Das IKRK willigt ein und vermerkt im Sitzungsprotokoll, dass die Beschriftungen, mit denen die beiden Portraits versehen werden, noch zu vereinbaren sind. Überraschenderweise wird es nur eine Aufschrift geben: «Henry Dunant und Gustave Moynier, Rotkreuz-Gründer und Initiatoren der Genfer Konvention.»

Un symbole de réconciliation.
A l'Exposition nationale de 1914 à Berne, sur la suggestion de Maurice Dunant, neveu d'Henry, un panneau portant les portraits d'Henry Dunant et de Gustave Moynier accueillait les visiteurs du stand de la Croix-Rouge.

Portrait der beiden Rotkreuz-Gründer anlässlich der Schweizerischen Landesausstellung im Jahr 1914

Man wohnt also einer Entkrampfung bei, die größtenteils der versöhnenden Haltung Maurice Dunants zu verdanken ist.

Der Erste Weltkrieg und die ungeheuren Herausforderungen, vor die das Rote Kreuz währenddessen und danach gestellt wird, die Pandemie der spanischen Grippe, die neue Weltordnung und die Entstehung der Liga der Rotkreuz-Gesellschaften mit ihrer Tendenz, das IKRK zu verdrängen: All dies lässt die beiden Großen vergessen, die im Hintergrund noch eine Rolle spielen.

Aber 1926 rückt die Frage wieder deutlich in den Vordergrund. Des 100. Geburtstags Moyniers gedenkt das IKRK am 21. September mit einer einfachen Zeremonie, die ihn als «seinen Gründer und ersten Präsidenten» feiert. Zu dem Zeitpunkt weiß das IKRK, dass schon seit drei Monaten Vorbereitungen für das nächste Jubiläum im Gange sind: 1928 wird sich Dunants Geburtstag zum hundertsten Mal jähren. Dieses Jubiläum wird vom Schweizerischen Roten Kreuz, dessen stellvertretender Präsident Maurice Dunant ist, organisiert. Man plant, allen Schweizer Sektionen einen Henry Dunant gewidmeten Tag vorzuschlagen. Diese sind zweifelsfrei daran interessiert und bereiten den Druck von Postkarten und die Prägung einer Medaille vor, beantragen bei der Schweizerischen Post eine Gedenkbriefmarke, planen ein Filmprojekt...

Das IKRK hat sich überrumpeln lassen. Um den Zug nicht zu verpassen, hat es zugestimmt, an einer «Kommission der beiden Hundertjahrfeiern» teilzunehmen, die am 19. Mai 1926 zum ersten Mal tagt. Die erste Entscheidung der Kommission besteht darin, *Un Souvenir de Solferino* neu aufzulegen. Mit dem Vorwort wird Gustave Adore beauftragt: Hier wird ersichtlich, welche latenten Vorbehalte dem Autor noch immer entgegengebracht werden.

Schon zu Anfang dieses Vorwortes schreibt Ador, dass «das vorliegende Buch in gutem Glauben geschrieben wurde» (?!?) und «dabei spielt keine große Rolle, dass es drei Jahren nach den berichteten Ereignissen verfasst wurde», so als ob diese Tatsache den Wahrheitsgehalt des Berichtes abwerten würde.

Noch einmal kommt die Haltung «es spielt keine große Rolle» zum Ausdruck, wenn Ador schreibt, «dass Dunant geglaubt hat, seine Erzählung mit strategischen Überlegungen schmücken zu müssen, die nicht seine eigenen sein konnten». Dabei berücksichtigt er nicht, dass der Autor bei Militärexperten Quellenforschung betrieben hatte.

Es kommen weitere «es spielt keine große Rolle» hinzu: Diesmal geht es um die Änderungen und Zusätze in den folgenden Auflagen, mit denen «der Eindruck entsteht, der Autor sei Urheber dort, wo andere größeren Anteil als er hatten.»[1] Damit wird der ersten Auflage der Charakter eines historischen Dokuments verliehen, während Dunant sie immer als verbesserungswürdiges Instrument zur Sensibilisierung empfunden hatte.

Dann folgt eine subtile Unterstellung, die darauf zielt, Henry Dunants Rolle durch das Komitee selbst zu ersetzen: «Dies ist nicht der geeignete Ort, um die Verdienste der vier zu bestimmen, die sich Henry Dunant anschlossen, um seiner Idee Gestalt zu geben und mit seiner Mitwirkung das Internationale Komitee des Roten Kreuzes zu gründen.»

Insgesamt ist es eine kaum verdeckte Ansammlung der Vorurteile und Verleumdungen, die jahrzehntelang von Moynier in Umlauf gebracht wurden und die letztlich nur wenig von den positiven Schlussworten entkräftet werden: Die *Fotoreportage* über die Schauplätze der Schlacht, welche die Jubiläumsausgabe bereichert, erschien dem IKRK «die ehrlichste Ehrerbietung, die es dem ersten Förderer eines humanitären Werks, das heute auf der ganzen Welt verbreitet ist, erweisen konnte».

Aber der Autor dieser unglücklich formulierten Einführung ist ein aufrichtiger Mensch, der seine Meinung ändern kann. In der Sitzung, die kurz nach der Veröffentlichung stattfand, berichtete ein Mitglied des IKRK, Bernard Bouvier, Geschichtsprofessor an der Genfer Universität, über eine vom Schweizerischen Roten Kreuz vorbereitete Jubiläumsveröffentlichung: «Form und Inhalt lassen zu wünschen übrig. [...] Was den Inhalt angeht, wurde Henry Dunants Rolle übertrieben.» Gustave Ador verlor keine Zeit und schrieb den Historiker Alexis François schon am nächsten Tag im Namen des IKRK an. Er bat ihn, anlässlich der Hundertjahrfeier «einen kurzen Text [zu verfassen], der Henry Du-

1 Anspielung auf eine der Verleumdungen, die über Dunant im Umlauf waren. Diese besagte, dass er sich die Idee der Neutralisierung angeeignet hätte, deren Urheberschaft aber bei Dufour und Moynier liegen würde.

Der Historiker
Alexis François

nants Rolle gedenkt [...], seine Initiativen ohne irgendwelche Polemik kurz und objektiv zusammenfasst, indem er die Wahrheit und nicht die Legende wiedergibt». Zudem erklärte sich Ador bereit, ihn zu treffen, um die Vertragsdetails zu klären.

Das Treffen mit jenem Historiker, der die erste Geschichte des Roten Kreuzes verfasst hatte[2], muss stattgefunden haben und öffnete dem IKRK-Präsidenten offensichtlich die Augen. Ador schreibt nämlich einige Tage später an seinen Schwiegersohn Frédéric Barbey, ebenfalls Historiker, und kündigt ihm an, dass Alexis François sein Angebot angenommen hat, eine Dokumentation zu verfassen[3]. Dem fügt er dieses ehrliche Bekenntnis hinzu:

> Moynier war wirklich zu streng und ungerecht, als er uns – seinen jungen Kollegen – die Idee einflößte, dass Dunant nichts getan hätte. Sieht man von den Mühlen von Mons-Djémila, von seinem Bankrott und seinen finanziellen Transaktionen ab, in die das IKRK nicht hineingezogen wurde, ist doch die Wahrheit, dass Dunant bis 1867 und auch sehr viel später, während des Krieges von 1870, enorm viel für die Konventionen von 1863 und 1864 sowie dafür, dass Preußen sie einhält, geleistet hat. Durch seinen Ehrgeiz, als unermüdlicher Reisender und mittels seiner Durchsetzungsfähigkeit hat er die Mitwirkung und Unterstützung vieler Seiten erreicht, die Moynier allein mit seiner trockenen und kalten Art zu argumentieren nicht hätte erhalten können.

Das ist der Beginn einer offiziellen Rehabilitierung. In der offensichtlich klug durchdachten IKRK-Sitzung vom 15. März 1928 kündigt der Präsident die bevorstehende Veröffentlichung des Bändchens von Alexis François an und übergibt dann das Wort an Bernard Bouvier. Dieser leistet öffentliche Abbitte für die

2 François, Alexis: *Le Berceau de la Croix-Rouge*. Genf: Librairie Jullien 1918.
3 Das kurze und meisterhafte Portrait wird einige Monate später veröffentlicht: François, Alexis: *Un grand humanitaire: Henri Dunant, sa vie et ses œuvres, 1828-1910*. Genf: Revue International de la Croix-Rouge, 1928, 203-244.

fehlerhafte Meinung, die er über Dunant hatte. Dann bringt er die grundlegenden Züge des enormen Beitrages Dunants zur Gründung und Verteidigung des Roten Kreuzes – vor und nach seinem finanziellen Scheitern – ans Licht. Abschließend schlägt er vor, dass das IKRK das Andenken Dunants anlässlich seines 100. Geburtstages nicht nur mit der Neuauflage von *Un Souvenir de Solferino* und der Veröffentlichung der Arbeit von Professor François ehrt, sondern auch mit der Aufnahme Maurice Dunants als Mitglied des IKRK. Es folgen einige Beiträge, die diesen Vorschlag unterstützen. Der Präsident unterstreicht, dass er im Jahr 1870, drei Jahre nach Dunants Austritt, dem IKRK beigetreten ist und dass er damals dessen humanitäre Rolle ignorierte, im Gegensatz zu seinen finanziellen Abenteuern. Und er schließt sich Bouviers Darlegungen an.

Kurzum, nicht nur wird der Vorschlag, Maurice Dunant zum Mitglied des IKRK zu ernennen, angenommen, sondern die Entscheidung wird – völlig unkonventionell – auf der Stelle getroffen. Dies stellt eine Ausnahme dar, da für die Kooptation in der Regel die Meinung aller Mitglieder eingeholt werden muss und in diesem Fall einige abwesend sind. Abschließend kündigt der Präsident an, dass er einen kurzen Rundbrief versenden wird, um den Rotkreuz-Gesellschaften die Nominierung mitzuteilen.

Eine geschichtsträchtige Sitzung des IKRK
Herr Bernard Bouvier empfindet das Bedürfnis, beim Gedenken Dunants öffentlich Abbitte zu leisten. Lange Zeit hatte er eine unzureichende Kenntnis über die Rolle Dunants bei der Gründung des Roten Kreuzes. Sein einstiger Eindruck war, dass dieser sich mit seinem 1867 erklärten Austritt aus dem IKRK auch vom Roten Kreuz distanziert hätte. Von dieser einerseits unheimlichen, andererseits faszinierenden Person hat das IKRK die längste Zeit nur die finsteren Aspekte gesehen. Genf neigt dazu, den Wert seiner Söhne nur dann zu erkennen, wenn diese im Ausland gewürdigt werden.[4] Das strenge Urteil, das Moynier gegenüber Henri Dunand [*sic*]

4 Anspielung auf Jean-Jacques Rousseau, dessen gründlicher Kenner Bernard Bouvier war.

ausgesprochen hat, lässt sich sehr leicht erklären. Als Dunant seinen Rücktritt als IKRK-Sekretär einreichte, wurde dieser auch auf seine Mitgliedschaft übertragen. Mit anderen Woten: Das IKRK hat ihn ausgestoßen. Das IKRK glaubte, dass Dunants finanzielle Abenteuer das gesamte Werk gefährden könnten. 1928 ist man in einer ganz anderen Situation. Unveröffentlichte Dokumente haben Herrn Bernard Bouvier dazu veranlasst, seine Meinung zu korrigieren. Dunant hat sich weiterhin für das Rote Kreuz eingesetzt. Herr François hat aus dem Archiv Maurice Dunants absolut überzeugende Unterlagen ausgegraben. Dunants Aktivitäten waren enorm: diplomatisches Wirken nach außen und fruchtbare Arbeit innerhalb des IKRK, wo Dunant einer der Ersten war, der die Idee der Neutralität vorbrachte.
1870 war die Genfer Konvention in Frankreich fast vollständig vergessen: Es ist dem überaus mutigen Vorgehen Dunants zu verdanken, dass die französische Regierung zur Einhaltung dieses Abkommens ermahnt wurde. Möglicherweise verfolgte er die versteckte Absicht, den Mittelpunkt des Roten Kreuzes von Genf nach Paris zu verlagern. Das spielt keine Rolle. Nach dem Krieg verfolgte Dunant neue Visionen. [...] Er blieb der Idee des Roten Kreuzes treu, für die er überraschende Anwendungsgebiete fand: eine merkwürdige Universelle Allianz, ein erster Entwurf des Völkerbundes, die Sozialhygiene, die Kodifizierung des internationalen Rechts, die Neutralisierung Palästinas usw. Herr Bernard Bouvier ist von diesen Aspekten der großen Persönlichkeit Dunants beeindruckt. (aus den IKRK-Protokollen, Sitzung des 15. März 1928)

Henry Dunant ist also endgültig rehabilitiert. Seine Figur ist inzwischen in der Schweiz und in vielen anderen Ländern sehr populär. Da er wieder in den richtigen Rahmen als entscheidende Persönlichkeit für das Bestehen des Roten Kreuzes eingebunden wurde, gilt er von nun an auch im IKRK nicht mehr als Betrüger und Opportunist.

«Die Wahrheit ist, dass ...», so hatte Gustave Ador geschrieben. Diese prinzipielle Wende ist einem Mann zu verdanken, der mit 82 Jahren, wenige Wochen vor seinem Tod, die Kraft und den Mut hatte, eine Wahrheit wiederherzustellen, eine Ungerechtigkeit zu erkennen und ein langjähriges Unrecht wiedergutzumachen.

10.

DER GLAUBE HENRY DUNANTS

In der komplexen und zerrissenen Geschichte des außergewöhnlichen Henry Dunant treten nicht nur die Höhen und Tiefen seines Schicksals, das immer zu Extremen tendierte, in den Vordergrund, sondern auch radikale Gegensätze. Sie bergen die Gefahr, dass seinem Charakter der beherrschende Zug der Inkonsequenz zugeschrieben wird. Ohne diese Gegensätze unterschätzen zu wollen, erlaubt ein tiefgründigerer Blick, doch einen kraftvollen, verbindenden Faktor zu erkennen: Auch in der dunkelsten Zeit seines Lebens ist ihm die Verankerung im biblischen Glauben nie abhanden gekommen.

Einer der markantesten Widersprüche betrifft Dunants Verhältnis zu Frankreich. Als der Nachfahre französischer Exilanten, die aus Glaubensgründen nach Genf gegangen waren, im Jahr 1859 die französische Staatsangehörigkeit annahm, geschah dies nicht nur, weil er sich dadurch eine direktere und vorteilhaftere Beziehung zur französischen Verwaltung in seinem Kampf um Konzessionen in Algerien versprach. Seine Schrift *L'Empire Romain* aus dem gleichen Jahr weist eindeutig nach, dass die Entscheidung für Frankreich, auf dessen neuen Heerführer er mit voller Überzeugung setzte, einen stark ideologischen Ton besaß: Das römische Reich, das der fränkische Kaiser Karl der Große einst erbte und das im Heiligen Römischen Reich Jahrhunderte überdauerte, ist mit Napoleon I. wieder zu seinen Wurzeln in Frankreich zurückgekehrt. Er trat das Erbe Karls des Großen an, das heute durch Napoleon III., seinen rechtmäßigen Nachfolger, in politischem, sozialen und kulturellen Glanz weitergeführt wird.

Die Rasse der Franken
Nur dann wird es möglich sein, eine Zeit des Wohlstandes zu erreichen, der auf solidem Frieden basiert. [...] Frankreich wird alles, was den Ruhm der modernen Zivilisation ausmacht, bei den Völkern einführen, deren nationales Erbe erhalten und gerettet und denen gleichzeitig das glorreiche Prinzip der universellen Brüderlichkeit eingeprägt wird. Die kaiserliche Sonne, welche die *Grande Nation* krönt und führt, wird in ihrem vollen Glanz erstrahlen. Der Mittelmeerraum, Europa und der Orient werden die zivilisatorischen Grundsätze aufnehmen, die Frankreich auf seine Fahne geschrieben hat. Als Erbe Karls des Großen wird Napoleon III. seinen eigenen Ruhm und den Triumph seiner Dynastie mit dem Ruhm Frankreichs vereinen. So wird er das alte Reich der Rasse des Romulus für die Rasse der Franken erhalten.

Diese politische Lesart der zukünftigen Geschichte wird durch den biblischen Horizont des Réveil-Anhängers ergänzt. Dunant weitet die Interpretation der Prophezeiungen Daniels zu einer gewagten Theorie aus, indem er diese durch den französischen Kaiser zur Vollendung kommen lässt: «Dann wird sich der Halbmond vor dem Kreuz beugen und der *neue Kyros*, Urheber dieses Wandels, wird eines der schwierigsten politischen Probleme der neuen Zeiten zum Ruhme Frankreichs und der napoleonischen Dynastie gelöst haben», nämlich die erneute Rückkehr der Juden ins Gelobte Land.

Der Tatsache, dass Dunant in das Frankreich Napoleons III. vernarrt ist, liegt nicht nur ein opportunistisches Kalkül oder ein ideologisches Projekt zugrunde. Es ist vielmehr seine tiefe Überzeugung, dass Napoleon III. und die Nation bzw. die Rasse, die durch ihn repräsentiert wird und ihm folgt, das Instrument zur Realisierung des göttlichen Planes sind, der die Weltgeschichte lenkt.

Man kann also nachvollziehen, wie erschütternd der Zusammenbruch dieser Konstruktion gewesen ist. Von seinem Verlauf ist Dunant in der kurzen Zeit zwischen 1870 und 1873 auch persönlich betroffen. Der Deutsch-Französische Krieg markiert das französische Debakel und den Sieg nicht nur der Preußen, sondern auch des inzwischen mächtig gewordenen Deutschen Reiches, das unter Wilhelm I. geeint wird. Das französische Reich bricht im Jahr 1871 zusammen und Napoleon III. geht ins Exil. Jede Illusion einer erneuten Rückkehr Napoleons an der Spitze der Franzosen wird durch dessen Tod im Jahr 1873 zerstört.

Dunant reagiert darauf, indem er den ideologischen und geographischen Schwerpunkt seines Wirkens verschiebt. Der Horizont der *Alliance universelle* ist sehr viel weiter, internationaler, parteiübergreifender: Er basiert auf einer allgemeinen Ordnung und Zivilisation und nicht auf der Mission einer einzigen Nation. Dunants Wirkungsfeld verlagert sich von Paris nach London und Brüssel, als wolle er auf Abstand gehen. Aber in diesem Ortswechsel zeigt sich eine Verbitterung, die sich inzwischen in Groll verwandelt hat. Schon 1872, als er Paris in Richtung London verlässt, schreibt er an seine Schwester Marie in feurigen Worten: «Dieses Pariser Bürgertum ist dermaßen verderbt, dass ich mich freue, es mit eiserner Hand von einem Despoten behandelt zu sehen. Ich hoffe wohl, dabei zu helfen.» Dieser Hass steigert sich noch nach der endgültigen Enttäuschung durch das Scheitern der Brüsseler Konferenz und mit dem Beginn einer fünfzehn Jahre währenden, fast stummen Zeit des Herumirrens. Ihn treibt das Gefühl, permanent von der französischen Polizei verfolgt zu werden, die ihn weiterhin für einen der Deportation entkommenen Kommunarden hält. Aus dieser Stille bricht das zornige Pamphlet *Jésuites et Français* hervor, in dem das französische Volk als dekadent und entkräftet verurteilt wird.

Ist dies lediglich die Folge einer politischen Enttäuschung? Dahinter steckt mehr: Dunant ist enttäuscht von der ausbleibenden Erfüllung der biblischen Prophezeiungen, auf die er über alles vertraut. Enttäuschend ist dabei selbstverständlich nicht die Prophezeiung an sich, sondern die Fehldeutung ihrer Erfüllung. Es gilt also, die Prophezeiungen unter einem anderen Blickwinkel auszulegen. Genau daran arbeitet Dunant während der «dunklen Zeit» zwischen 1875 und 1890. Wir wissen nur wenig über diese Zeit, müssen aber eingestehen, dass es nicht nur eine Zeit des ruhelosen Herumirrens war, das lediglich vom Verfolgungswahn bestimmt wurde. Dunant hörte nicht auf, die Bibel zu lesen und zu studieren, denn das war für ihn eine unverzichtbare, beständige und niemals endende Aufgabe. Wir haben auf dieser Wegstrecke nur wenige Hinweise dafür, im spärlich überlieferten Briefwechsel und in den Erinnerungen. Allerdings existiert das Zeugnis einer neuen Deutung zum Ende seines Herumirrens, als er sich bereits endgültig in Heiden niedergelassen hat.

Die vier «Symbolisch-chronologischen Bildtafeln nach einigen Prophezeiungen der Heiligen Schrift» sind die graphische Darstellung der Interpretation Dunants. Zu diesen Erkenntnissen ist er durch wiederholtes Lesen und Studieren der Prophezeiungen Daniels auf dem Hintergrund der Offenbarung des Johannes gelangt. Auf der jüngsten Bildtafel findet sich die Jahresangabe und der Ausgangspunkt der Person, die vor dieser Geschichtsdeutung steht: 1890. Neben der Chronologie, die bis zu diesem Datum reicht, entfaltet sich eine Darstellung, die einen neuen Interpretationsfaden aufnimmt. Stand im *Empire Romain* noch Nebukadnezars Traum von der Statue aus verschiedenen Materialien (Dan 2) im Mittelpunkt, rückt nun Daniels eigener Traum von den vier Ungeheuern, die aus dem Meer steigen (Dan 7) ins Zentrum: der Löwe mit Adlerflügeln (nach Daniels Interpretation: Babylon), der Bär mit drei Rippen im Maul (Persien), der Leopard mit vier Köpfen (Griechenland) und zuletzt das starke und schreckliche Tier mit zehn Hörnern (Rom). Dunant führt die graphisch aufbereitete Interpretation weiter, indem er das vierte Königreich, das «die ganze Erde verschlingen» wird (Dan 7,23), als das antike Rom, als das Rom der Päpste und Monarchen (das Heilige Römische Reich Deutscher Nation) und mit der zehnfachen phrygischen Mütze der französischen Revolution zeichnet. Die Macht, die nur noch negativ beurteilt wird, verteilt sich auf zwei Bereiche – das Reich und die Kirche –, die durch die kaiserlichen Krone und die päpstliche Tiara dargestellt werden. In der Mitte findet sich jene Gestalt, die beide Mächte verbindet: Babylon, die Große (Offb 18,2), die dazu verurteilt ist, zu stürzen.

Das päpstliche Rom, die verdorbene Christenheit, in der sich das «Geheimnis der Bosheit» regt (2. Thess 2,7), geht von Bonifatius III. bis Leo XIII. Das kaiserliche Rom fängt mit Otto I. an und setzt sich über die Habsburger bis zu Napoleon I., Napoleon III. und zur Französischen Republik (R.F.) fort. Die Deutung der Zahl des letzten Untiers – 666 (Offb 13,17-18) – ergibt sich aus dem Zahlenwert der Buchstaben, die das Wort LATEINOS bilden. Somit würde das Reich als Inkarnation des Bösen in einem dreifachen R.F. gipfeln, korrespondierend mit den Jahreszahlen 1789, 1848 und 1870. Die emporsteigende Gestalt des römischen Untiers, die das Fundament des Gebäudes gefährdet, pflanzt eine Trikolore auf und trägt auf den zehn Hörnern ebenso viele phrygische Mützen. Was könnte die anti-republikanischen und antifranzösischen Gefühle des abtrünnigen Dunants besser ausdrücken? Ebenso eindeutig sind die Zeichen für sein starkes anti-katholisches Gefühl innerhalb der Darstellung: Auf beiden Seiten der zentralen Figur sieht man Jesuiten als Lämmer, aus deren Mund die Zunge wie «ein tödlicher Pfeil» (Jer 9,7) abgeschossen wird.

Andererseits wird in der Bildtafel auch die Reformation dargestellt, in Form einer Eintragung auf einem Wappenschild. Hier befindet sich unterhalb der offenen Bibel die Aufschrift «die befreite Bibel». Im Wappenschild stehen nicht die Kirchen der Reformation, die nach Dunants Meinung die christliche Botschaft ebenfalls verraten haben, sondern die protestantischen Nationen und besonders die germanische, skandinavische und angelsächsische Rasse. Das sind die Rassen, die Dunant nun dem «Untergang der Römer[1]» gegenüberstellt, parallel zum «Fall des Papsttums».

Es ist an dieser Stelle nicht möglich, über die Gesamtheit der Darstellung der Bildtafeln zu berichten. Doch zeigen die hier beschriebenen Details die Entwicklung einer Eschatologie mit starker apokalyptischen Grundierung, die Dunant nun vertritt. Anfangs hatte Dunant Frankreich eine von der Vorsehung bestimmte Rolle zuerkannt, die er in Kaiser Napoleon III. verkörpert sah. Dieser sollte Europa vor der Anarchie retten, seine vorherrschende Rolle unter den Völkern der Welt zurückgewinnen und dabei «eine harmonische Verbindung der staatlichen und der religiösen Macht auf römischem Gebiet» verkörpern. Dann wird sich die Ankündigung der «Großen Bedrängnis» (Offb 7,14) verwirk-

1 In diesem Kapitel taucht mehrfach der Ausdruck „latino“ auf. Dieser muss im Zusammenhang mit der Vorstellung von einem römischen Reich und mit dem Begriff „LATEINOS“ als Deutung für den Antichrist gesehen werden. Hier wird der Begriff mit „römisch“ bzw. „Römer“ übersetzt. (Anmerkung der Übersetzerin)

lichen, die zum Untergang der Römer führt, während den Rassen aus dem Norden ein ermutigendes Schicksal für das Millennium, das dem Fall der Bestie folgt (Offb 20,1-3), in Aussicht gestellt wird. Diese Entwicklung ist den dramatischen Ereignissen zuzuschreiben, denen Dunant beiwohnte, und zweifellos von einem Glauben inspiriert, der darin Gottes Hand und die Erfüllung von Gottes Plan in der Geschichte erkennen und verstehen möchte. Die apokalyptische Vision dieses Gläubigen muss man nicht teilen – in ihrer Verschlungenheit zeigt sie jedoch eindeutig eine nie erfüllte Suche nach einem Glauben, der inmitten der historischen Katastrophen den Sinn des Lebens sucht.

FORMEN DER EVANGELISIERUNG

Über den Widerspruch hinaus, den wir festgestellt und auf die allgemeine Quelle des biblischen Glaubens zurückgeführt haben, darf die Bedeutung, welche die symbolischen Bildtafeln für Dunant in der Zeit ihrer Ausarbeitung und nach 1890 hatten, nicht unterschätzt werden. Über die erste Bildtafel sind uns wenige Nachrichten überliefert, wir wissen aber, dass Dunant im Jahr 1880 mit Rudolf Müller an einer der graphischen Darstellungen arbeitete. Ihm schreibt er: «Ich befasse mich viel mit dem Bild, an dem Du gearbeitet hast, und habe dabei große Fortschritte gemacht. Das interessiert mich sehr. Ich hoffe, dass Du es abgeschlossen sehen wirst und dass Du auch wieder Hand daran legen kannst.» Im Jahr 1890 ist hingegen in einem Brief an seine Nichte Emma von mehreren Bildern die Rede: «Es tut mir Leid, dass Du meine großen symbolischen Bilder nicht sehen kannst, die weit interessanter sind.» In seinen Erinnerungsheften findet sich ein aufschlussreicher Text. Dieser bezieht sich auf die Ausarbeitung einer Bildtafel und lässt erahnen, wie viel Zeit, Leidenschaft und Beständigkeit die Lektüre der Bibel erfordert, die für ihn zu einer Quelle unerschöpflichen Segens wird.

Die Bildtafel
Unabhängig von seiner Konfession, seinem Beruf, seinen Fähigkeiten oder seiner Schulbildung ist es jedem Christen (Männern, Frauen, vor allem aber jungen Frauen und Männern) zu empfehlen, dass er sich eigenständig eine ähnliche Arbeit wie diese vornimmt: nach seinen Vorstellungen, langsam und sorgfältig, indem er *in seiner Bibel* nach all dem sucht, was in dem Werk erscheinen soll. Er soll hinzufügen, ändern, austauschen, wenn dies notwendig ist. Auch wenn unter neuen Versuchen und Entwürfen viele Jahre vergehen: Das einmal begonnene Werk darf nicht aufgegeben werden.
Wird dieses Werk im christlichen Geist des Gebets und der Demut durchgeführt, macht es aus dem Gläubigen einen «Gelehrten der Heiligen Schrift». Es wird für ihn zur Lichtquelle, wird ihn inspirieren und überwältigen. Mit Gottes Segen kann dieses Werk Stärkung im Glauben, Aufrichtung nach einem Sturz, Trost in Zeiten der Prüfung, des Unglücks und der Einsamkeit sowie Freude in der Familie werden. Gleichzeitig kann es Mittel der Lehre sein, das vielleicht die Gelegenheit nutzt, das Evangelium einfach, leicht und natürlich zu bezeugen. Zuletzt kann es dazu beitragen, sich von der Welt und diesem bösartigen Jahrhundert abzuwenden, um in der liebevollen Erwartung des *bevorstehenden* Kommens Gottes in einer intimeren Gemeinschaft mit dem Herren zu leben.

Nachdem Dunant die Arbeit an den Bildtafeln abgeschlossen hatte, verwendete er diese als Instrumente der Evangelisation in der Rotkreuz-Sektion von Heiden, die er 1890 gegründet hatte und deren Ehrenvorsitzender er war. Zudem setzte er sie in den biblischen Studien ein, die er für die konservative Minderheit der reformierten Kirche von Heiden organisierte, welche von Pastor Édouard Frauenfelder geleitet wurde. Bei diesen Gelegenheiten ging er die Bildtafeln mit Hilfe eines Lineals von oben nach unten durch. Dabei veranschaulichte er die unterschiedlichen Phasen der Weltgeschichte, von den Anfängen des Universums über die Geschichte Israels und das Kommen Jesu bis hin zur finalen Katastrophe, die vor der Rückkehr Christi und vor seinem tausendjährigen Reich eintreten sollte. Die unmittelbar bevorstehende Krise deutete er als höchste Zeit für ein Engagement für die

Menschheit, bevor es zu spät ist. Er zeigte seine Bildtafeln und erklärte sie auch Besuchern, als sei er ein Offizier der Heilsarmee, der sich in Heiden in der Pension Paradies aufhält. Seiner Familie und den Menschen, mit denen er im Briefwechsel stand, präsentierte er sie als Mittel, um das Evangelium zu bezeugen. In gewisser Hinsicht – und auf der Grundlage von unbezweifelbaren Anzeichen – kann man den Einsiedler von Heiden auch als Misanthropen darstellen. Aber man kann seinen gläubigen Charakter nicht ignorieren: Sein Leben lang bleibt er ein leidenschaftlicher Zeuge und Vermittler der evangelischen Botschaft, aus der er in einem fest in der Bibel verankerten Glauben lebt.

Die symbolischen Bildtafeln

Das *Institut Henry-Dunant* besitzt drei der vier «Diagrammes symboliques chronologiques de quelques Prophètes des Saintes-Écritures» im Format von 80 x 110 cm, die Henry Dunant zugeschrieben werden. Diese wurden beim Genfer Antiquar Henry Sachs erworben und stammten aus dessen Familiennachlass: Seine Frau Nelly war Tochter Henri Vauchers, des Sohnes von Henry Dunants Schwester Anna. Die vierte Bildtafel war in Besitz von Jean Frauger, der diese von seiner Mutter Sara Bourcart erhalten hatte. Diese Tafel wurde mit der Unterstützung zweier Stiftungen und den steuerlichen Vergünstigungen der Schweizerischen Eidgenossenschaft erworben und ist nun in der *Kunsthalle Zürich* ausgestellt. 1982 wurde sie in einem Artikel von Roger Dunant detailliert beschrieben, während sich eine vollständige Studie über die vier Bildtafeln in der 1994 von Daniel Regli, Pastor einer schweizerischen Freikirche, im Bereich Philosophie verfassten Dissertation findet.

In den letzten Jahren wurde die Urheberschaft Dunants bei drei der vier Bildtafeln angezweifelt und schließlich bestritten. Man nimmt an, die Tafeln wären unter der Mitwirkung des deutschen Oberbaurats Ernst Neuffer, wenn nicht sogar unter seiner Leitung, gezeichnet worden. Ernst Neuffer, ein Freund Dunants, der zuerst in Ehingen an der Donau und dann in Ludwigsburg wohnte, war Mitglied in einem darbystischen Kreis und stand daher den apokalyptischen Visionen Dunants besonders nahe. Hans Amann, der den Briefwechsel zwischen Ernst Neuffer und Dunant untersucht hat, zieht aus seiner Analyse den Schluss, dass die drei Bildtafeln diesem deutschen Freund Dunants zuzuschreiben sind. Dass die Bildtafeln Werke sind, die von der Hand mehr als einer Person stammen, belegt bereits Dunants Korrespondenz. Auch wenn er nicht der materielle Urheber dieser Bilder sein sollte, steht fest, dass Dunant die symbolischen Bildtafeln als Ausdruck seines Glaubens betrachtete. Dieser Glaube war mit der Interpretation der Prophezeiungen Daniels und der Offenbarung des Johannes eng verbunden, über die er lange Zeit nachgedacht und die er dann ausgearbeitet hatte.

KOLONIALISMUS UND ANTIKOLONIALISMUS

Die Lebensgeschichte Henry Dunants wird durch einen weiteren widersprüchlichen Aspekt grundlegend gekennzeichnet. Als junger geschäftstüchtiger Kolonist in Algerien glaubt er an die zivilisatorische Mission der europäischen kolonialen Expansion. Als alter Einsiedler in Heiden schreibt er enttäuscht und verbittert eine scharfe Anklage gegen das heuchlerische Christentum, das die Schandtaten der Gewalt durch die europäischen Kolonialmächte tarnt.

Um diesen Widerspruch aufzulösen, behauptet die Richtung der Forschung, die mit hagiographischer Neigung an das Thema herangeht, der junge Dunant sei ein Wegbereiter des Antikolonialismus gewesen. Dunant sei als Freund der Araber, Verfechter des Prinzips der Teilhabe, unbeteiligter Tourist oder unbedarfter Kolonist ein Opfer des von ihm nie vollständig bejahten Systems gewesen. Jacques Pous behauptet hingegen mit realistischem historischen Sinn, dass Dunant wie die meisten seiner Zeitgenossen das koloniale Projekt akzeptierte und sich mit Elan in jenen Strom stürzte, der sich von Europa in die neu eroberten Länder ergoss. Er sprach über Teilhabe, akzeptierte aber die Gettoisierung der Einheimischen; er lernte Arabisch, nutzte aber die Lokalbevölkerung als billige Arbeitskräfte aus. Er stand nicht nur unter dem Einfluss der Ideologie seiner Zeit, die, wie wir erläutert haben, dem Mythos der industriellen Entwicklung als Mittel zur Verminderung sozialer Unterschiede und zur Beseitigung der Armut anhing. Sondern er schöpfte auch aus seiner persönlichen religiösen Auffassung die Überzeugung, er würde an der Realisierung eines von der Vorsehung bestimmten Plans teilnehmen, der Verbrüderung und Frieden, gegenseitige Unterstützung und Solidarität unter Völkern zum Ziel hatte. «1853, 1854, 1855, 1856, 1857, 1858: Ich stürzte mich in die Risiken einer Laufbahn als Pionier [...] in der Überzeugung, ich würde damit das Wohl dieses neuen Landes und seiner Einwohner – sowohl Europäer als Einheimische – befördern. Ich stürzte mich in Unternehmungen hinein, die mir richtig, natürlich, ehrlich und von wohltätiger Absicht geprägt erschienen.» Der junge Dunant, der das koloniale Abenteuer in Algerien miterlebt und von der kolonialen Entwicklung Palästinas träumt, steht unter dem Eindruck eines kolonialen Humanitätsdenkens, das ihn womöglich sogar antreibt.

Von einem ganz anderen Geist ist vierzig Jahre später der alte Dunant beseelt, als er den «Aufruf an die Völker des Ostens» oder die Seiten in *L'Avenir Sanglant* verfasst, die den Völkern gewidmet sind, «die wir geknechtet haben». In dieser Schrift kommt er auf «Räubereien im großen Stil» zu sprechen, um dann die Heuchelei der «Kolonialpolitik» anzuprangern.

> Mit welchem Recht bringen die großen europäischen Nationen Trostlosigkeit unter die Völker Asiens, Afrikas und Ozeaniens, die nichts weiter wünschen, als frei zu bleiben, und die doch wohl das Recht haben, Herren in ihrer eigenen Heimat zu bleiben? Um ihre Interessen und ihre Ungerechtigkeit zu verdecken, behaupten sie, sie würden ihnen die moderne Zivilisation bringen. Aber in Wahrheit bringen sie ihnen Laster, Korruption und all die Ungerechtigkeiten, die diese Völker noch nicht kannten. Selten aber bringen sie die echte Zivilisation – eher bringen sie Opium, Rum, Schnaps und Schießpulver mit den tödlichsten Waffen. [...] Außerdem legen sie ihre Dörfer in Schutt und Asche, stehlen das Vieh, setzen die Ernten in Brand, dezimieren ihre Familien und bringen Verwüstung, Trauer und Elend in Häuser, Zelte und Hütten, in denen die Leute bis dahin ruhig gelebt hatten. Das ist meist die Zivilisation, die sie bringen. Das Gewicht der Geschichte der Christenheit erdrückt und zerbricht einem das Herz, wenn man den höllischen Geist anschaut, welcher dies alles mehrere Jahrhunderte lang beseelt hat.

Wie nur kann man noch immer an diesem «höllischen Geist» teilnehmen und sich zu dessen Komplizen machen? Die Entwicklung, die Dunant auf den kompromisslosen pazifistischen Weg brachte, beeinflusste auch sein Urteil über den Kolonialismus, der am Ende des Jahrhunderts wie unanfechtbares Recht der zivilisierten Länder erscheint.

In seinem Werk *Henry Dunant, l'Algérien* spricht Jacques Pous über einen scheinbaren Widerspruch: Die neue Haltung des alten Dunants basiert wieder auf einen philanthropischen Impetus, der sich aber diesmal dem Antikolonialismus zuwendet. Ursprünglich stammte die Auffassung des philanthropischen Kolonialismus aus England; auch der Geist eines neuen Humanitätsdenkens, welches die Augen vieler öffnete, entwickelte sich später im gleichen Land. Hielt man früher die Ideale der Verbrüderung der Völker in Zusammenhang mit dem Kolonialismus für realisierbar, erscheint es nun sicher, dass sie sich dort nicht entwickeln können, wo Ungerechtigkeit herrscht. Dunant teilt hier mit den fortschrittlichsten Geistern des ausgehenden 19. Jahrhunderts die Überlegung, dass es an der Zeit ist, dem Kampf um das Recht Vorrang zu geben. Die Zeit der philanthropischen Gesellschaften geht dem Ende zu und es kommt die Zeit des Rechts.

Nimmt man an, dass Dunant noch immer von der gleichen humanitären Leidenschaft angetrieben wird und sich diese lediglich im Laufe der Zeit durch ganz unterschiedliches Handeln äußert, kann man einen weiteren Schritt wagen und sich fragen, aus welcher Quelle das Humanitätsdenken Dunants stammt. Die Antwort ist mit Sicherheit, dass die wichtigste, wenn auch nicht die einzige Quelle seiner Menschenliebe dem Evangelium entsprang. Die Liebe für den Einzelnen, die Gott durch Christus zum Ausdruck gebracht hatte, war seit seiner Jugend im Umfeld des Réveil das, was seine Aufmerksamkeit anzog und – mehr noch – seinen Glauben nährte. Es war die Liebe für das verirrte Schaf, für den verlorenen Sohn, für die Letzten der Gesellschaft wie die Prostituierten, für die ausgeschlossenen und verachteten Menschen wie die Zöllner, für die Aussätzigen, die Gelähmten und die Besessenen. Christus ist für Dunant fleischgewordene Liebe, die überfließendes Leben für alle, an erster Stelle aber für die Unglücklichen bringt. Im Evangelium findet er das Geschenk dieser Liebe und zugleich den Aufruf, diese seinem Nächsten zu schenken und sich beständig in Aufmerksamkeit und Fürsorge zu engagieren. Ist dies nicht das Engagement, das die Grundlage seines Lebenswerkes bildet? Gewiss kann die Verbitterung einer vom physischen und moralischen Leiden zerriebenen Existenz seinen Elan geschwächt haben – doch haben wir auch gesehen, dass dieser mit seiner gesundheitlichen Erholung in Heiden wieder entflammt. Die Verbitterung hat trotz allem seine Sicht nicht getrübt. Dies beweisen die Überlegungen zur Bibel, die in seinen Manuskripten zu finden sind, darunter insbesondere die sorgfältige Studie, die dem letzten Abendmahl gewidmet ist und auf den ersten Brief des Paulus an die Korinther Bezug nimmt.

Im frühen Christentum, so argumentiert Dunant, war das Abendmahl des Herrn eine Agape – ein Mahl, das in den Häusern gemeinsam verzehrt wurde, in denen sich die Gläubigen abwechselnd versammelten. Die Frage dreht sich um den «Leib Christi»: Der Apostel warnt, dass diejenigen, die den Leib des Herrn nicht achten, sich selbst zum Gericht essen und trinken (1. Kor 11,29). Dunant bezieht sich auf den Kontext, auf den Paulus anspielt, und hebt das tadelnswerte Verhalten einiger wohlhabenderer Gemeindemitglieder hervor: Diese verschmähen das karge Abendmahl, das sie im Hause der Ärmeren vorfinden und nehmen also ein eigenes Mahl zu Hause vorweg. So nehmen sie an dem gemeinsamen Mahl lustlos, überheblich, sogar mit Verachtung teil – und damit beleidigen sie ihre Brüder. Hierin bestand die Missachtung des Leibes des Herren: Er wurde in der Person der bescheidenen und ärmeren Gemeindemitglieder beleidigt, die gleichsam Glieder seines geistigen Leibes sind. Diese dynamische Deutung des sozialen Leibes des Herren, der durch fehlende Liebe für seinen Nächsten verraten wird, ist weit von jeder dogmatischen Diskussion über die Anwesenheit Christi in Brot und Wein entfernt. Gerade diese Verlagerung des Schwerpunktes dominiert Dunants Verständnis des Evangeliums. Dieses Verständnis – um dafür einen Begriff aus Dunants Zeit zu verwenden – kann man philanthropisch nennen.

KIRCHEN ALS STAATSBETRIEBE

Diese Deutung des Leibes des Herren führt uns dazu, Henry Dunants Auffassung der Kirche zu umreißen. Wir wissen, dass er nie ein Anhänger der Institutionen war. Schon in seiner Jugend war er Mitglied einer freien Gemeinde. Später radikalisierte sich seine Position. Schon immer tendierte er zu den Minderheitsbewegungen, die in der Geschichte des Christentums immer wieder ausgegrenzt und verfolgt wurden. So findet sich in den symbolischen Bildtafeln eine Liste dieser Bewegungen, in der unter anderem Nestorianer, Waldenser und Quäker erscheinen. Sein Urteil richtete sich sogar gegen alle Staatskirchen, die er ein für alle Mal verdammt. Die katholische Kirche stellt zwar für ihn das «Geheimnis der Bosheit» dar; die protestantischen Kirchen haben aber in ihrem Versuch, einen Leib zu reformieren, der schon seit der Geburt der Christenheit unter Konstantin verwest ist, lediglich die Situation verschlechtert: «Der Wundbrand hat sich ausgebreitet und verschlimmert und hat den ganzen Leib erobert.» Deshalb sind alle Kirchen «Staatsbetriebe».

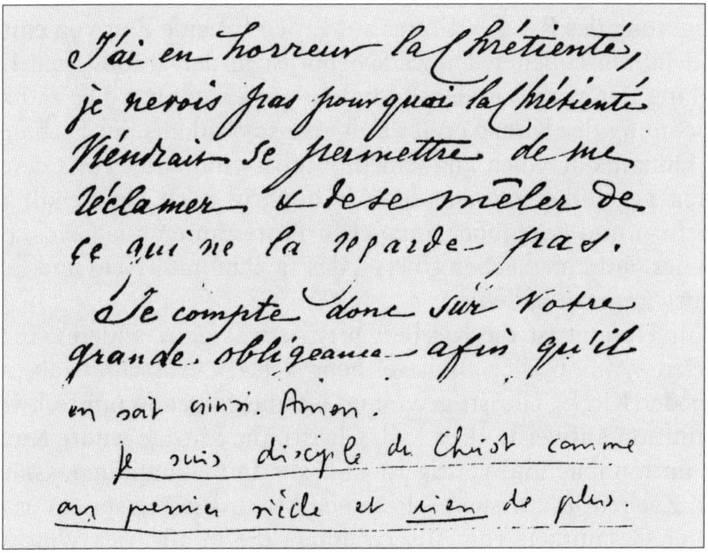
J'ai en horreur la Chrétienté, je ne vois pas pourquoi la Chrétienté viendrait se permettre de me réclamer et de se mêler de ce qui ne la regarde pas.

Je compte donc sur votre grande obligeance afin qu'il en soit ainsi. Amen.

Je suis disciple de Christ comme au premier siècle et rien de plus.

Brief von Henry Dunant an Wilhelm Sonderegger (vermutlich 1890), Sammlung Sonderegger

Bei dieser fortschreitenden Abneigung spielte gewiss seine persönliche Lebensgeschichte voller Leiden, Enttäuschungen und psychischer Instabilität eine Rolle. Dies veranlasste ihn sogar dazu, in einem Brief an Wilhelm Sonderegger Folgendes zu formulieren: «Ich hasse die Christenheit.» Hinter seiner Ablehnung der kirchlichen Institution steckt aber mehr als ein persönlicher Groll. Dunant näherte sich allmählich den Darbysten, dem strengeren, geschlossenen Flügel der Bewegung der Plymouth-Brüder. Schon im Jahr 1852 schrieb er seinem Freund Laget: «Ich teile nicht alle Ansichten unserer lieben Darbysten, aber ich bin sehr eng mit vielen unter ihnen verbunden und liebe sie innig in unserem Herren.» Später hatte er sicherlich weitere Kontakte mit Darbysten in England und Deutschland. Aus dieser Bewegung entlehnte er die dispensationalistische Auffassung der Geschichte, welche besagt, dass Gott der Menschheit nach der Sintflut unterschiedliche «Dispensationen» bzw. Zeitalter gegeben hat. Das vorletzte dieser Zeitalter ist das Millennium, also die Zeit zwischen dem ersten und dem zweiten Kommen Christi. Dieses Zeitalter ist vom Abfall der Kirche vom Glauben gekennzeichnet, der vor dem Jüngsten Gericht die Krise, die Rückkehr Christi und die Errichtung des Reiches Gottes auf Erden für eine Zeit von eintausend Jahren einleitet. Dieses Schema ist in der graphischen Darstellung der symbolischen Bildtafeln gut erkennbar. Die radikale Ablehnung der Kirche ergibt sich also sowohl aus der Eschatologie Dunants als auch aus seinem unüberwindbaren Hass den Jesuiten gegenüber («mehr denn je hungrig nach Herrschaft und Macht») und gegenüber «manchen Protestanten aus Genf» (wegen des «unermesslichen Übels», das sie ihm mit «Neid und Eifersucht» angetan haben).

Für Dunant ist die Kirche Christi etwas ganz anderes. In der vierten symbolischen Bildtafel hebt sich ein Ausschnitt ab, welcher der Kirche Christi gewidmet ist und folgende unbeschwerte Definition aufweist: «Der Leib Christi, die Einzige wahre Kirche, die untrennbar und geistig ist und aus Individualitäten, Gläubigen, Zeugen Jesu besteht». In seinen Manuskripten spricht er von «einer Gesamtheit von Auserwählten, die in alle vier Windrichtungen verstreut sind und sich erst am letzten Tag als Leib Christi wieder vereinen werden». Die einzige Möglichkeit, Teil dieser

Kirche zu sein, besteht im individuellen, persönlichen Handeln jedes einzelnen Jüngers, der wie das Salz der Erde seinen wohltuenden Beitrag leistet.

Die Kehrseite ist, dass sich dieser extreme Individualismus bei Dunant mit Schattierungen des Grolls einfärbt. Wir haben bereits von seinem letzten Willen berichtet: In einem Brief an Sonderegger aus seinen letzten Jahren wünschte er sich, wie ein Hund und ohne religiöse Zeremonien begraben zu werden. Seine Begründung dafür ist schonungslos: «Ich hasse die Christenheit. Ich sehe nicht ein, warum die Christenheit sich erlauben sollte, mich zu beanspruchen und sich in das einzumischen, was sie nichts angeht.» Aber der Schluss ist eine positive Zusammenfassung seines Lebensprogramms, in dem sich die Absicht seiner Demut zeigt: «Ich bin ein Jünger Christi wie im ersten Jahrhundert und *nichts* weiter.»

JÜNGER CHRISTI UND NICHTS WEITER

In einem Brief aus England, den Dunant 1885 an seine Nichte Andrienne, Tochter seines Bruders Daniel, kurz vor ihrer Hochzeit schrieb, findet sich folgende Passage: «Gott wird Dir das geben, was Du benötigst, um Deine Pflicht auf Erden zu erfüllen – egal, ob im Elsass oder in der Schweiz. Dafür musst Du Ihn nur fragen und Er muss an erster Stelle in Deinem Herzen sein, denn Er ist seinen Versprechen treu.» Sind das Floskeln einer konventionellen Religiosität? Bestimmt nicht, denn sie stammen aus Henry Dunants Feder. Viel eher ist es ein schlichtes und anspruchsvolles Lebensprogramm, das mit seiner persönlichen Erfahrung verknüpft ist. Wenn man jetzt die Biographie dieses Mannes nachverfolgt, der extrem gegensätzliche Lebensumstände erlebt hat, und Auszüge aus seinen Manuskripten neben seiner unvergesslichen Erinnerung an Solferino liest, hat man manchmal durchaus den Eindruck, dass bei ihm nach und nach der Ehrgeiz, die Eitelkeit, die Ruhmsucht und der Groll überwiegen. Und doch hat der glühende Glaube des jugendlichen Jüngers standgehalten, trotz herber Enttäuschungen und obwohl er durch Widrigkeiten verbittert und von einem ständigen Gefühl der Ungerechtigkeit und Verfolgung auf ein Minimum reduziert wurde. Weil der

Glaube jedoch fest geblieben ist, kann man vielleicht sagen, dass dieser trotz jedes Widerspruches eine herausragende Stelle in seinem Leben hatte und als dessen bindender Faktor anerkannt werden kann.

Uns bleibt von Henry Dunant die unvergängliche Erinnerung an die Großartigkeit einer Initiative, die dank außerordentlicher Beharrlichkeit zu einem unvorhersehbaren Erfolg geführt hat. Betrachtet man die Lebensgeschichte dieses großen Mannes, die durch den ihn umgebenden Mythos noch grandioser erscheint, ist man von den aufgespürten Zeichen der Widersprüchlichkeit, die jedem Menschen eigen sind, gefesselt. Ebenso beeindruckt am Ende des Lebens die hart erkämpfte Demut eines Mannes, der ein Jünger Christi und nichts weiter sein wollte.

EXKURS: HENRY DUNANT, EIN FREIMAURER?

Im Oktober 2000 lud die Provincia Massonica di Firenze[2] dazu ein, «innerhalb und außerhalb der Werkstätten der Freimaurer» über die Erfahrungen mit dem «Friedensgedanken» zu diskutieren. Anlass dazu war die Vorbereitung auf die Hundertjahrfeier des ersten Friedensnobelpreises, der 1901 dem «Freimaurer-Bruder Henry Dunant» verliehen wurde. In einer Biographie zum Rotkreuz-Gründer kann man die ihm vielfach zugeschriebene freimaurerische Zugehörigkeit nicht unerwähnt lassen. Daher ist es sinnvoll, auf diesen spezifischen, wenn auch nebensächlichen Aspekt kurz einzugehen. Hier fassen wir die Ergebnisse der sorgfältigen Studie Roger Durands, des Vorsitzenden der *Société Henry Dunant* in Genf, zusammen und ergänzen sie.

Die Behauptung, Henry Dunant sei Freimaurer gewesen, taucht in unterschiedlichen Werken aus verschiedenen Ländern auf. Die meisten stammen aus dem freimaurerischen Umfeld selbst und beweisen diese Behauptung durch keinerlei Belege. Wie im oben genannten Fall der Einladung zur Tagung in Florenz wird

2 Dachorganisation der Freimaurerlogen in der Provinz Florenz. (Anmerkung der Übersetzerin)

Dunants Zugehörigkeit zur Freimaurerei als gegeben angesehen.

Josep Carles Clemente, Autor der Schrift *Los masones. La apuesta de los Hijos de la Luz*, verlagert diese Behauptung in das Umfeld der Entstehung des Roten Kreuzes und erweitert sie auf die anderen vier Mitglieder des Komitees der Fünf, die auch «für Freimaurer gehalten» wurden.

Logo der freimaurerischen Dachorganisation Provincia Massonica di Firenze

Fulgida Barattoni stellt in ihrer Magisterarbeit *La Croce Rossa nell'elaborazione del Diritto Internazionale Umanitario dalle origini alla Prima Guerra Mondiale*[3] fest, dass es zwischen den philanthropischen Vereinigungen, utopischem und humanitärem Sozialismus und Freimaurerei des europäischen Bürgertums Mitte des 19. Jahrhunderts durchaus gewisse Beeinflussungen gab, aber nichts darüber hinaus. So schließt sie definitiv aus, dass das Rote Kreuz aus der Freimaurerei hervorging. Das hindert sie aber nicht daran, das gesamte Komitee der Fünf in die Reihen der Freimaurer aufzunehmen, wenn auch – da keine sicheren Beweise dafür existieren – nur unter dem Vorbehalt der Wahrscheinlichkeit. So sei Dr. Appia Freimaurer gewesen, weil «fast alle Ärzte und Forscher, die in der zweiten Hälfte des 19. Jahrhunderts im internationalen oder akademischen Umfeld arbeiteten, zur Bruderschaft der Freimaurer» zählten.

In den Berichten der Tagung von Florenz geht man mit derartigen Behauptungen behutsamer um: Abgesehen von der Zugehörigkeit Henry Dunants zur Freimaurerei, die für selbstverständlich gehalten wird, wird lediglich ein weiteres Mitglied des Komitees der Fünf mit einbezogen. Es wird berichtet, dass «nach der Überlieferung, wobei jedoch offizielle Bestätigungen fehlen, Dufour in die „napoleonische" Freimaurerei in der Militärloge von Korfu „eingeweiht" worden sei».

Wenden wir uns wieder Dunant zu. Einen einzigen Hinweis lie-

3 Im Deutschen wäre der Titel: *Das Rote Kreuz in der Ausarbeitung des Internationalen Völkerrechts von den Anfängen bis zum Ersten Weltkrieg.* (Anmerkung der Übersetzerin)

fert Franco Taddei in seinem Artikel *Jean Henri Dunant, il fondatore della Croce Rossa*[4], der in der esoterischen Zeitschrift „Officinae“ erschienen ist (Rom, Edimai,1. März 1997[5]). Darin schreibt er, dass Henry Dunant «unter anderem in Genf in die Loge „Cordialité“ unter der Nummer 1188 aufgenommen wurde». Eine Loge mit diesem Namen hat tatsächlich existiert und sich im Jahre 1866 der Großloge Alpina angeschlossen, die noch heute die Funktion ausübt, die Schweizer Logen zu koordinieren. Der Chefredakteur der Zeitschrift „Alpina“[6] konnte allerdings keinen Beweis einer Zugehörigkeit Henry Dunants zu einer Loge liefern. Aus dem Archiv der Zeitschrift geht jedoch ein anderer interessanter Zusammenhang hervor. Während „Alpina“ im Jahr 1902 den Friedensnobelpreisträger Élie Ducommun, einen bekannten Freimaurer, mit einem Artikel und einem Bild würdigt und ihn als «unser Bruder» bezeichnet, bleibt die Verleihung des Preises ein Jahr zuvor an Henry Dunant unbeachtet.

Vier Experten, welche die Geschichte der Freimaurerei in Genf bzw. in der Schweiz untersucht haben[7], nennen Henry Dunant überhaupt nicht, obwohl sie die Loge Cordialité behandeln. Genauso wenig kommen sie auf Appia, Dufour, Maunoir und Moynier zu sprechen. Michel Cugnet listet in seinem Werk neun Freimaurer auf, denen der Friedensnobelpreis verliehen wurde: Der erste ist Élie Ducommun – keine Spur von Dunant.

Der Genfer Freimaurer Claude-R. Tripet-Dunant, der sich mit der Geschichte der Loge *Cordialité et Vérité* intensiv beschäftigt, wurde von Roger Durand, dem Vorsitzenden der *Société Henry Dunant,* beauftragt, gezielte Nachforschungen anzustellen. In seinem Bericht schreibt er:

4 Im Deutschen wäre der Titel: *Jean Henri Dunant, Gründer des Roten Kreuzes.* (Anmerkung der Übersetzerin)

5 Edimai (Edizioni Massoniche d’Italia) ist der Verlag der Italienischen Großloge. (Anmerkung der Übersetzerin)

6 „Alpina“ ist das offizielle Organ der Schweizerischen Großloge. Der Chefredakteur, der diese Untersuchung durchführte, ist Alfred Messerli. (Anmerkung der Übersetzerin)

7 Auguste Cahorn: *Aperçu historique sur la Franc-Maçonnerie genevoise pendant le XIXe siècle*, Genf, 5915 [=1915]. François Ruchon: *Historire de la franc-maçonnerie à Genève de 1736 à 1900* , Genf, 1935. Alain Bernheim: *Les débuts de la Franc-Maçonnerie à Genève et en Suisse*, Genf 1994. Michel Cugnet: *Élie Ducommun 1833-1906*, Genf 2002.

> […] es ist Zeit, dass der Mythos, Henry Dunant sei Freimaurer gewesen, endlich ad acta gelegt wird. Es existiert keine Spur für seine Zugehörigkeit zu unserer Bruderschaft. Ich kann absolut nachvollziehen, dass manche gerne diese berühmte Persönlichkeit vereinnahmen möchten, allerdings muss man bei allem der Wahrheit verpflichtet bleiben […].
> Alle Logen der Welt haben Archive, Bücher mit Einweihungslisten und Protokollen. Wenn Henry Dunant in eine Loge aufgenommen worden wäre, ist offensichtlich, dass die entsprechende Loge stolz darauf gewesen wäre, dies beweisen zu können.

Tripet-Dunant berichtet zudem, dass er in den Archiven der beiden ältesten noch existierenden Logen Genfs recherchiert hat, ohne eine Spur der Namen der anderen vier Mitglieder des Komitees der Fünf zu finden.

Hingegen existiert der Beweis dafür, dass Henry Dunant eine Aversion gegen einen bekannten Freimaurer hegte: Es handelt sich dabei gerade um Élie Ducommun, den er in zwei Briefen an Rudolf Müller vom 15. September und vom 18. Dezember 1902 als seinen Feind bezeichnet.

Und im schon erwähnten Brief an Baumberger, in dem er um eine Anerkennung durch den Papst bittet, schreibt Dunant:

> Insbesondere wünsche ich mir, dass Seine Heiligkeit darüber informiert wird, dass das Werk, das ich entworfen habe und das ich realisieren durfte, mir vom Geist Christi eingeflößt wurde, vom katholischsten Gefühl überhaupt: der reinen Barmherzigkeit. Zu häufig musste ich seit 1863 die Verleumdung aushalten, dass das Werk, dessen Realisierung ich so leidenschaftlich gewünscht und angestrebt habe, ein freimaurerisches Werk sei. Dies wurde mir in Rom, in Österreich usw. aufgetischt und darunter habe ich lange Jahre persönlich gelitten.

Schließlich werden diese negativen Beweise eindrücklich durch die spirituelle Orientierung ergänzt, die Henry Dunants Leben durchzieht. Einige Züge dieser Orientierung können auch vielen weiteren philanthropischen Initiativen des 19. Jahrhunderts zugeschrieben werden: Humanitätsdenken, Brüderlichkeit unter den Völkern, Universalismus, Pazifismus... Gräbt man aber tiefer, wie wir es schon in Bezug auf Henry Dunants Glauben getan haben, ist man vom absoluten Vorrang der Bibel für diesen Gläubigen beeindruckt, der einzig die Heilige Schrift als Mittel der religiösen Erkenntnis und Gemeinschaft kennt. Henry Dunants Gott ist nicht der Allmächtige Baumeister aller Welten: Es ist ausschließlich der Gott des Alten und Neuen Testaments, der Gott Abrahams, Isaaks und Jacobs, der Vater Jesu. Wie Paolo Vanni behauptet, als er sich auf Dunants Brief an Wilhelm Sonderegger bezieht, kann der Rotkreuz-Gründer in keine Institution hineingezwängt werden. Er ist einzig ein einfacher Jünger Christi.

Durch die Formulierung, dass Henry Dunant «zu 99% kein Freimaurer» gewesen sei, lässt Roger Durand mit dem winzigen Rest eines Prozentpunktes die Möglichkeit offen, dass doch noch ein Dokument die von einigen Seiten behauptete Zugehörigkeit Dunants zur Freimaurerei beweisen könnte. Wir halten uns auch an diese weise Schlussfolgerung. Aber umgekehrt kann man bis zum Beweis des Gegenteils behaupten, dass der Ausdruck «Bruder» sich nur in einem biblischen Sinne rechtmäßig auf den Gründer des Roten Kreuzes bezieht: als Sohn, den der Vater als «Erstgeborenen unter vielen Brüdern» vorherbestimmt hat (Röm 8,29).

ANHANG

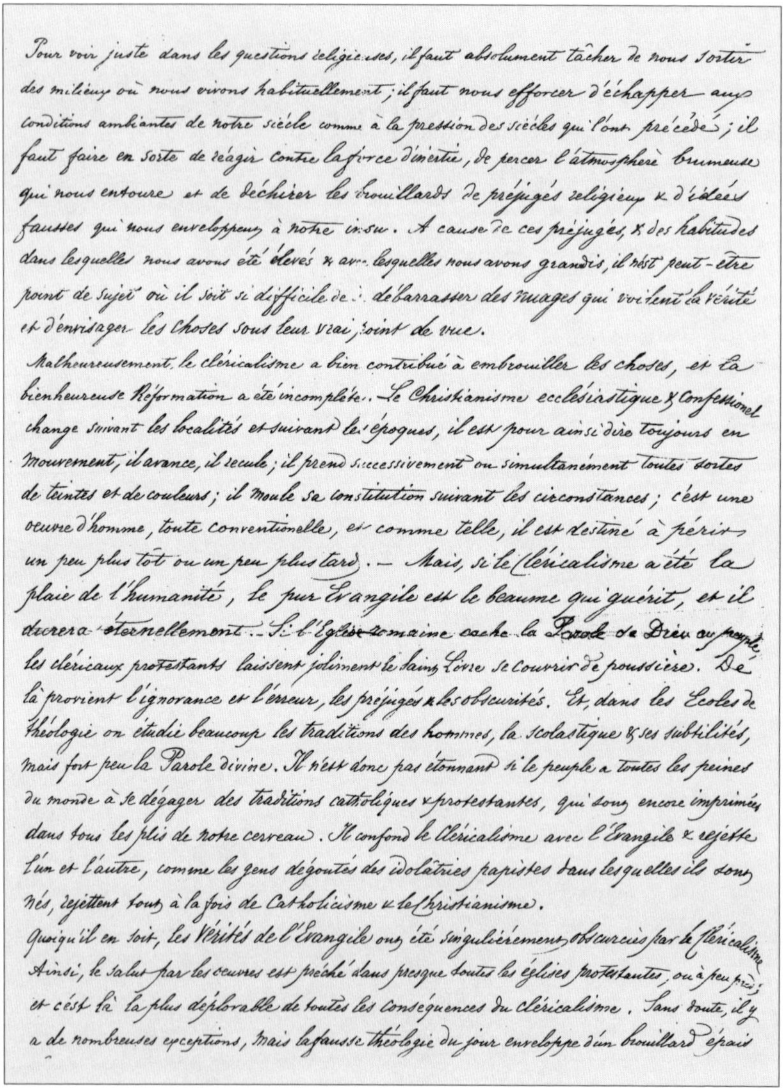

Pour voir juste dans les questions religieuses, il faut absolument tâcher de nous sortir des milieux où nous vivons habituellement; il faut nous efforcer d'échapper aux conditions ambiantes de notre siècle comme à la pression des siècles qui l'ont précédé; il faut faire en sorte de réagir contre la force d'inertie, de percer l'atmosphère brumeuse qui nous entoure et de déchirer les brouillards de préjugés religieux & d'idées fausses qui nous enveloppent à notre insu. A cause de ces préjugés, & des habitudes dans lesquelles nous avons été élevés & avec lesquelles nous avons grandis, il n'est peut-être point de sujet où il soit si difficile de se débarrasser des nuages qui voilent la vérité et d'envisager les choses sous leur vrai point de vue.

Malheureusement, le cléricalisme a bien contribué à embrouiller les choses, et la bienheureuse Réformation a été incomplète. Le Christianisme ecclésiastique & Confessionel change suivant les localités et suivant les époques, il est pour ainsi dire toujours en mouvement, il avance, il recule; il prend successivement ou simultanément toutes sortes de teintes et de couleurs; il moule sa constitution suivant les circonstances; c'est une oeuvre d'homme, toute conventionelle, et comme telle, il est destiné à périr un peu plus tôt ou un peu plus tard. — Mais, si le Cléricalisme a été la plaie de l'humanité, le pur Evangile est le baume qui guérit, et il durera ~~éternellement~~. ~~Si l'Eglise romaine cache la Parole de Dieu au peuple~~ les cléricaux protestants laissent joliment le saint Livre se couvrir de poussière. De là provient l'ignorance et l'erreur, les préjugés & les obscurités. Et, dans les Ecoles de théologie on étudie beaucoup les traditions des hommes, la scolastique & ses subtilités, mais fort peu la Parole divine. Il n'est donc pas étonnant si le peuple a toutes les peines du monde à se dégager des traditions catholiques & protestantes, qui sont encore imprimées dans tous les plis de notre cerveau. Il confond le Cléricalisme avec l'Evangile & rejette l'un et l'autre, comme les gens dégoûtés des idolâtries papistes dans lesquelles ils sont nés, rejettent tout à la fois le Catholicisme & le Christianisme.

Quoiqu'il en soit, les Vérités de l'Evangile ont été singulièrement obscurcies par le Cléricalisme. Ainsi, le salut par les oeuvres est prêché dans presque toutes les églises protestantes, ou à peu près; et c'est là la plus déplorable de toutes les conséquences du cléricalisme. Sans doute, il y a de nombreuses exceptions, mais la fausse théologie du jour enveloppe d'un brouillard épais

Die erste Seite von Henry Dunants unveröffentlichtem „Glaubensbekenntnis“

«Jeder» *

Um in den religiösen Angelegenheiten klar zu sehen, muss man unbedingt versuchen, aus der gewohnten Umgebung, in der man lebt, herauszutreten. Man muss sich bemühen, den Bedingungen der Umgebung unseres Jahrhunderts und dem Druck der vorangegangenen Jahrhunderte zu entkommen. Man muss einen Weg finden, um auf die Trägheit zu reagieren, um den nebligen Schleier, der uns umhüllt, zu zerreißen und um den Dunst der religiösen Vorurteile und der falschen Vorstellungen zu vertreiben, der uns ohne unser Wissen umhüllt. Diese Vorurteile und Gewohnheiten, mit denen wir erzogen wurden und mit denen wir aufgewachsen sind, stellen den Grund dar,, weshalb es vielleicht keinen anderen Bereich gibt, in dem es so schwierig ist, die Wolken zu vertreiben, welche die Wahrheit trüben, um die Angelegenheiten vom richtigen Standpunkt aus zu betrachten.

* Die meisten Unterlagen, die Henry Dunant seinem Neffen Maurice – dem Sohn seines Bruders Pierre-Louis – vermachte, befinden sich im Archiv Henry Dunant in der Bibliothèque de Genève. Nur wenige Dokumente sind im Besitz der Familie verblieben. Dazu zählt ein unveröffentlichtes Glaubensbekenntnis, das im Archiv Bernard Dunants, Nachfahre Henrys Bruders Daniel, verwahrt wird. Es ist nicht bekannt, wann es verfasst wurde. Aufgrund der sorgfältigen, besonders feinen und ordentlichen Schrift, mit der es niedergeschrieben wurde, schließt man zunächst aus, dass dieses Glaubensbekenntnis in Dunants letzten Lebensjahren verfasst wurde, für die eine weniger ordentlichere Handschrift charakteristisch war. Doch lassen einige Hintergründe an die Zeit der Leiden und der Krise denken, die dem Erfolg und dem aktiven Handeln folgen: Es sind die explizite Kritik an jeglicher kirchlicher Institution und die Anspielungen auf seine Krankheit, infolge derer «der feste Glaube nachlässt». Der Inhalt des Glaubensbekenntnisses wird offensichtlich durch zwei Aspekte geprägt: die Theologie des Réveils, in deren Mittelpunkt die Wiedergeburt des Gläubigen steht, und seine calvinistische Herkunft. Der Gläubige, der einzig durch die Gnade gerechtfertigt wird, ist zur «Steigerung der Kenntnis und der Heiligung» aufgerufen. Das Gerüst des Glaubensbekenntnisses und das unersetzliche Mittel für das geistige Wachstum ist die Bibel, aus der Dunant auswendig und frei zitiert, ohne die Quellen zu nennen. Für den Leser, der mit der Bibel weniger vertraut ist, geben wir in Fußnoten die Bibelstellen an. Die Überschrift, die diesem Text gegeben wurde, ist nicht Teil des Originaldokuments, das keinen Titel aufweist.

Unglücklicherweise hat der Klerikalismus dazu beigetragen, die Dinge zu verwirren und die selige Reformation ist unvollständig geblieben. Das kirchliche und konfessionelle Christentum verändert sich je nach Ort und Zeit. Es ist sozusagen in ständiger Bewegung, vorwärts und zurück, es kleidet sich nacheinander oder gleichzeitig in jede Art von Farben und Farbtönen und es formt seine Struktur nach den Umständen. Es ist ein menschliches Erzeugnis, das vollständig formelhaft ist, und als solches ist es dazu bestimmt, früher oder später zu vergehen. Wenn aber der Klerikalismus die Wunde der Menschheit gewesen ist, stellt das reine Evangelium den Balsam dar, der heilt und sich ewig halten wird. Wenn die römische Kirche dem Volk das Wort Gottes verbirgt, so lassen die protestantischen Kirchenmänner seelenruhig zu, dass das heilige Buch mit Staub bedeckt wird. So kommen Unkenntnis und Fehler, Vorurteile und Unwissenheit in die Welt. Und in den theologischen Schulen wird viel Wert auf das Studium der menschlichen Traditionen, der Scholastik und ihrer Spitzfindigkeiten gelegt, aber wenig auf das Wort Gottes. Es ist also kein Wunder, wenn das Volk alle möglichen Schwierigkeiten hat, sich aus den katholischen und protestantischen Traditionen loszulösen, die in alle unsere Hirnwindungen eingeprägt sind. Das Volk verwechselt den Klerikalismus mit dem Evangelium und lehnt das eine und das andere ab. So lehnen diejenigen Katholiken, die von der Vergötzung des Papstes angewidert sind, in die sie hineingeboren wurden, den Katholizismus und zugleich das Christentum ab.

Wie dem auch sei, die Wahrheiten des Evangeliums sind besonders vom Klerikalismus verdunkelt worden. Daher wird die Erlösung durch Werke auch in fast allen protestantischen Kirchen gepredigt, was als die unangenehmste unter den Folgen des Klerikalismus anzusehen ist. Bestimmt gibt es zahlreiche Ausnahmen, aber die heutige verlogene Theologie umhüllt mit einer dichten Nebelschicht die religiösen Geister, die in der Unsicherheit bleiben und sich des Erlösungswerkes nie ganz bewusst sind. So verstehen diese beispielsweise nicht, dass das Werk Christi vollständig, perfekt, ganz vollbracht und abgeschlossen ist und dass dieses Werk dem echten Gläubigen die Gewissheit seiner vollständigen, perfekten, ganz vollbrachten und abgeschlossenen Erlösung geben muss. Dabei geht es darum, mit Demut an die Gewissheit der Erlösung zu glauben, weil es darum geht, an das zu glauben, was Gott sagt. Christus ist für die Sünder gestorben und jeder, der an ihn glaubt, *hat* ewiges Leben. Nicht der, der *sagt*, dass er glaubt, sondern der, der wirklich glaubt. Nicht: Er wird ewiges Leben haben. – Sondern: Er *hat* es bereits. Dabei gilt es, besonders auf das Wort «jeder» zu achten. Wer ist aber mit «jeder» gemeint? Die Antwort ist ganz einfach: Das seid Ihr, das bin ich, wir alle sind das. Der lebendige Jesus, allgegenwärtig und allmächtig, ist gestern, heute und immer der Gleiche. Das Werk, das er vollendet hat, ändert sich nicht.

In der heutigen Zeit ist jeder, der in seinem Herzen Jesu Jünger ist, dank der Gnade Gottes ebenso wie in der Zeit der Apostel ein «Heiliger» in Christus – und das ist er ganz und gar mit dem gleichen Anspruch wie die Apostel. Jeder echte Jünger muss aber – und das verdient die ganze Aufmerksamkeit – nach dem Beispiel der Apostel den anderen für besser als sich selbst halten. Das muss nicht nur in Bezug auf die anderen Gläubigen und auf seine Brüder in Christus geschehen, sondern auch in Bezug auf die Nicht-Gläubigen, die Ungläubigen, die Weltmännischen und die Skeptiker! Die ganze Bibel zeigt nicht einen einzigen «Heiligen» im Sinne der römischen Kirche und auch keinen perfekten Romanhelden wie in den Büchern des 19. Jahrhunderts. Es gibt weder die einen noch die anderen.

Es verdankt sich nur seinem Glauben in Jesus Christus, dass jeder Mensch (jeder), der an ihn glaubt, gerechtfertigt wird. Und alle, die diesen Glauben haben, sind Heilige in Gottes Augen und haben die absolute Gewissheit, *jetzt* und immerdar Gottes Kinder zu sein. Sie werden losgekauft und adoptiert. Und *es* ist *ihre Pflicht* und ihr Vorrecht, diese Gewissheit zu haben, wenn sie diese bisher noch nicht hatten. «Wer an Ihn glaubt, der wird nicht verurteilt werden.»[1] «Denn also hat Gott die Welt geliebt, dass er seinen eingeborenen Sohn gab, damit alle, die an ihn glauben, nicht verloren werden, sondern das ewige Leben haben.»[2] Christus selbst hat *alles* gemacht, alles vollbracht. Wir brauchen also nicht *viel zu tun*, um Gottes Kinder zu werden, und müssen uns auch

1 Frei zitiert nach Joh 5,24: «Wer mein Wort hört und glaubt dem, der mich gesandt hat, der hat das ewige Leben und kommt nicht in das Gericht.»
2 Joh 3,16.

nicht sehr quälen, um seine Losgekauften *zu sein*. Nein: Es reicht, lediglich wie ein kleines Kind an die guten Worte Gottes zu glauben. Wenn man hingegen viel macht, um diese große Gnade zu verdienen, ist dies ein Zeichen des Hochmutes – eines sehr schuldbeladenen Hochmutes, denn er bezeugt Unglaube! Eine Gnade verdient man nicht. Spricht Gott, dann müssen wir glauben.

Nicht der ist erlöst, der *fühlt*, dass er erlöst ist, sondern der, der *glaubt*. Wir sollen nicht versuchen, den Glauben zu fühlen, wir dürfen also nicht glauben, mehr oder weniger erlöst zu werden, je nach dem, wie tief der Glaube ist, den wir fühlen. Das wäre Mystik. Das würde bedeuten, das von uns armen Sündern abhängen zu lassen, was nur von Gott abhängt.

Jedermann ist in diesem «jeder» eingeschlossen, wer auch immer er sei. Sei es ein Schächer am Kreuz, der sterben wird, ohne irgendein gutes Werk verrichtet zu haben. Wir sollten uns also alle Versprechen zuerkennen, die in diesem «jeder» eingeschlossen sind. Ansonsten würden wir Gott beleidigen, würden an ihm zweifeln und ihn durch unseren Unglauben schmähen. Die Gewissheit der Erlösung ist also nicht Verwegenheit, sondern demütiger und echter Glaube.

Es ist auch nicht eine besondere Art des Glaubens, die einen erlöst: Es ist der einfache Glaube, der Glaube eines kleines Kindes, das daran glaubt, was die Mutter ihm erzählt. Noch einmal: Es ist der Glaube, der im Herzen das glaubt, was Gott sagt. Es ist der Glaube, der wie Simon Petrus beherzt sagt: «Du bist Christus, des lebendigen Gottes Sohn!»[3] Und mit diesem Vertrauen erfüllen sich *alle* göttliche Versprechen.

Die Gewissheit der Erlösung hängt also nicht von uns ab, von unseren Gefühlen, unserer Verehrung, unseren Gebeten, unserem guten Willen, unserer Besserung usw. Wenn wir aber dazu gelangt sind, an diese perfekte, vollständige und ewige Erlösung zu glauben, dann müssen wir für Gott *aus dem Grund* handeln, *dass* wir auf ewig losgekauft sind, und nicht etwa, *um das Ziel* der Erlösung überhaupt zu verdienen. Der Unterschied zwischen *Grund* und *Ziel* ist dabei unermesslich. Der Versuch, egal in welchem Maße, sich die Erlösung zu verdienen, ist die Umkehrung des gan-

3 Mt 16,16.

zen Evangeliums: Das ist der Fehler nicht nur der Katholiken, sondern auch der Lutheraner, der Ritualisten der Anglikanischen Kirche, der «Reformierten», der Unitarier und vieler Protestanten, die sich für besonders orthodox halten. Unter diesen sagen einige: Wir wissen wohl, dass die Erlösung dank des Blutes Christi ohne eigenes Verdienst geschieht, aber wir müssen doch dieses Heil durch unsere Gebete und guten Werke, unseren guten Willen, unsere frommen Lektüren, unsere Hingabe, unseren Verzicht usw. verdienen, weil viel getan werden muss, damit man vom Herren losgekauft wird! Ihr Fehler ist groß. Damit spannen sie die Ochsen hinter den Pflug. Die Erlösung ist schon geschehen – und zwar ohne ihre Mitwirkung, vor über eintausendachthundert Jahren. Sie suchen einen anderen Weg als den, den Gott vorsieht. Sie leisten einen törichten Widerstand gegen Gottes Wort, verschwenden kostbare Zeit, verzichten auf großen Segen und insbesondere verzögern sie damit ihre eigene Heiligung.

Nur dann, wenn wir Christus als einen «vollkommenen Heiland» empfangen haben, der dem Herren so lieb und teuer ist (ansonsten wäre es ein falscher Christus), werden wir in Ihm wandeln, weil wir im Glauben verwurzelt und bestätigt sein werden, da wir dann «geändert durch *Erneuerung des Sinnes*»[4] sind. Dann wird dieser Glaube seine Wirksamkeit durch die Liebe entfalten, weil unser Jesus «sich selbst für uns gegeben hat, damit er uns erlöste von aller Ungerechtigkeit und reinigte sich selbst ein Volk zum Eigentum, das eifrig wäre zu guten Werken»[5], und «damit alle, die zum Glauben an Gott gekommen sind, darauf bedacht sind, sich mit guten Werken hervorzutun»[6]. «Denn wir sind sein Werk, geschaffen in Christus Jesus zu guten Werken, die Gott zuvor bereitet hat, dass wir darin wandeln sollen.»[7] Genau wie Paulus den Ephesern sagt, müssen wir «untereinander freundlich und herzlich sein und einer dem andern vergeben, wie auch Gott uns vergeben hat in Christus. So folgen wir Gottes Beispiel als die geliebten Kinder.»[8]

Die Wiedergeburt ist nichts anderes als der Anfang, der erste Schritt im Leben in Christus. Und das ist das ewige Leben, das

4 Röm 12,2.
5 Tit 2,14.
6 Tit 3,8.
7 Eph 2,10.
8 Eph 4,32 – 5,1.

hier auf Erden anfängt. Deshalb muss ein Gläubiger, der sich zu Gott bekehrt hat, ständig in der *Heiligen Schrift* die Mittel suchen, um in der Kenntnis und der Heiligung zu wachsen – zwei Aspekte, die immer Hand in Hand gehen und eng miteinander verbunden sein müssen. Christus, «unsere Gerechtigkeit», wurde für den losgekauften Gläubigen zur «Heiligung»[9] und in diesem Sinne ist Christi Heiligung *in Gottes Augen vollkommen.* Ebenso sehr gilt aber nach der Heiligen Schrift, dass der Jünger Jesu hier auf Erden diese Heiligung, die ihm durch Christi Blut ohne eigenes Verdienst zuteil wurde, *realisieren* muss. Man darf das Werk der Heiligung nicht mit demjenigen der Rechtfertigung verwechseln. Beide sind Werke des Glaubens, allerdings kommt die Rechtfertigung zuerst – sie ist die Wiedergeburt, zu der man auf längerem oder kürzerem Weg gelangt, denn die Wege Gottes sind unterschiedlich. Die Heiligung kommt später – und sie kann nur später kommen. Fromme Menschen, die nicht bekehrt sind, können keine Heiligung in Gott erreichen. Auch wenn sie sehr ehrlich, sehr moralisch, sehr rein, sehr gütig, sehr großzügig sind, können sie das nicht, weil niemand laufen kann, bevor er geboren wurde. Sie können zwar die «Weisheit» haben, welche die Furcht des Herren ist[10], aber diese Furcht vor Gott ist noch nicht die Bekehrung, die Wiedergeburt. Die Heiligung ist das Leben, das Leben in Christus, das ewige Leben, *das schon hier auf Erden anfängt.* Der im Geist Wiedergeborene muss wachsen, sich entwickeln, groß werden, aber er hat das Leben. Der Wiedergeborene kann im Geiste auch angeschlagen, krank, sogar sehr krank sein, aber er zweifelt nicht an seiner Existenz und er fühlt, dass er den Arzt braucht, weil er in diesem Fall sehr misslich lebt, leidet und wünscht, die Krankheit zu überwinden. Gerade aus diesem Grund, wegen unserer schwachen und alten ursprünglichen Natur, die wir erst mit dem Tode aufgeben, erweckt das Evangelium den Gläubigen, der Gottes Kind ist und von Jesus losgekauft wurde, durch Warnungen, Anweisungen eines guten Arztes, aber auch mit dem Versprechen, gekrönt, gepriesen und (mit Gnade) belohnt zu werden. Wenn das Kind Gottes im Geiste krank ist,

9 1. Kor 1,30.
10 Ps 111,10.

lässt auch die Gewissheit im Glauben nach, weil der Unglaube den Kranken überfällt. Dann muss man unverzüglich zum Großen Arzt der Seelen gehen, damit er heilt. Man muss aber zu ihm in dem Wissen gehen, von ihm losgekauft und adoptiert worden zu sein. Ebenso muss man sich auf seine Versprechen stützen, damit «das Wort Gottes nicht leer zu Ihm zurückkommt»[11]. Er ist der Gute Hirte, und *keines* seiner Schafe kann trotz aller Bemühungen der gefräßigen Wölfe seiner Hand entrissen werden.

Für den Gläubigen, der sich auf die Heilige Schrift stützt, ist der Heiland nicht der Begründer des Christentums, wie man ihn zu Unrecht nennt, sondern «Gott offenbart in Fleisch»[12]. Denn alles, was vom Vater kommt, gehört dem Vater; alles, was man vom Vater sehen kann, gehört dem Sohn; alles, was man hören kann, gehört dem Heiligen Geist. Je mehr wir Gott durch das Wort kennen, desto mehr erkennen wir, dass Christus die Offenbarung Gottes ist. Wir sehen, dass ein besonderer «Engel» in vielen Seiten des Alten Testaments erscheint: An vielen Stellen ist es klar, dass es um den Engel Jehova, Jesus, den Christus, den Fleisch gewordenen Gott geht. Wir wollen nicht wie die Kirchenmänner Gottes unergründliche Mysterien zergliedern, sondern wir glauben an die Aussagen des Wortes Gottes. Alle sollen den Sohn ehren, so wie sie den Vater ehren. Es gibt einen einzigen Gott, aber die bleibende Frage ist: Welches ist das persönliche Verhältnis zwischen uns und dem Herrn Jesus? Es ist notwendig, dass wir uns Ihm ganz und gar schenken. Dies können wir tun, indem wir mit unserem Herzen glauben und es mit dem Mund bekennen. Nur Jesus hat erlöst und nur er kann heiligen. Zu Jesus gehen: Dies bedeutet, ihn anzuflehen, dass er selbst in unserem Herzen die Heiligung durchführt, die wir nicht selbst durchführen können. Er ist «Gottes Sohn» und «Menschensohn», also wahrer Gott und wahrer Mensch. Als Mensch kann er mit unseren Krankheiten, unserem Elend, unseren Schmerzen, unseren Leiden mitfühlen. Als Gott kann er uns heilen und erhören.

11 Jes 55,11.

12 1. Tim 3,16. In den unterschiedlichen Versionen dieser alten liturgischen Formel, die sich auf Christus bezieht, wird das Subjekt je nach Übersetzung und Sprache unterschiedlich wiedergegeben, häufig mit „Er" („Er wurde offenbart im Fleisch"). Dunant nimmt aber Bezug auf eine Version, in der das Subjekt direkt „Gott" genannt wird.

Henry Dunant auf einem Bild aus der Portraitserie
des Fotografen Otto Rietmann (1895)

LITERATURVERZEICHNIS

1. Werke von Henry Dunant

Compte rendu de la Conférence internationale réunie à Genève les 26, 27, 28, 29 Octobre 1863 pour étudier les moyens de pourvoir à l'insuffisance du service sanitaire officiel dans les armées de campagne. Handschrift.

Mémoires. Texte établi et présenté par le Professeur Bernard Gagnebin, Doyen de la Faculté des Lettres de l'Université de Genève. Lausanne: Institut Henry-Dunant et L'age d'Homme, 1971.

L'avvenire sanguinoso. Frammenti 1891. In: FIRPO, LUIGI (Hg.): *Henry Dunant e le origini della Croce Rossa.* Turin: UTET, 1979.

Un ricordo di Solferino (1862). Hg. vom Internationalen Komitee des Roten Kreuzes, italienische Version. Genf, 1986.

Notice sur la Régence de Tunis (1858). Genf: Société Henry Dunant, 1996.

Memorie del primo Premio Nobel per la pace. 2. bearb. und erw. Auflage. Hg. von Vanni, Paolo / Baccolo, Maria Grazia / Ottaviani, Raimonda. Neapel: Idelson-Gnocchi, 2005.

2. Allgemeine Werke

ANCEAU, ERIC: *Introduction au XIXe siècle.* Bd. 1: *1815 à 1870.* Paris: Belin, 2003.

DERS.: *Introduction au XIXe siècle.* Bd. 2: *1870 à 1914.* Paris: Belin, 2005.

DÉMIER, FRANCIS: *La France du XIXe siècle, 1814-1914.* Paris: Seuil, 2000.

GISEL, PIERRE (Hg.): *Encyclopédie du protestantisme.* Paris: PUF, 2006.

PIERI, PIERO: *Storia militare del Risorgimento*. Turin, Einaudi 1962.

3. Literatur über Henry Dunant

BIMPAGE, SERGE: *Moi, Henry Dunant, j'ai rêvé le monde*. Paris: Albin Michel, 2003.

BROWN, PAM: *Henry Dunant, il fondatore della Croce Rossa*. Leumann: Elle Di Ci, 1989.

DESCOMBES, MARC: *Henry Dunant*. Genf und Luzern: Éditions René Coeckelberghs, 1988.

MÜTZENBERG, GABRIEL: *Henry Dunant le prédestiné: du nouveau sur la famille, la jeunesse, la destinée spirituelle du fondateur de la Croix-Rouge*. Genf: Robert Estienne, 1984.

4. Literatur über das Rote Kreuz

BOISSIER, PIERRE: *Histoire du Comité International de la Croix-Rouge*. Bd. I: *De Solferino à Tsoushima*. Paris: Plon, 1963.

CIPOLLA, COSTANTINO (Hg.): *Un ricordo di Solferino oggi. Genesi e significato sociale della Croce Rossa*. Mailand: Franco Angeli, 2003.

CROCE ROSSA ITALIANA: *Il potere dell'Umanità, la Forza dei Volontari*. Pomezia: Arti Grafiche, 2002.

DURAND, ANDRÉ: *Histoire du Comité international de la Croix-Rouge*. Bd. II: *De Sarajevo a Hiroshima*. Genf: Institut Henry Dunant, 1978.

HUBER, MAX: *La pensée et l'action de la Croix-Rouge*. Genf: Comité internationale de la Croix-Rouge, 1954.

JEVOLELLA, MASSIMO: *L'appassionante storia della Croce Rossa*. Turin: Paravia, 1977.

MOYNIER, GUSTAVE: *Les dix premières années de la Croix-Rouge*. Genf: Imprimerie Jules-Guillaume Fick, 1873.

DERS.: *Ce que c'est que la Croix-Rouge*. Genf: Imprimerie B. Soullier, 1874.

DERS.: *La Croix-Rouge, son Passé et son Avenir*. Paris: Sandoz & Thuillier, 1882.

Kapitel 1

Bouvier, Nicolas: *L'année 1859*. In: Durand, Roger (Hg.): *Le creuset de la Croix-Rouge, Actes de voyages d'étude à Solferino, San Martino, Castiglione, Cavriana et Borghetto les 6-8 mai 1983 et les 25-27 mai 1995*. Genf: Société Henry Dunant et Musée international de la Croix-Rouge et du Croissant-Rouge, 1997.

Brignoli, Marziano: *La sanità militare nei secoli XVIII e XIX*. In: Cipolla, Costantino (Hg.): *Un ricordo di Solferino oggi*

Christ, Félix: *Don Lorenzo Barzizza*. In: Durand, Roger (Hg.): *Préludes et pionniers, les précurseurs de la Croix-Rouge, 1840-1860. Actes du colloque tenu à Genève au palais de l'Athénée les 26, 27 et 28 octobre 1988*. Genf: Société Henry Dunant, 1991.

Ders.: *La défaite de Solferino*. In: Durand, Roger (Hg.): *Le creuset*.

Cipolla, Costantino: *Solferino: il crinale dei crinali dell'Unità d'Italia e la sorgente delle sorgenti della Croce Rossa*. In: Cipolla, Costantino (Hg.): *Un ricordo di Solferino oggi*.

Durand, Roger: *Des hommes d'affaires aux réflexes humanitaires*. In: Durand, Roger (Hg.): *Le creuset*.

Ders.: *La bataille de Solferino*. In: Durand, Roger (Hg.): *Le creuset*.

Ders.: *Quel prénom pour Dunant?* In: *„Bulletin de la Société Henry Dunant"*, Nr. 19, 1998-1999.

Firpo, Luigi: *Introduzione*. In: Firpo, Luigi (Hg.): *Henry Dunant*.

Guillermand, Jean: *Le service de santé militaire français au XIX siècle*. In: Durand, Roger (Hg.): *Le creuset*.

Mayer, Roger: *Le Service de santé des armées françaises*. In: Durand, Roger (Hg.): *Le creuset*.

Mützenberg, Gabriel: *Valérie de Gasparin*. In: *„Bulletin de la Société Henry Dunant"*, Nr. 17, 1994.

Ders.: *Une femme de style, Valérie de Gasparin*. Le Mont-sur-Lausanne: Ouverture, 1994.

Ders.: *Sur la lancée du Réveil, un cœur brulant de passion*. In: Durand, Roger (Hg.): *Préludes et pionniers*.

Ders.: *La charité genevoise en 1859*. In: Durand, Roger (Hg.): *Le creuset*.

Napoléon, A.: *Lettres de l'empereur Napoléon III à l'impératrice Eugénie.* In: Durand, Roger (Hg.): *Le creuset.*

Vanni, Paolo / Vanni, Duccio / Ottaviani, Raimonda: *L'assistenza ai militari feriti o ammalati in guerra: onore a H. Dunant.* In: Cipolla, Costantino (Hg.): *Curtatone: idealità e volontà nel Risorgimento.* Mailand: Franco Angeli, 2004.

Kapitel 2

Caselli, Hector: *The Objectives of the World Alliance of Y.M.C.A.'s today as compared to those of the Founding Members.* In: Durand, Roger (Hg.): *De l'Utopie à la réalité, Actes du Colloque Henry Dunant tenu à Genève au palais de l'Athénée et à la Chapelle de l'Oratoire les 3, 4 et 5 mai 1985.* Genf: Société Henry Dunant, 1988.

Gangale, Giuseppe: *Revival.* Palermo: Sellerio, 1991.

Lador, Maurice: *L'enracinement spirituel de la Croix-Rouge.* Genf: Édition de la Société Évangélique de Genève, 1963.

Le Comte, Guy: *Henry Dunant, fondateur de l'Union chrétienne de Genève.* In: Durand, Roger (Hg.), *De l'Utopie.*

Léonard, Émile G.: *Storia del Protestantesimo.* 3 Teile in 4 Bänden, Bd. III/1: *Declino e rinascita.* Mailand: Il Saggiatore, 1971.

Mützenberg, Gabriel: *À l'écoute du Réveil. De Calvin à l'Alliance évangélique.* St-Légier: Éditions Emmaüs, 1989.

Ders.: *L'Alliance évangélique.* In: „*Bulletin de la Société Henry Dunant*", Nr. 19, 1998-1999.

Perrot, Alain: *Regards de Maximilien Perrot.* In: *150 ans déjà... 1852-2002, Unions chrétiennes de Genève.* Genf: Unions Chrétiennes de Genève et Société Henry Dunant, 2003.

Spini, Giorgio: *Italia di Mussolini e protestanti.* Turin: Claudiana, 2007.

Subilia, Vittorio: *Il libero esame.* In: „*Protestantesimo*", Nr. 3, 1955.

Kapitel 3

CANDEAUX, JEAN-DANIEL: *Jules-Guillaume Fick, premier imprimeur d'Henry Dunant*. In: DURAND, ROGER (Hg.): *La Tunisie d'Henry Dunant*, Actes du Colloque de Tunis tenu le 19 octobre 1996 à l'Hôtel Diplomat. Genf: Société Henry Dunant, 2007.

CARNEGIE, ANDREW: *Il Vangelo della ricchezza*. Mailand: Garzanti, 2007.

CHATER, KHALIFA: *Les réformes d'Ahmed Bey et l'abolition de l'esclavage*. In: DURAND, ROGER (Hg.): *La Tunisie*.

DURAND, ROGER: *Dunant et Napoléon III: enfin une preuve!*. In: DURAND, ROGER (Hg.): *De l'Utopie*.

DERS.: *Nichan Iftikhar*. In: DURAND, ROGER (Hg.): *La Tunisine*.

GNOCCHI VIANI, OSVALDO: *I Sansimoniani. Protagonisti e ideali della città futura*. Mailand: Franco Angeli, 1996.

LARIZZA LOLLI, MIRELLA: *Alle origini dell'industrialismo. Il pensiero di Saint-Simon e quello dei suoi primi seguaci*. Turin: Silvestri, 1979.

LOUCA, ANOUAR: *L'influence de la «relation orientale» sur l'oeuvre d'Henry Dunant*. In: DURAND, ROGER (Hg.): *La Tunisie*.

PASCALIS, JEAN: *Henry Dunant en Tunisie?* In: „Bulletin de la Société Henry Dunant", Nr. 18, 1995-1997.

POUS, JACQUES: *L'aventure algérienne*. In: DURAND, ROGER (Hg.): *De l'Utopie*.

DERS.: *Henry Dunant l'Algérien ou le mirage colonial*. Genf: Éditions Grounauer, 1979.

WALCH, JEAN: *Michel Chevalier, économiste saint-simonien*. Paris: Librérie philosophique J. Vrin, 1975.

Kapitel 4

BUGNION, FRANÇOIS: *La Crois-Rouge entre Genève et Paris*. In: „Revue Internationale de la Crois-Rouge", Nr. 851, September 2003.

DERS.: *La fondation de la Croix-Rouge et la première Convention de Genève*. In: DURAND, ROGER (Hg.): *De L'Utopie*.

DERS.: *Henry Dunant et l'amour de la géométrie.* In: „Bulletin de la Société Henry Dunant", Nr. 20, 2000-2002.

DURAND, ANDRÉ: *Ce que Victor Hugo écrivait.* In: „Bulletin de la Société Henry Dunant", Nr. 18, 1995-1997.

DURAND, ROGER: *La rencontre Dufour-Dunant.* In: DURAND, ROGER (Hg.): *Guillaume-Henri Dufour dans son temps, 1787-1875.* Genf: Société d'histoire et d'archéologie, 1991.

DERS.: *Précurseurs-fondateurs: les fils enchevêtrés de la genèse rubricrucienne.* In: DURAND, ROGER (Hg.): *Préludes et pionniers.*

GRUBER, WALTER: *La grande-duchesse Héléna Pavlowna et ses auxiliaires en Crimée.* In: DURAND, ROGER (Hg.): *Préludes et pionniers.*

LUBIN, GEORGES: *Henry Arrault: une priorité disputée, ou la guerre des deux Henry.* In: DURAND, ROGER, (Hg.): *Préludes et pionniers.*

PEDRAZZINI, DOMINIC M.: *Conceptions et réalisations humanitaires du général Guillaume-Henri Dufour lors de la guerre du Sonderbund.* In: DURAND, ROGER (Hg.): *Préludes et pionniers.*

RÖDEL, WALTER G.: *Croix blanche et croix rouge: le renouveau de l'Ordre de Saint-Jean de Jérusalem.* In: DURAND, ROGER (Hg.): *Préludes et pionniers.*

ROMBACH, JOHANNES H.: *Two Great Figures in Red Cross History* [Dr. Basting, Kapitän Van de Velde]. In: „International Review of the Red Cross". Genf: International Committee of the Red Cross, Juli 1962.

RUSSO, ANDREA: *Ferdinando Palasciano et la néutralité des blessés de guerre.* In: DURAND, ROGER (Hg.): *Préludes et pionniers.*

SMITH, BARRY: *Florence Nightingale, the Common Soldier and International Succour.* In: DURAND, ROGER (Hg.): *Préludes et pionniers.*

Kapitel 5

ASSOCIAZIONE ITALIANA DI SOCCORSO AI MILITARI FERITI E MALATI IN TEMPO DI GUERRA, Comitato Milanese: *Rendiconto morale ed economico dalla sua costituzione al 31 dicembre 1866, presentato dalla presidenza e approvato nella Adunanza generale del*

Comitato il 25 novembre 1866. Mailand: Buchhandlung von Giuseppe Chiusi, Via Pietro Verri 2, o. J.

APPIA, GEORGES: *Georges Appia, pasteur et professeur en Italie et à Paris, 1827-1910. Souvenirs réunis par sa famille.* 2. Bd. Paris: Ernest Flammarion Éditeur, 1925.

TOURN, GIORGIO: *Giorgio Appia dalle Alpi alla Sicilia.* Turin: Claudiana, 1964.

Kapitel 6

FRANÇOIS, ALEXIS: *Aspects d'Henry Dunant: le bonapartiste, l'affairiste, le sioniste.* Genf: Librairie de l'Université, 1948.

POUS, JACQUES: *L'aventure algérienne.* In: DURAND, ROGER (Hg.): *De l'Utopie.*

DERS.: *Henry Dunant l'Algérien ou le mirage colonial.* Genf: Éditions Grounauer, 1979.

Kapitel 7

BELLENGER, SIMONE: *Léonie Kastner.* In: „Bulletin de la Société Henry Dunant", Nr. 19, 1998-1999.

BUGNION, FRANÇOIS: *Le Comité international.* In: „Bulletin de la Société Henry Dunant", Nr. 18, 1995-1997. Rez.

DURAND, ROGER: *Les prisonniers de guerre aux temps héroïques de la Croix-Rouge.* In: DURAND, ROGER (Hg.): *De L'Utopie.*

GOBBIT, DAVID: *Les Kastner et les pyrophones.* In: „Bulletin de la Société Henry Dunant", Nr. 19, 1998-1999.

MEURANT, JACQUES: *Anatole Demidoff, pionnier de l'assistance aux prisonniers de guerre.* In: DURAND, ROGER (Hg.): *Préludes et pionniers.*

ROMBACH, JOHANNES H.: *Henry Dunant and the Anti-Slavery Society.* In: DURAND, ROGER (Hg.): *De l'Utopie.*

Kapitel 8

ALTHERR, HERMANN: *Quelques souvenirs personnels sur les dernières années de Henry Dunant.* In: DURAND, ROGER (Hg.): *Henry Dunant et la Suisse Orientale.* Genf: Société Henry Dunant & Croix-Rouge genevoise, 1992.

AMANN, HANS: *Wilhelm Sonderegger.* In: „Bulletin de la Société Henry Dunant“, Nr. 19, 1998-1999. Rez.

CANDAUX, JEAN-DANIEL: *Pour une nouvelle lecture des „Mémoires“ d'Henry Dunant.* In: „Schweizerische Zeitschrift für Geschichte“, Bd. 28, Heft 1-2, 1978.

CHRIST, FÉLIX: *1908-1910: Dunant à l'hôpital, une aide de ménage raconte.* In: DURAND, ROGER (Hg.): *Henry Dunant et la Suisse Orientale.*

DERS.: *Enfin le* Journal d'hôpital *avec des indications sur Henry Dunant.* In: DURAND, ROGER (Hg.): *Henry Dunant et la Suisse Orientale.*

DORA, CORNEL: *Georg Baumberger.* In: DURAND, ROGER (Hg.): *Henry Dunant et la Suisse Orientale.*

DURAND, ROGER: *Henry Dunant féministe.* In: „Bulletin de la Société Henry Dunant“, Nr. 2, 1977.

DERS. (Hg.): *Lettre de Henry Dunant a Rudolf Müller.* In: „Bulletin de la Société Henry Dunant“, Nr. 1, 1975.

DERS.: *Avec la Croix-Verte Zurich aurait pu devenir la capitale du féminisme.* In: DURAND, ROGER, (Hg.): *Henry Dunant et la Suisse Orientale.*

DERS.: *Heiden au temps d'Henry Dunant.* In: DURAND, ROGER (Hg.): *Henry Dunant et la Suisse Orientale.*

DERS.: *L'évolution de l'idée de la paix dans la pensée d'Henry Dunant.* In: DURAND, ROGER (Hg.): *De l'Utopie.*

DERS. / GUGGISBERG, ANNE-MARIE: *Lettre de Henry Dunant à sa nièce Emma.* In: „Bulletin de la Société Henry Dunant“, Nr. 6, 1981.

FRANÇOIS, ALEXIS: *Aspects d'Henry.*

HEGER-ÉTIENVRE, MARIE-JEANNE: *Henry Dunant, visionnaire d'un nouvel ordre universel.* In: „Bulletin de la Société Henry Dunant“, Nr. 22, 2004-2005.

KUHN, ROLAND: *Henry Dunant vu par le psychiatre.* In: DURAND, ROGER (Hg.): *De l'Utopie.*

Les amis suisses du Centre médical Sheba Tel-Hashomer et Henry Dunant le sioniste. In: „Bulletin des sections romandes de l'Association Suisse-Israël", Oktober 1987.

LOUCA, ANOUAR: *Henry Dunant, précurseur de l'UNESCO.* In: DURAND, ROGER (Hg.): *De l'Utopie.*

MONNERON, ERIC: *Quand Henry Dunant «mangeait» du Jésuit.* In: DURAND, ROGER (Hg.): *De l'Utopie.*

MONNIER, PHILIPPE M.: *Sur le chemin de la réhabilitation. La rencontre Dunant-Baumberger.* In: DURAND, ROGER (Hg.): *Henry Dunant et la Suisse Orientale.*

MÜTZENBERG, GABRIEL: *Henry Dunant à la recherche de son lieu.* In: DURAND, ROGER (Hg.): *Henry Dunant et la Suisse Orientale.*

OTTAVIANI, RAIMONDA / VANNI, DUCCIO / VANNI, PAOLO / BARRA, MASSIMO: *H. Dunant «il pacifista».* In: *Atti della Fondazione Giorgio Ronchi*, Jg. LXII, Nr. 2, 2007.

VAN DEN DUNGEN, PETER: *Peace Ideas and Peace Movements of the mid-19th century.* In: DURAND, ROGER (Hg.): *Le creuset.*

WEISS, ROLF: *La Croix-Rouge de Winterthur et Henry Dunant.* In: DURAND, ROGER (Hg.): *Henry Dunant et la Suisse Orientale.*

Kapitel 9

8 Mai 1828 – 8 Mai 1908. Pour le 80e anniversaire d'Henry Dunant, grand philantrope, fondateur de la Croix-Rouge et de la Convention de Genève. Übers. aus: „Appenzeller Anzeiger", Nr. 55, 8. Mai 1908. In: „Bulletin de la Société Henry Dunant", Nr. 19, 1998-1999.

BOSI, MARIA RITA / GUERIN, ELIZABETH / OTTAVIANI, RAIMONDA / VANNI, DUCCIO / VANNI, PAOLO: *A tentative for a different version of the biography of the real founder of international Red Cross, H. Dunant.* In: „New Yperman. Societas Belgica Historiae Medicinae", Bd. VII, 2006.

BUGNION, FRANÇOIS: *La protection des prisonniers de guerre.* In: DURAND, ROGER (Hg.): *Gustave Ador. 58 ans d'engagement politique et humanitaire.* Actes du Colloque Gustave Ador tenu au palais de l'Athénée les 9, 10 et 11 novembre 1995. Genf: Fondation Gustave Ador, 1996.

DURAND, ANDRÉ: *La céremonie funèbre du Sihlfeld d'après une lettre de Maurice Dunant.* In: DURAND, ROGER (Hg.): *Henry Dunant et la Suisse Orientale.*

DURAND, ROGER: *En 1906, le vieillard de Heiden lit encore le „Bund".* In: „Bulletin de la Société Henry Dunant", Nr. 21, 2003.

DERS.: *Les deux manuscrits d'«Un Souvenir de Solferino».* In: „Bulletin de la Société Henry Dunant", Nr. 5, 1980.

DERS.: *L'héritage problématique d'Henry Dunant.* In: DURAND, ROGER (Hg.): *Gustave Ador.*

MEURANT, JACQUES: *L'organisation internationale de la Croix-Rouge.* In: DURAND, ROGER (Hg.): *Gustave Ador.*

MOBBS, ARNOLD: *Gustave Ador redécouvert.* In: „Bulletin de la Société Henry Dunant", Nr. 18, 1995-1997.

SCHLÖSSER, RAINER: *Henry Dunant et Gustave Moynier, docteurs honoris causa.* In: „Bulletin de la Société Henry Dunant", Nr. 22, 2004-2005.

Kapitel 10

AMANN, HANS: *Diagramme symbolique chronologique, Fragen um die Entstehung der vier Bildtafeln.* In: „Bulletin de la Société Henry Dunant", Nr. 21, 2003.

AMANN, HANS: *Le véritable auteur des „Diagrammes".* In: „Bulletin de la Société Henry Dunant", Nr. 22, 2004-2005.

BARRA, MASSIMO / CECI, GIORGIO / COMANI, GABRIELE / OTTAVIANI, RAIMONDA / VANNI, PAOLO: *Henry Dunant „le croyant".* In: „New Yperman. Societas Belgica Historiae Medicinae", Bd. VII, 2006.

BARATTONI, FULGIDA: *La Croce Rossa nell'elaborazione del Diritto Internazionale Umanitario dalle origini alla Prima guerra Mondiale.* Magisterarbeit im Fach Europäische Zeitgeschichte,

Fakultät Scienze Politiche, Universität Bologna, 1998-1999. Masch.-Schr.

BOSI, MARIA RITA / GUERIN, ELIZABETH / OTTAVIANI, RAIMONDA / VANNI, DUCCIO / VANNI, PAOLO: *A tentative for a different version of the biography of the real founder of international Red Cross, H. Dunant.* In: „New Yperman. Societas Belgica Historiae Medicinae“, Bd. VII, 2006.

CHRIST, FÉLIX: *Henry Dunant prophète.* In: DURAND, ROGER (Hg.): *De l'Utopie.*

CLEMENTE, JOSEP CARLES: *Los masones.* In: „Bulletin de la Société Henry Dunant“, Nr. 18, 1995-1997.

DE LUCIA M.: *Il Comitato dei Cinque.* In: *Oltre l'invenzione della pace.* Atti del Convegno-Incontro di Firenze. Provincia massonica di Firenze, 28. Oktober 2000.

DURAND, ROGER: *Diagramme symbolique chronologique de quelques Prophéties des Saintes Ecritures.* In: "Bulletin de la Société Henry Dunant", Nr. 7, 1982.

DERS.: *Flash sur l'année 1885.* In: "Bulletin de la Société Henry Dunant", Nr. 8, 1983.

DERS.: *Henry Dunant franc-maçon?* In: „Bulletin de la Société Henry Dunant“, Nr. 21, 2003.

DERS.: *Un Français de cœur, passion d'Henry Dunant pour sa nouvelle patrie.* In: DURAND, ROGER (Hg.): *Un Français de cœur: Henry Dunant, citoyen de Culoz.* Genf: Société Henry Dunant, 1993.

MÜTZENBERG, GABRIEL: Henry Dunant et l'Église. In: „Bulletin de la Société Henry Dunant", Nr. 20, 2000-2002.

DERS.: *Henry Dunant héritier de Calvin et critique des "calvinistes".* In: DURAND, ROGER (Hg.): *De l'Utopie.*

REGLI, DANIEL: *Die Apokalypse Henry Dunants.* In: "Bulletin de la Société Henry Dunant", Nr. 17, 1994. Rez.

INHALTSVERZEICHNIS